Der Teufel trägt Nadelstreifen – die wahre Geschichte einer jungen Frau, die als Brokerin ein Jahr voller Gier, Luxus, Sex und Alkohol erlebte.

Mit gerade einmal 23 Jahren tritt Venetia ihren Job als Brokerin in der Londoner City an. Überwältigt von der Kraft und dem Trubel taucht sie ein in eine aggressive Männerbranche. Eine Weile macht das großen Spaß, aber bald melden sich Selbstzweifel. Venetia schreibt einen schonungslos offenen Artikel über die Londoner Finanzwelt, der die Branche erschüttert – und fliegt hochkant raus.

Venetia Thompson studierte Russisch, bevor sie noch vor der Finanzkrise als Quereinsteigerin in der Londoner City als Brokerin anfing. Nach vierzehn Monaten wurde sie wegen »groben Fehlverhaltens« fristlos entlassen. Sie lebt in London und schreibt heute regelmäßig für den Spectator und den Daily Telegraph.

Unsere Adresse im Internet: www.fischerverlage.de

VENETIA THOMPSON

BÖRSEN BABE

Mein Jahr im Rausch

Aus dem Englischen von Eva Kemper

Fischer Taschenbuch Verlag

Mix
Produktgruppe aus vorbildlich bewirtschafteten Wäldern und anderen kontrollierten Herkünften
www.fsc.org Zert.-Nr. GFA-COC-001278
© 1996 Forest Stewardship Council

Deutsche Erstausgabe
Erschienen im Fischer Taschenbuch Verlag,
einem Unternehmen der S. Fischer Verlag GmbH,
Frankfurt am Main, Oktober 2010

Die englische Originalausgabe erschien 2010
unter dem Titel ›Gross Misconduct‹
bei Pocket Books, An Imprint of Simon & Schuster, A CBS Company

Satz: Dörlemann Satz, Lemförde
Druck und Bindung: CPI – Ebner & Spiegel, Ulm
Printed in Germany
ISBN 978-3-596-18893-2

Für Sanna Garton

Prolog

Fahre wohl
Glückselig Feld, der ewgen Freude Sitz!
Heil, Schrecknis, Dir! Heil Dir, o Unterwelt!
Und Du, o tiefste Hölle, huldige jetzt
Dem neuen Herrn, der einen Geist besitzt,
Der unverändert bleibt durch Raum und Zeit.
Es ist der Geist sein eigner Raum, er kann
In sich selbst einen Himmel aus der Hölle,
Und aus dem Himmel eine Hölle schaffen.
Was gilt das Wo, bin ich nur immer ich.

John Milton, Das verlorene Paradies,
1. Gesang

Die City packte mich und zog mich wie ein vergoldeter Sumpf immer tiefer in sich hinein. Vierzehn Monate lang ließ ich mich bereitwillig kopfüber sinken. Ich wurde eine Brokerin und nahm auf dem Weg in den Abgrund alles mit, was der Job zu bieten hatte: die achtgängigen Luxusmenüs, die Weine für neunhundert Pfund die Flasche, die Nächte in Stripclubs, in denen der Champagner floss, die Chanel-Handtaschen, den bedeutungslosen Sex, die Freundschaften.

Dann wurde ich genauso leicht, wie ich hineingerutscht

war, wieder hinauskatapultiert. Es gab keine sauberen Pappkartons, die mir den Rückweg in die Gesellschaft erleichtert hätten, keinen rührseligen Umtrunk zum Abschied, keine verzweifelten Anrufe bei Headhuntern. Ich hatte mich einfach auf eine Bank gesetzt und eine Weile lang die Leute beobachtet, die vorbeihasteten; ich war nur eine weitere namenlose Anzugträgerin, die geistesabwesend an ihrem BlackBerry herumspielte. Dann stieg ich in die U-Bahn und fuhr zum letzten Mal von den Elfenbeintürmen in Canary Wharf aus nach Hause.

Damals hielt die sogenannte Kreditklemme die City schon etwa sechs Monate in der Zange, aber außerhalb merkte man das nur an gelegentlichen Schlagzeilen. Wir alle glaubten noch an die Zukunft und an die kleinen, grünen Lichter, die über die Bildschirme vor unseren Augen flimmerten; wir glaubten, der Markt würde vielleicht ein paar schlechte Tage oder Monate durchmachen, aber am Ende würde er überleben und sich wieder erholen, wie er es immer getan hatte. Und dafür kämpften wir weiter – wie Gatsbys Boote, die unablässig zurück in die Vergangenheit getrieben wurden. Wir tranken wie früher bis zum Filmriss, tatschten den Stripperinnen an den talkumbepuderten Hintern, während sie sich auf unserem Schoß wanden, und ahnten nicht einmal, dass der Wind gerade drehte.

Ich wurde Ende Februar 2008 wegen groben Fehlverhaltens gefeuert, genauer gesagt wegen eines Artikels, den ich für den *Spectator* geschrieben hatte, während ich für eines der größten Brokerhäuser in London arbeitete. Als Lehman Brothers am 15. September 2008 zusammenbrach, sah ich die Lichter und mit ihnen den ganzen Markt flackern; ich war drinnen, aber auch schon draußen. Fotos der früheren Masters of the Universe, die mit Pappkartons voll Sportsachen, Büromaterial und Gewürzflaschen durch Canary Wharf und über die Wall Street wankten, überzogen die Titelseiten aller Zeitungen. Der Dow und der FTSE stürzten so stark ab wie noch nie. Man konnte nicht einfach in blindem Vertrauen weitermachen.

Dieses Buch soll das letzte Jahr der Maßlosigkeit dokumentieren, bevor ich einen letzten Trade abschloss und ausstieg, bevor der Markt und danach die Zukunft des Bankwesens sich unwiderruflich veränderte und Hunderte von Menschen so wie ich mitten am Vormittag nach Hause fuhren, als ein Beben durch den Markt ging und ihre Jobs verschwanden.

Rückblick

Now a name that saved you has a foreign taste
Leonard Cohen

Es wartet immer ein Trade auf den Abschluss, aber ich hätte nie gedacht, dass die Abmachungen abseits des Handelsraums wichtiger werden würden als alle anderen. Ich hätte auch nie erwartet, im Juli 2008, genau ein Jahr nach meinem ersten Besuch, allein beim Cartier International Polo dazustehen, reglos, mit einem Glas lauwarmen Champagners in der Hand und umgeben von unvermeidlichen Geistern, während mir hinter der überdimensionalen Sonnenbrille Tränen in den Augen brannten.

Ich trank in schnellen, kleinen Schlückchen, atmete schwer und blinzelte ständig, wobei meine Wimpern über die Innenseite der Brillengläser strichen. Ich hatte gewusst, dass Giles dort sein würde, trotzdem stockte mir der Atem und mir wurde leicht übel, als ich ihn in seiner weißen Leinenjacke von hinten sah. Er stand ein paar Schritte weiter neben Allen, einem amerikanischen Trader in unserem Alter und ehemaligen Kunden von mir, und seiner Freundin Cecelia. Jeder Broker hoffte auf einen Kunden, der zu einem guten Freund wurde, und Allen hatte sich schnell mit Giles angefreundet. Wir waren nahezu mühelos zu einem perfekten Vierergespann geworden und hatten jede Woche zusammen Konzerte, Abendessen oder Fußballspiele besucht. Jetzt waren sie beim Poloturnier, lachten und tanzten genau wie wir vor einem Jahr, nur dass sie jetzt zwei neue Spielgefährten hatten, während ich als Voyeurin hinter einer unsichtbaren Tür stand, für die ich keinen Schlüssel mehr besaß.

An dem Abend, an dem man mich suspendiert und bis auf weiteres aus dem Handelsraum verbannt hatte, war Giles für mich unerreichbar geworden, er hatte das Seil durchtrennt und war ohne mich weiter Richtung Gipfel geklettert. Ein paar Wochen danach schickte er mir eine SMS: »kommst du echt nicht zurück?«, und ich war mittlerweile so weit, dass ich wirklich nicht zurückwollte – weder zu ihm noch in den Handelsraum oder in die City. Es war vorbei.

Plötzlich sah ich vor mir glänzendes, braunes Haar, dann schlangen sich mir ein paar schlanke, gebräunte Arme um den Hals: Cecelia. Ich hatte nicht bemerkt, dass sie sich von der Gruppe gelöst hatte und zu mir herübergekommen war. Zusammen gingen wir zu den Männern hinüber. Dort gab es noch mehr Umarmungen und Küsschen, aber wenig später waren alle anderen gegangen, und ich blieb mit Giles und einer Flasche Champagner in einem Eiskübel allein. Diese Szene war altbekannt von zahllosen Events, bei denen uns unsere Kunden abhandengekommen oder wir uns einfach selbst überlassen waren. Aber dieses Mal würde ich nicht bleiben, ich hing nur einen Moment lang zwischen Giles und dem Eiskübel fest, wie ein Stück Treibholz. Wir waren keine Kollegen mehr, die ihre Kunden unterhielten, Insiderwitze rissen und vertraute Blicke austauschten; wir waren nicht einmal alte Freunde, die gemeinsam etwas tranken, sondern nur Fremde mit einer gemeinsamen Vergangenheit.

»Es tut mir so leid, dass ich nicht da war. Ich wollte, aber ich konnte nicht. Aber ich lese alles, was du schreibst.«

Die Worte strömten nur so aus ihm heraus, als er mir Champagner nachschenkte. Ich hatte nie daran gezweifelt, dass er alles las. Wir konnten einfach nicht völlig voneinander loskommen. Die Splitter verlorener Freundschaften sitzen tief, wie winzige Glasscherben, und es ist beinahe unmöglich, sie zu entfernen. Auch wenn sich eine Narbe bildet und die Haut heilt, ist das Glas immer noch dort, es steckt fest unter der Oberfläche, und ab und zu versetzt es uns einen Stich. Giles war mein einziger, echter Verbündeter unter all den skrupellosen Kerlen, den Huren und Koksern in der City gewesen. Er kannte mich gut. Und er hatte mich enttäuscht, wie es nur ein wahrer Freund konnte.

Er stellte mich seinem »besonders guten Freund« Pete vor, einem seiner neuen Spielgefährten, der mit einem Krug Pimms durch die Gegend stolperte.

»Ach, du bist also der neue besonders gute Freund. Ich bin Venetia. Ich war früher mal Giles' besonders gute Freundin. Freut mich, dich kennenzulernen.«

Verlegenes Lachen. Pete lächelte mir so freundlich zu, wie es Leute taten, wenn sie mehr über einen wussten als man selbst über sie.

»Tja, Venetia, er erzählt nur Gutes von dir.«

Dann verschwand er in der Menge. Ich wandte mich zu Giles um. Während der letzten sechs Monate hatte ich versucht, einige Fragen zu vergessen, weil ich gehofft hatte, ich würde die Antworten irgendwann nicht mehr brauchen. An die Firma dachte ich schon lange nicht mehr – daran, ob sie mich alle hassten oder wie es meinen früheren Kollegen ging –, aber Giles' Verrat ging mir nicht aus dem Kopf. Warum hatte er mich an diesem Abend nicht zurückgerufen? Warum hatte der einzige Mensch, der mir wenigstens ansatzweise hätte erklären können, was in der Firma nach meiner Suspendierung vor sich ging, der an diesem Abend hätte vorbeikommen und mich vom Wohnzimmerboden hätte auflesen können, wo ich stundenlang im Dunkeln gesessen hatte, warum hatte dieser Mensch einfach beschlossen, mich zu vergessen?

Der Rapper Wiley trat gerade auf, seine Texte dröhnten durch das Zelt.

> *What would we do usually drink usually dance usually bubble …*

»Was war verdammt nochmal los?«

Ich starrte ihn an. Das hatte nicht so ruhig und gelassen geklungen, wie ich gehofft hatte. Plötzlich war ich wieder wütend. Ich dachte, es müsste doch genug Zeit vergangen sein, um ihm zu verzeihen oder zumindest nicht mehr sauer zu sein.

»Venetia, so einfach war das nicht. Ich wusste, dass du mich bitten würdest, mit dir zu der Disziplinaranhörung zu gehen. Und ich habe geglaubt, ich könnte dann nicht Nein sagen.«

> *That's when I start promising the world to a brand new girl I don't even know yet …*

»Eine beschissene SMS oder ein Anruf – das ist echt nicht schwer. Und ich wollte dich überhaupt nicht bitten, zu den Gesprächen mitzugehen. Ich hätte dich für überhaupt nichts Praktisches gebraucht, aber ein bisschen Unterstützung wäre schön gewesen. Du warst da mein bester Freund. Gib's zu, du hast mich hängenlassen.«

»Ich weiß, und es tut mir leid.« Er packte mich bei den Armen. »V, ich habe mir fast in die Hose geschissen. Die haben meinen ganzen Computer durchsucht, unsere Chats über Bloomberg, unsere ganzen Mails.«

Er sprach mit hoher, flehentlicher Stimme. Ich wusste nicht, wie ich reagieren sollte. Ich war so lange wütend gewesen, dass ich gar nicht darüber nachgedacht hatte, ob ich unsere Freundschaft überhaupt wiederbeleben wollte.

»Ich musste mir einen Anwalt besorgen, der alles überprüfen und sagen sollte, ob ich auf der sicheren Seite war. Du hast keine Ahnung, welche Scheiße du uns eingebrockt hast – allen, mit denen du je geredet hast. Bei jedem wurden die Mails und die Bloomberg-Chats überprüft. Es war ein totales Chaos. Sie haben gesagt, wenn ich je wieder mit dir rede, feuern sie mich sofort. Das konnte ich nicht riskieren. Du hast dir einen Riesenabgang verschafft und uns beinahe alle mitgerissen.«

Next thing she's wearing my Rolex …

»Jetzt hör aber auf. An dein Handy sind sie nicht gekommen. Du hättest mir eine SMS schicken oder mich kurz anrufen und mir erzählen können, was los war, aber du hast nichts gemacht. Aber gut. Alles schön und gut. Du warst feige, aber das macht nichts. Ich hatte andere Leute, mit denen ich reden konnte, andere Freunde. Meine ganze Familie war im Ausland, aber weißt du was, ich hatte Freunde. Leute, die mir nicht mal besonders nahestehen, haben mich angerufen. Sogar verdammte Kunden haben mich angerufen und gefragt, ob alles in Ordnung ist und ob sie was für mich tun können. Du hast nicht angerufen, aber was soll's. Mir ging's gut.«

»Ich weiß, aber ich hätte für dich da sein sollen. Jetzt hilft es zwar nicht mehr, und es ändert auch nichts, aber es tut mir leid.«

Gut. Von allen Wörtern, die ich hätte benutzen können, ist mir nur »gut« über die Lippen gekommen. Wenn man »gut« sagt, meint man es nie ernst. Es ist nie alles gut, und es geht einem auch nie gut. Es wird wohl kaum ein anderes Wort so häufig falsch benutzt.

> *What would we do usually drink usually dance usually bubble …*

Ich wusste, dass es ihm leidtat, aber er hatte recht: Es half nichts, und es war nicht alles gut. Mir war klar, dass er wie früher jeden Abend ausgegangen war, sich betrunken hatte, morgens um drei nach Hause gekommen und um halb sechs aufgestanden war und bald nicht mehr auf den leeren Stuhl geachtet hatte, auf dem ich gesessen hatte, oder auf meine Schubladen, die ich nicht mal hatte ausräumen können.

Mein Nachlass war jämmerlich. Ich hatte eine Fleecejacke der Firma zurückgelassen, die von einem Pferderennen in Ascot übrig geblieben und auf einem Ärmel mit eingetrocknetem Piccalilli bekleckert war, zwei Gläser Essigzwiebeln – beide Geschenke –, eine Krawatte und ein Rugbyshirt, die bei einer Benefizveranstaltung verteilt wurden, eine Schachtel Lapsang Souchong und ein paar kleine Plastikdrachen aus Überraschungseiern, die auf meinen drei Bildschirmen saßen. Manchmal überlegte ich, was wohl aus meinen traurigen Habseligkeiten geworden war und ob die Drachen immer noch stumm das Chaos unter sich beobachteten.

Obwohl es langsam dunkel wurde, setzte ich die hochgeschobene Sonnenbrille wieder auf, wandte mich von Giles ab und nippte hektisch an meinem Champagner. Das dicke, schwarze Brillengestell hielt meine Tränen zuerst zurück, aber dann rannen sie mir doch über die Wangen.

»Also hassen mich jetzt alle richtig.«

»Sie haben es nur nicht verstanden. Die ganze Sache war unbegreiflich. Sie haben überlegt, ob du das nicht die ganze Zeit über geplant hattest.«

»Sind die bescheuert?«

»Ich weiß – sie haben gedacht, du wärst vielleicht eine Art Spion. Schon komisch, eigentlich haben wir am Anfang bloß darüber geredet, welche Jobs wir lieber machen würden. Es hätte doch keiner ahnen können, dass sie dich hinauseskortieren, nachdem du wegen groben Fehlverhaltens gefeuert wurdest.«

Grobes Fehlverhalten. Wir mussten beide lachen.

»Du hast mir echt gefehlt.«

Ich schmiegte das Kinn auf seine Schulter und beobachtete eine Zeitlang die ausgemergelten Blondinen, die wild über die Tanzfläche stolperten und sich gelegentlich an der Eisskulptur abstützten. Wiley hatte die Bühne verlassen, es lief wieder polokompatiblere House-Musik.

Ich wusste, dass ich Giles jetzt alleinlassen, an meinen Tisch zurückkehren und mich daran erinnern sollte, dass ich dieses Mal nicht als Brokerin hier war. Ich konnte mich nicht an seine Schulter klammern und volllaufen lassen in dem Wissen, dass er immer in der Nähe sein und mich vom Boden aufsammeln würde. Er musste sich um andere Menschen kümmern, zu denen ich nicht mehr gehörte.

Mittlerweile waren ein paar der Leute, mit denen ich morgens hergefahren war, wieder aufgetaucht; sie saßen an unserem Tisch und wippten im Takt mit. Eines der Mädchen hockte auf dem Schoß seines Freundes, lachte und flüsterte ihm ins Ohr. Ich setzte mich hin und schenkte mir einen großen Wodka aus einer Flasche ein, die ohne Verschluss zwischen zwei ungeöffneten Weinflaschen auf dem Tisch stand. Ich kippte den Wodka herunter, goss mir schnell noch einen ein und machte mich auf die Suche nach Greg, der mich zu der Veranstaltung eingeladen hatte. Allerdings war ich nicht ganz sicher, ob das eine echte Verabredung sein sollte. Wenn man bedachte, wie lange er schon verschwunden war, hatte ich meine Zweifel. Wir hatten keine große Vorgeschichte. Er arbeitete als Broker bei einer anderen Firma, und ich kannte ihn von meiner Zeit im Job, als wir uns auf Partys immer über den Weg gelaufen waren. Nachdem er von meinem Rauswurf gehört hatte, waren wir ein paar Mal zusammen essen gegangen.

Jetzt hing ich gelangweilt mitten im Windsor Park fest und musste mit Gregs Freunden Smalltalk halten, während er das Zelt nach bekannten Gesichtern absuchte. Die Situation war für alle unangenehm. Deshalb war ich enorm erleichtert gewesen, als ich nach meinem Abstecher zur Bar verloren zurückgetaumelt war und dabei Giles getroffen hatte, aber jetzt musste ich meinen Begleiter suchen.

Offenbar war es Greg in den letzten Stunden gelungen, mehr zu trinken und wahrscheinlich auch zu sniefen als alle anderen zusammen. Er konnte kaum noch stehen und ruderte mitten auf der Tanzfläche wild mit den Armen. Als er mich sah, packte er meine Hand und wirbelte mich herum, und wir tanzten, er betrunken, ich mit tränenverschmiertem Gesicht – ein unglückliches Pärchen versunken in einem chaotischen Tango. Alles drehte sich:

die lächelnden Gesichter von Menschen, die ich früher gekannt hatte – ein Trader, mit dem ich zur Musik von Bryan Adams (offenbar seine einzige CD außer den *Greatest Hits* von Kate Bush) geschlafen hatte; der Typ, neben dem meine Freundin Lena in ihrer Bank gesessen hatte – und zahllose lächelnde Blondinen. Mir kam es ständig so vor, als würde ich den Amerikaner sehen, der in seinen typischen Chinos und Segelschuhen in einer Ecke lauerte.

Sogar jetzt noch gehe ich eine Straße entlang oder betrete ein Restaurant und sehe jemanden, den ich einen panikerfüllten Moment lang für ihn halte. Aber er war es nie. Ich hatte ihn nicht mehr gesehen, seit ich ihn als »meinen Boss, den meistgehassten Mann in der City« beschrieben hatte, und wahrscheinlich würde ich ihn auch nie wiedersehen. Trotzdem verfolgte er mich noch.

Als ich genug davon hatte, mir den Arm auskugeln zu lassen, setzte ich mich wieder und ließ Greg mit einem betrunkenen, brünetten Gerippe in einem grünen Seidenkleid tanzen. Im Zelt wimmelte es plötzlich vor angeheiterten jungen Frauen ohne Schuhe, die sich gegenseitig anrempelten, und unvollständig bekleideten Männern – ohne Hemd oder Schlips oder beides. Wodka- und Champagnerflaschen lagen auf den Tischen.

Dann bemerkte ich Jimmy, mit dem ich in meiner zweiten Woche in der Firma Cristal getrunken hatte. Er war als erster Broker das Risiko eingegangen, mich zu einem Essen mit seinen Kunden mitzunehmen. Seit meinem Rauswurf hatte ich ihn nicht mehr gesehen, trotzdem stand ich spontan auf und ging zu ihm, wie ein Hund, der seine Leine klimpern hört. Wir gaben uns Küsschen auf die Wangen, dann stellte er mich seiner Frau vor.

Bei aller Höflichkeit hatte er sich verändert. Er beäugte mich misstrauisch, wie ein kopfscheues Pferd, und fragte mich distanziert, wie es mir so ginge und was ich jetzt machte. Er hielt den Kopf in einem Winkel, wie ich es noch nie gesehen hatte, streckte ihn nach hinten und reckte das Kinn entschlossen zur Decke. Keine Spur mehr davon, sich verschwörerisch zu mir zu neigen und zu tuscheln, wie früher unterwegs mit seinen Kunden oder auf Brokerpartys. Als ich so vor ihm stand, wusste ich nicht, was ich noch sagen sollte. Zum Glück merkte seine Frau, dass ich ins Schwimmen kam, und sagte freundlich, mein Artikel hätte ihr gefallen. Sie meinte scherzhaft, jetzt wüsste sie endlich, wie es bei ihrem Mann auf der Arbeit zuging, und wir lachten alle verlegen. Dann wünschte Jimmy mir alles Gute, und ich bat ihn im Plauderton, Dory und den anderen Jungs liebe Grüße auszurichten.

Sie so grüßen zu lassen wirkte etwas armselig, auch wenn es von Herzen kam. Als ich die Worte aussprach, wusste ich, dass es viel zu spät war. Ich hatte über ihre Welt geschrieben, über ihre Sprache – über ein Leben, das ich mir nur für kurze Zeit geborgt hatte. Es hatte nicht mir gehört, ich hätte nichts darüber verraten dürfen – aber genau das hatte ich leichtfertig getan. Jetzt war ich allein auf hoher See und konnte nicht zurück in den seltsam behaglichen Handelsraum, in den Leuchtturm, der über Canary Wharf aufragte, mit seinem Gebrüll und dem Herumgefluche und den eingelegten Zwiebeln. Alles hatte sich unwiderruflich verändert. Meine vertraute Rolle und die Menschen, neben denen ich sie früher gespielt hatte, waren mir fremd geworden. Es gab keinen Grund mehr dafür, dass sich unsere Pfade kreuzten, und ich konnte keinen Anspruch mehr auf sie oder ihre Freundschaft erheben.

Ich setzte mich wieder und sah mich nach Giles und den anderen um, aber sie waren verschwunden, also trank ich und wartete. Dann machte ich mich auf die Suche nach etwas Essbarem und ließ mich dabei von den barfüßigen Mädchen anrempeln. Plötzlich drehte sich direkt vor mir ein Typ in einer viel zu großen Anzugjacke um, nur eine Handbreit von mir entfernt. Ich erzählte ihm, ich hätte Hunger, weil ich nicht wusste, was ich sonst sagen sollte, und weil es stimmte, und er holte aus der Innentasche seiner Jacke ein Paket Thornton's Toffeekuchenriegel. Er gab mir einen davon und fragte nach meiner Telefonnummer. Das erschien mir wie ein fairer Tausch.

Als ich gehen wollte, packte jemand in dem Gedränge meine Hand. Es war nicht der Mann mit den Kuchenriegeln. Stattdessen schleifte mich plötzlich Giles zu einem Hotdog-Stand, nachdem wir uns zwei Flaschen Wasser besorgt hatten. Wir standen aneinandergedrängt in der Schlange an, bis wir uns schließlich vor dem Ausgang eine Bratwurst teilten, wobei ich mir das Gesicht mit Ketchup und Senf verschmierte. Ein paar Minuten lang vergaß ich, was geschehen war; ich fühlte mich wie in diesem gedankenlosen Moment nach dem Aufwachen, bevor man sich wieder an den letzten Abend erinnert. Wenn wir gemeinsam das Brot brechen konnten, bestand vielleicht noch Hoffnung.

Nachdem alle stundenlang mit ihren Schuhen in der Hand herumgelaufen waren, während Greg versuchte, auf einem Feld einen viereinhalb Meter langen Hummer zu finden, machten wir uns auf den Heimweg. Hinten im Wagen hatten sich alle langgemacht und waren fest eingeschlafen. Ich lag im Dunkeln da und beobachtete die Bäume, die am Fenster vorbeihuschten, während neben mir in einem halbleeren Getränkekarton von Tropicana der Buck's Fizz herumschwappte, der vom Frühstück übrig geblieben war. Plötzlich hielt das Auto abrupt an. Alle setzten sich mit einem Ruck auf und sahen, dass der Fahrer glatt über eine T-Kreuzung gebrettert und fast in eine Veranda gekracht war. Ich legte mich wieder hin. Greg tastete matt nach meiner Hand.

Ich hatte keine Ahnung, wo oder wie weit von London entfernt wir waren, aber ich zählte mittlerweile Straßenlaternen statt Bäume und nahm an, dass wir wenigstens in die richtige Richtung fuhren. Ich war nicht müde, obwohl ich morgens um acht aufgestanden war, um mich fertigzumachen, und dann den ganzen Tag in der Sonne verbracht und durchgehend getrunken hatte. Mir gingen einfach die Menschen nicht aus dem Kopf, die ich getroffen hatte, und bald überlegte ich wieder, was ich alles anders machen würde, wenn ich noch einmal die Chance bekäme.

Ich hatte mich nie richtig dafür entschieden, die City zu verlassen. Die Dinge waren außer Kontrolle geraten, nachdem ich nach ein paar besonders üblen Wochen eine Mail und 1150 Wörter geschrieben hatte. Ich glaube nicht, dass ich irgendwann gekündigt hätte – damit hätte ich einen gut bezahlten Job, enge Freunde und einen Lebensstil aufgegeben, den ich mir nie wieder würde leisten können –, aber etwas hatte sich so weit geändert, dass ich schrieb, und die Worte strömten nur so auf das Blatt. Bevor ich wusste, wie mir geschah, wurde ich ebenso ahnungslos aus der City geworfen, wie ich hineingestolpert war, und ich konnte nicht zurück. Das Geschäft war gelaufen. Ich war ausgestiegen, und noch so viele nostalgische Treffen mit alten Freunden würden daran nichts ändern.

Renn wie der Teufel

Wer sich zum Tier macht, befreit sich von dem Schmerz, ein Mensch zu sein

Samuel Johnson

Mein Wecksignal sprang an und lieferte fröhliche Calypso-Klänge zum blauen Licht aus dem stummgeschalteten Fernseher. Es war Viertel vor sechs am Freitagmorgen, Januar 2007. Ich lag halbnackt neben meinem Bett auf dem Boden, auf der rechten Brust eine angeknabberte Matze, zu den Füßen meine treue Chanel-Handtasche, deren Inhalt auf dem Boden verstreut lag. Ich rollte mich träge auf die Seite und stellte mein BlackBerry auf Schlummern, dann wartete ich auf das vertraute Hämmern über meiner linken Schläfe und die Übelkeit, während das Brotstückchen unter mir in den fleckigen Teppich krümelte.

Weitere Calypso-Klänge markierten sechs Uhr morgens. Ich musste vom Boden hochkommen. Auf dem Nachttisch über mir fand ich ein drei Tage altes Glas Wasser, spülte damit ein paar Schmerztabletten herunter, wuchtete mich in die Senkrechte und wartete, bis sich mein Kopf wieder beruhigt hatte, bevor ich mich mit einer letzten Anstrengung aufrappelte. Noch mehr Calypso. Irgendwie schaffte ich es in die Dusche und lehnte dort an der Wand, bis sich die dicke Kruste aus Make-up und Alkohol der letzten Nacht auflöste.

Draußen war es noch dunkel, als ich über die Straße huschte und wie eine betrunkene Motte auf den behaglichen Schimmer von Starbucks zuhielt. Ich stützte mich an der Theke ab, um den ersten doppelten Espresso des Tages zu bestellen, stürzte ihn sofort herunter und bestellte anschließend einen fettarmen Cappuccino mit drei Shots extra für unterwegs.

Der Barista grinste. »Sind Sie sicher? Das wäre ein kleiner Cappuccino mit vier Shots Espresso. Ist das nicht zu stark?« Er kicherte und sah mich ungläubig an.

Es war morgens um halb sieben, ich hatte einen der schlimmsten Kater der letzten Wochen und kam zu spät zur Arbeit; ich war einfach nicht in der Stimmung, mir sagen zu lassen, wie ich meinen Kaffee trinken sollte. Ich wurde plötzlich wütend, am liebsten hätte ich mich über die Theke gebeugt und ihn bei der grünen Schürze gepackt, um ihn anschließend damit zu erwürgen.

»Ja, ich weiß, dass das stark ist. Machen Sie mir den Kaffee einfach fertig. Bitte. Mir geht's nicht gut, und ich will das so schmerzlos wie möglich hinter mich bringen. Also, wie viel macht das?«

Ich schnappte mir eine Flasche Wasser und kramte hektisch ganz unten in meiner Handtasche nach Bargeld. Nachdem er mir endlich mein Getränk gegeben hatte, setzte ich meine Pilgerreise zur U-Bahn-Haltestelle fort, stinkwütend darüber, dass Starbucks mir Vorschriften über meinen Kaffeekonsum machen wollte. Vielleicht hatte ich wirklich ein Koffeinproblem.

Unterwegs versuchte ich mich an den vorigen Abend zu erinnern – an das Restaurant, die verschiedenen Weine, den Club, dann an den unvermeidlichen Gestank von Talkumpuder, an die Stripperin namens Keisha, die an der Westminster University Psychologie studierte, und an meine kläglichen Versuche, eine normale Unterhaltung zu führen, während sie nackt, gelangweilt und verzweifelt neben mir saß.

Die Fahrt mit der U-Bahn verlief ereignislos. Ich starrte zu Boden und nippte an meinem Wasser, weil der Cappuccino längst leer war, und versuchte, den Kopf nicht zu bewegen, während ich die abgestandene morgendliche Luft in tiefen Atemzügen einsog, um meine Übelkeit zu bekämpfen. Ich wusste, dass mir der Alkohol aus den Poren strömte und kein Parfüm das übertünchen konnte.

Ich war immer froh, wenn ich Canary Wharf erreichte, ohne mich zu übergeben oder hinzufallen. Der schwere Teil war geschafft. Ich war wach und an meinem Ziel. Wenn ich erst mal oben war, konnte ich mich auf meinen bequemen Stuhl setzen, vielleicht ein paar Trades abwickeln, meine Provision einstreichen und um fünf nach Hause gehen. Wenn es am Markt ruhig lief, konnte ich es nachmittags sogar mit einem Nickerchen versuchen. Heute würde ein guter Tag werden. Meine Kopfschmerzen ließen langsam nach. Ich war immer noch ein bisschen betrunken und brauchte dringend einen zweiten Koffeinschock und etwas, das den Alkohol aufsaugte, aber ich war bereit für die Arbeit. Mittlerweile hatte ich mich an dieses Gefühl gewöhnt: leicht betäubt, amüsiert über meinen betrunkenen Zustand, aber unterschwellig immer etwas großtuerisch. Ich war eine Brokerin, und egal, wie elend es mir ging, ich war hier, um Geld zu machen.

Die einzelnen Orderdesks versuchen mit unterschiedlichen Taktiken dafür zu sorgen, dass ihre Angestellten am Ende der Woche zur Arbeit erscheinen, egal in welchem Zustand. In einem Brokerhaus musste an manchen Desks derjenige, der als Letzter reinkam, für sämtliche Kollegen eine Lieferung Steaks vom Gaucho Grill bezahlen, sie hatten sogar eine Liste mit allen Kreditkartennummern, damit man auch dann bezahlen musste, wenn man sich mit einem Kater krankmeldete. Das führte dazu, dass die meisten Angestellten morgens um sechs ins Büro kamen, um auf Nummer Sicher zu gehen. An anderen Orderdesks machte man den Zuspätkommenden das Leben so schwer – knallte eine Woche lang die Telefone auf den Tisch, beschimpfte sie lautstark oder bewarf sie mit Cricketbällen, sobald sie aufstanden –, dass es sich schlicht nicht lohnte auszuschlafen.

»In dieser ganzen beschissenen Stadt gibt es keinen beschissenen Filter*kaaaffee*. Wisst ihr überhaupt, was ich mit Filter*kaaaffee* meine? Natürlich nicht.« Das war der Amerikaner mit seinen langgezogenen Vokalen. Er spazierte gerade durch das Foyer. »Ihr sollt um sieben Uhr aufmachen. Das macht ihr nie. Warum putzen Sie jetzt? Warum ist noch kein Filter*kaaaffee* fertig?«

Er drehte sich um, nachdem er das Interesse verloren hatte, und kam mit einem Stirnrunzeln langsam auf mich zu. »Verdammte Scheiße.« Das war keine Aufforderung zu einem Gespräch; das war es nie. Er schlenderte vorbei mit einer Mischung aus finsterer Miene und angedeutetem Lächeln. Den Blick hatte er auf etwas in mittlerer Entfernung gerichtet, über der Schulter trug er seinen Rucksack, das gestreifte offene Hemd von Gant steckte in seinen beigefarbenen Chinos mit Gürtel. Ich glaube, er hat mich nicht einmal gesehen.

Er verfügte über eine seltsame Palette von Gesichtsausdrücken: Verwirrt, wütendes Stirnrunzeln, grundlos freudig überrascht und dieses dümmlich-schwachsinnige Lächeln. An diesem Morgen wurde das wütende Stirnrunzeln bald von seiner verwirrten Miene abgelöst, als er am Empfang vorbeiging. Hätte ich ihn nicht gekannt, hätte ich wohl längst vermutet, er wäre wahnsinnig, gefährlich oder beides zusammen.

Stand man erst einmal im Aufzug zum neunzehnten Stock, gab es kein Zurück, es sei denn, man wollte in einer der unteren Etagen in die öden Büros einer Handelsbank stolpern. Die Bank besaß eine Kantine, die wir manchmal uneingeladen infiltrierten, aber abgesehen davon bestand unsere einzige Gemeinsamkeit darin, dass wir uns ein Gebäude teilten. Ihre Angestellten waren morgens nie zu sehen, aber meist traf man sie mittags im Aufzug, wenn sie unelegant mit ihrer kümmerlichen Salatdose aus der Kantine zu ihrer vorgeschriebenen einstündigen Mittagspause fuhren und sich über die Horden Jungbroker wunderten, die sich mit genug Hackfleischpasteten mit Kartoffelbrei für ihre fünfzehn hungrigen Chefs abschleppten.

Wenn man den Aufzug verließ, war man sofort zu sehen, nur zwei dünne Glastüren trennten einen vom Handelsraum. Der Raum selbst war durch die Reihe von Aufzügen zweigeteilt. Eine Seite war ein wenig kleiner als die andere, aber von den Aufzügen aus sahen sie gleich aus, und ich ging jedes Mal in die falsche Richtung. Der einzige Unterschied war der große Schrank auf meiner Seite, den man schon durch die Glastüren erkennen konnte. Wochenlang stand ich unentschlossen in der Mitte, ohne zu wissen, wohin ich gehen sollte, und wartete aus Angst, auf die falsche Seite zu marschieren, bis ich ein bekanntes Gesicht sah.

»Ist mir scheißegal. Sag ihm, er ist in zehn Minuten fertig. Wenn du das noch mal versuchst, haue ich dich um, du dummes Arschloch.«

Ein Broker am CDS-Desk war aufgestanden und fuchtelte mit einem seiner beiden Telefonhörer herum; wir alle hatten die gleichen Modelle mit diesen übertrieben langen Kabeln. Er sprach leise in den anderen Hörer, den er die ganze Zeit über fest an sein linkes Ohr presste, und lief dabei, fest verankert wie Leviathan, um seinen Schreibtisch herum, so weit es das Telefonkabel erlaubte. Plötzlich klinkte er sich aus der Leitung aus und schleuderte den schwarzen Plastikhörer wütend gegen einen der Bildschirme vor sich, dass die Sammlung von Spielzeugsoldaten und anderen Figürchen seines Kollegen durch die Gegend flog. Er versetzte seinem Drehstuhl einen Tritt und marschierte davon, während er sich die Hemdsärmel hochkrempelte; auf seinem blassrosa Hemd prangte zwischen den Schulterblättern ein deutlicher Schweißfleck. Niemand an seinem Orderdesk blickte auf.

Ich stand in der Tür, nur ein Stück vor dem weggeschubsten Stuhl, der auf mich zugerollt war. Irgendwer versprühte Axe, und so begrüßten mich Duftschwaden von Deo, Kaffee und Speck.

Es war sieben Uhr morgens, und schon ächzte der Handelsraum unter dem Gewimmel von ein paar hundert testosteronstrotzenden Essex Boys, die Frühstücksbestellungen, Grüße und Preise quer durcheinander brüllten. Auf dem Weg durch das Büro konnte ich knapp einer Ketchupflasche ausweichen, die von einem Schreibtisch zum nächsten geworfen wurde, und schaffte es bis zu meinem relativ sicheren Platz neben dem Amerikaner, der träge auf einem Bagel herumkaute und online das *Wall Street Journal* las. Er hielt mit zur Seite geneigtem Kopf eines seiner Telefone fest – so saß er oft da, egal, ob er bei jemandem in der Warteschleife hing oder nicht. Plötzlich kicherte er. Niemand reagierte.

Dory starrte mit zusammengekniffenen Augen auf seine Bildschirme, in der Hand eine Tasse Tee, verschiedenfarbige Stifte griffbereit nebeneinander aufgereiht. Stu, der sich noch nicht eingeloggt hatte, warf ein paar Vitamine ein, während er in der *Sun* blätterte, und Wayne erzählte laut, ohne dass jemand zuhörte, von seinem neuen Poolreinigungssystem, das am Abend zuvor installiert worden war. Philippe telefonierte mit gesenktem Kopf leise auf Französisch. Der Ferg war nirgends zu sehen.

Ich setzte mich, schaltete meinen Rechner ein und wartete Toast essend darauf, dass meine drei Bildschirme ansprangen. Dann loggte ich mich bei Bloomberg ein und sah die Mails durch, die nachts eingetrudelt waren. Ein Chatfenster öffnete sich – Lena, meine beste Freundin, die als Traderin bei einer großen europäischen Bank arbeitete. Das Fenster von Instant Bloomberg (IB) blieb von sieben Uhr morgens bis fünf Uhr nachmittags geöffnet – es war unsere Rettungsleine. Zu wissen, dass Lena am anderen Ende eines Bloomberg-Terminals wartete, machte den Job irgendwie leichter. Wenn ich mit tränenüberströmtem Gesicht dasaß, nachdem mich der Amerikaner oder irgendein Klient angebrüllt hatte, schaffte ich es noch, mich auf das kleine Chatfenster vor mir zu konzentrieren und »Wixer« zu schreiben (mit »chs« kam die Nachricht ungesendet zurück, zusammen mit der hilfreichen Warnung, der Begriff sei unangemessen), und das so oft, wie ich musste, oder zumindest, bis meine Wut verraucht war und ich dem Amerikaner wieder entgegentreten konnte, ohne Gefahr zu laufen, in Tränen auszubrechen.

07:11:35 LENA KLEIN: aaahh. Sheiße der Tag ist schon im Arsh. Morgenbesprechung ne beshissene Katastrophe. Hab zu den Umsätzen rumgestottert wie n Mongo.

07:15:25 VENETIA THOMPSON: Sekunde. Muss Preisliste ausdrucken. Und Kaffee holen. AAHH.

Irgendwann in den letzten Monaten hatte ich aufgehört, jedes Mal zusammenzuzucken, wenn das Telefon klingelte oder ein Trader etwas über die Telefonanlage rief, über die der Großteil der Kommunikation zwischen uns und ihnen ablief. Sobald ich mich setzte, zog ich meine Kostümjacke aus, damit ich nicht unter etlichen Lagen Kleidung schwitzte und Panik davor bekam, einen Knopf zu öffnen oder mich zu rühren. Die Wochen, in denen ich rasch ein paar Mundvoll Müsli heruntergeschlungen hatte, obwohl es zu früh war, um hungrig zu sein, und mich in meiner Wohnung im Halbdunkeln geschminkt hatte, waren vorbei; jetzt stand ich morgens meist mit den anderen verkaterten Brokern in Birley's Sandwiches für ein Vollkorntoast mit Marmite an, das Schminken holte ich oft in der U-Bahn nach, und meine Pumps bewahrte ich unter meinem Schreibtisch auf. Die Verwandlung war komplett. Wie lange würde ich dabeibleiben, wie lange würde es wohl dauern, bis ich aufgab und nach Hause ging? Möglich war alles. Die Probezeit war vorbei. Ich war achtlos in den Abgrund hinabgeschliddert, wo ich bei all den anderen Brokern in der City im alkoholgetränkten Sumpf landete. Aber an den Lärm, den Schweiß und die Panik des ersten Tages kann ich mich nur zu gut erinnern.

Ich war in dem gleichen Kostüm, das ich beim Vorstellungsgespräch getragen hatte, aus dem Aufzug gestiegen und hatte mir gewünscht, ich hätte mir wenigstens richtig eingehämmert, was eine Anleihe war. Auf dem Weg durch den Handelsraum hatte ich mich durch das Getümmel aus neuen Gesichtern gekämpft, jeden Blickkontakt vermieden und versucht, mich gelassen und unbeeindruckt von dem Ausblick aus dem neunzehnten Stock zu geben.

Als ich an diesem ersten Morgen das High Yield Orderdesk erreichte – also der Platz, an dem Schrottanleihen (High Yield Bonds) gehandelt wurden und den man nur an einer laminierten, weißen Karte mit der Aufschrift »Crossover, HY«, die von der Decke baumelte, erkannte –, war für mich kein Platz frei. Ich stand verlegen da, schüttelte einigen Leuten die Hand und stellte mich vor, während ein Junge mit Teenagerhaut, stacheligen, blonden Haaren und einem violett gestreiften Hemd losgeschickt wurde, um mir einen Stuhl zu besorgen. Er schob ihn zwischen den beiden Tischgruppen hindurch vor sich her, dann entschuldigte er sich für die Arsenal-Aufkleber auf der Rücklehne. Er war ein Spurs-Fan.

Mein Rock schob sich ständig nach oben, und sobald ich ein paar Schritte ging, wanderte der Schlitz von hinten an die Seite. Ich wusste, dass mich ein paar hundert Augenpaare beobachteten, sie hatten von ihren Schreibtischen und von ihren morgendlichen Rundrufen aufgeblickt und sahen mir dabei zu, wie ich mit verschwitzten Wangen verlegen an meinem Kostüm zerrte. Das Haar hatte ich zu einem so festen Pferdeschwanz hochgebunden, dass es allmählich weh tat, und die losen Strähnen in der Stirn hatte ich mit Haarspray fixiert und mit Klammern festgesteckt, die sich immer stärker in meine Kopfhaut drückten. Ich dachte, dass sich wahrscheinlich alle fragten, warum ich meine Jacke nicht ausgezogen hatte: »Mit dem Kostüm muss es ihr doch unbequem und zu heiß sein – noch so eine tollpatschige Tussi, die es keine fünf Sekunden aushält.« Ich setzte mich.

»Und, woher kommst du? Ist das dein erster Job? Was machst du hier, wenn du an der Uni warst? Devon? Das ist nicht in Essex! Wie lange hast du heute Morgen von Chelsea aus gebraucht? Bist schicki-micki, was? Schwer aus dem Bett gekommen? Nimm dich vor dem Ferg in acht – der klaut dir das Telefon. Meinst wohl, er vergewaltigt sie. Klappe, das ist ihr erster Tag. Entschuldige den Typen, Kleine, er redet nicht oft mit Frauen. Die Letzte, die an deinem Platz gesessen hat, hat nicht mal 'ne Woche durchgehalten. Warst du schon mal im Faces? Oder in Southend? Willst du auch nicht, Kleine, glaub mir.«

Der Ansturm hatte begonnen. Ich beantwortete so viele Fragen wie möglich und reckte den Kopf hierhin und dahin, um zu sehen, wer was fragte. Alle redeten gleichzeitig, manche quer durch den ganzen Raum. Dann kam manchmal Bewegung in sie, alle konzentrierten sich plötzlich auf ihre Bildschirme, Telefone und aufeinander. Sie riefen laut Zahlen und Brüche. »Steigt auf 8 und ein Viertel. Auf 9. Verliere mein Angebot.« Die Leute standen auf, als es immer lauter wurde. Weitere derbe Stimmen drangen aus irgendeinem Lautsprecher. Wenigstens eine halbe Stunde war verstrichen. Dann veränderte sich etwas. Die Stimmen klangen drängender. »Verdammte Scheiße. Es zieht alles total an. PASST AUF EURE GEBOTE AUF. DER SPREAD SPREIZT SICH. LÖSCH MEIN VERDAMMTES GEBOT. SCHLIESST AB, WAS IHR KÖNNT.« Ich wurde für ein paar Minuten unsichtbar und sah atemlos zu. Dann ebbte die Welle ab, und alle Blicke richteten sich wieder auf mich. Dieses Spielchen wiederholte sich während meiner ersten Tage ständig, es wurde nur von der Mittagspause und den wenigen Momenten unterbrochen, in denen der Amerikaner beschloss, mir etwas erklären zu wollen, schnell etwas auf ein paar Zettel kritzelte und mir schließlich sagte, ich sollte mir ein Wörterbuch der Finanzsprache kaufen.

Auf dem Parkett ging es gefährlich zu. Wurfgeschossen

in Form von halb gegessenen Äpfeln, Cricketbällen oder leeren Wasserflaschen auszuweichen war so alltäglich, wie einen Tee zu holen. Meist hätte ich mich gar nicht ducken müssen, weil die Sachen, die nach mir geworfen wurden, nur gegen meine Stuhllehne prallten, aber die anderen stürzten sich so gierig auf meine Reaktion wie auf eine Ladung Pasteten.

»Der war das, Kleine. Dieser fiese französische Arsch da drüben – siehste? Der mit der Brille. Los, mach ihn fertig.« Beim ersten Mal winkte ich den besagten Franzosen herüber, schwenkte seinen Ball kokett in der Luft und ließ ihn durch das ganze Büro zu mir kommen, damit er sich entschuldigte. Ich war angespannt wie ein Flitzebogen. Er ging neben meinem Stuhl in die Hocke und flüsterte, er sei es nicht gewesen, und es täte ihm schrecklich leid. Ich lächelte auf ihn hinab und weigerte mich, ihm den Ball zurückzugeben. Das ganze Büro brach in grölenden Jubel aus. Das war mein erster Test gewesen, und als die Jungs abends gingen, spürte ich eine Hand auf meiner Schulter und wurde beglückwünscht: »Gut gemacht, Kleine – das hast du ordentlich hinbekommen.« In dem Moment stieg zum ersten Mal dieser selbstzufriedene, eitle Stolz in mir auf, den man spürt, wenn man akzeptiert wird. Ich hatte meiner ersten Gans den Hals umgedreht.

Aber Akzeptanz hat ihren Preis, und in einem Handelsraum ist nichts, wie es aussieht. Irgendwann bekam ich mit, dass die Wurfgeschosse nie von dem stillen Franzosen mit der Brille kamen, der am Orderdesk für Neuemissionen saß. Die Leute mochten ihn einfach nicht, sie mochten seine Pullis nicht, und er musste bei jeder Gelegenheit als Sündenbock herhalten. Morgens wurde er oft mit einem knurrig skandierten »Zieh ihn aus, zieh ihn aus, zieh ihn aaaaus, Franzosenarsch« begrüßt, dazu wurde mit den Telefonen auf die Tische gehämmert. Selbst die Geisterstimmen aus den Telefonanlagen stimmten bei aufgedrehter Lautstärke mit ein.

Lena hatte mich gewarnt, dass ich nicht wie in einer Bank ein komplettes Ausbildungsprogramm durchlaufen würde, sondern dass es in einem Handelsraum darauf ankam, alles nach und nach aufzuschnappen. Der Amerikaner hatte mir nur gesagt, ich solle alles aufschreiben, was ich nicht verstand, und ihn in einer ruhigen Minute fragen, und das so lange, bis ich es begriffen hatte. Theoretisch funktionierte das zwar, aber es gab auf keine Frage eine kurze Antwort, und aus seinen komplexen theoretischen Erläuterungen eine einprägsame Kurzversion herauszufiltern, war mühsame Arbeit. Oft hatte ich schneller Lena über Instant Bloomberg gefragt. Sie konnte eine Antwort tippen, bevor der Amerikaner auch nur zu einer Erklärung angesetzt hatte, und wenn ich sie sofort wieder vergaß, was nicht unwahrscheinlich war, konnte ich später darauf zurückgreifen.

Ich hatte schon herausgefunden, dass das Chaos um mich herum eine grundlegende Struktur besaß. Wenn das Telefon klingelte oder jemand etwas über die Telefonanlage rief, antwortete einer der Jungs. Dann sprachen sie miteinander, sagten nichts oder nur »klar, welche Menge?«, »verstanden« oder »ja«, bevor sie auflegten und eine Zahl riefen, meist etwas in den 90ern gefolgt von einem Bruch, und dann entweder »geboten« oder »angeboten« oder manchmal nur mit einem »zu« vor der Zahl. Dann wiederholten alle diese Zahl, klickten sich in verschiedene Leitungen ein, riefen irgendwo Leute an und nannten ihnen den Preis.

Dann wurde es verwirrend. Normalerweise antwortete irgendjemand am Desk mit einer zweiten Zahl auf die erste. Jetzt mussten sie auf die Reaktion des Brokers warten, der die erste Zahl gerufen hatte. Die Antwort bestand entweder aus einer weiteren, leicht veränderten Zahl oder nur aus einem »wiederholt«. Diese Information wurde zurückgeleitet, woraufhin jemand anders entweder »wiederholt« rief, eine neue Zahl oder »zeigt«, und alle am Orderdesk den »Spread« – die beiden unterschiedlichen Zahlen – schnell hintereinander über die Telefonleitungen schickten. Diese laut gerufenen Zahlen waren Preise, zu denen Trader entweder kaufen oder verkaufen wollten. Um einen Markt anzustoßen, brauchte man einen Käufer und einen Verkäufer oder jeweils mehrere Käufer und Verkäufer. Meine Schulung bestand aus hingeworfenen Bemerkungen inmitten der umherschwirrenden Zahlen, wütenden Schimpftiraden und Tipps bei einem Drink nach der Arbeit.

»Kurz gesagt heißt ein Gebot, dass ich was kaufen will, und ein Angebot, dass ich verkaufen will. Wenn ich sage »von dir«, will ich kaufen; wenn ich sage »an dich«, will ich verkaufen. Ein »an dich« bei einem Gebot heißt auch Hit, ein »von dir« bei einem Angebot heißt Lift. Verwechsle diese Scheißwörter nie. Wenn du was nicht weißt, frag und schreib alles auf, was du hörst.«

Ich begriff gar nichts. Ständig lief ich mit einer Miene herum wie ein Hund, der von seinem Herrchen angebrüllt wird, nicht versteht, was los ist, aber weiß, dass er wahrscheinlich etwas falsch gemacht hat. Ich konnte nur dasitzen und warten, bis derjenige, der gerade herumbrüllte, von etwas Wichtigerem abgelenkt wurde.

Zum Glück durfte ich nicht mehr tun, als Anrufe anzunehmen und sie an den Amerikaner durchzustellen. Wenn er schon telefonierte und das Gespräch nicht annehmen konnte, wurde es allerdings komplizierter. Dann deutete er mir mit hektischem Händewedeln, ich solle den Anrufer in der Leitung halten, ihn loswerden oder eine Nachricht aufschreiben und weitergeben, aber die verschiedenen Gesten konnte man oft nicht auseinanderhalten, was in der Regel bedeutete, dass ich seinen Gärtner in der Leitung hielt, während ich beim Cheftrader der Aggro-Bank auflegte. Jedes Mal, wenn ich einen Anruf annahm, betete ich, dass nicht jemand nur eine Zahl sagte, weil ich keine Ahnung gehabt hätte, was diese Zahl bedeutete, worauf sie sich bezog oder wer am anderen Ende war. Vorerst reichte es mir völlig, eine bessere Sekretärin zu sein und Bruch- und Dezimalzahlen aus dem Weg zu gehen.

Ich merkte bald, dass ich nicht nur die Gesten und eine völlig neue Sprache lernen, sondern auch meine Rechenkünste aufpolieren musste. Meine Drei in Mathe bei den GCSE-Prüfungen brachte mich bei meiner neuen Karriere nicht besonders weit. Zahlen langweilten mich. In der Grundschule hatte ich so große Probleme, dass ich nachmittags Nachhilfe bekam aus Sorge, ich könnte die Aufnahmeprüfungen für die weiterführende oder Privatschule nicht bestehen, zu der man mich schicken würde. Meine Lehrer amüsierten sich ständig darüber, dass eine Schülerin mit einer solchen Begabung für englische Literatur und Sprachen bei Zahlen so beschränkt war. Als ich älter wurde und die GCSE-Prüfungen näher kamen, fand ich mich erneut bei einem Nachhilfelehrer wieder, weil der Fachleiter für Mathematik gemerkt hatte, dass ich durchfallen würde, wenn er nicht eingriff. Ich konnte schließlich nicht als glatte Einserschülerin in Mathe durchfallen, das wäre für alle peinlich gewesen.

Meine Eltern schoben es auf das Pfeiffer'sche Drüsenfieber – ich war mit vierzehn monatelang außer Gefecht gesetzt, hatte den Großteil des Stoffs verpasst und ganz einfach Probleme, ihn nachzuholen. Das war natürlich Quatsch, ich konnte es einfach nicht. Legastheniker sagen oft, wenn sie versuchen zu lesen, würden die Buchstaben tanzen, sich neu ordnen oder ihre Farbe ändern. Mir ging es mit Zahlen genauso; sie sprangen vor mir über die Seite, bis ich das Interesse vollends verlor und das Buch zuschlug. Wörter mochte ich. Bei Wörtern war ich sicher. Ich konnte in mehreren Sprachen über jedes Thema Aufsätze schreiben, aber wenn ich eine Gleichung lösen sollte, bekam ich einen Panikanfall.

Nach meiner unschönen Vergangenheit mit Zahlen war eine Karriere in der City vielleicht nicht die klügste Entscheidung. Ich hatte mich früher noch nie für einen Job in der Finanzbranche interessiert und war sogar von Jura abgekommen, als jemand erzählte, man bräuchte für den Legal Practice Course, das praxisbezogene Studium, ein gewisses mathematisches Können. Jetzt stand ich hier und merkte immer deutlicher, dass ich einen Job angenommen hatte, der zum großen Teil auf Zahlen beruhte. Glatter Selbstmord für meine Karriere.

Lena behauptete ständig, als Broker oder Trader bräuchte man eigentlich nicht zu rechnen, es ginge unterm Strich nur um gesunden Menschenverstand und schnelles Denken. Meine Sorgen wegen meiner Matheschwäche fand sie lächerlich, sie war sicher, dass ich nichts zu befürchten hatte – allerdings hatte sie in Cambridge Physik studiert.

Am Abend vor meinem ersten Tag als Brokertrainee trafen wir uns in einem Sushirestaurant um die Ecke von ihrem Büro, damit sie mich mit den Grundlagen des Börsengeschäfts vertraut machen konnte, bevor ich einem Handelsraum nahe kam. Sie kritzelte hektisch ein paar Notizen auf einige Blatt Papier, um mir zu erklären, was

Broker eigentlich machten, weil ich auch nach mehreren Gesprächen noch keinen Schimmer hatte.

»Pass auf, es ist ganz einfach. Sagen wir, ich bin dein Kunde. Ich rufe dich an, nenne dir eine Anleihe oder womit ihr an eurem Desk auch immer handelt, sage eine Zahl und dann ›geboten‹ oder ›angeboten‹. Ich könnte manchmal auch nur ›zu‹ und eine Zahl sagen. Das bedeutet das Gleiche wie ›angeboten‹. Das sind im Grunde die einzigen Begriffe, die du kennen musst.«

Ich kam schon nicht mehr mit, aber sie redete weiter, während sie sich gelegentlich Sashimi-Leckerbissen in den Mund stopfte.

»Nehmen wir an, ich handle mit Camembert. Ich möchte welchen kaufen, der drei Jahre lang gereift ist und an den ich anders nicht komme. Ich rufe eine Brokerin an, das wärst du, und sage: ›Camembert, drei Jahre. 98 geboten.‹ Das heißt, ich würde 98 dafür zahlen. Jetzt nehmen wir an, dass Camembert normalerweise in Einheiten von zwei Millionen gehandelt wird. Also stell dir zwei Millionen ganze Käse vor. Ich zahle 98 Cent pro Dollar oder eben von der Währung, in der getradet wird – nehmen wir den Euro, das passt besser –, für jeden Käselaib. Der Käse ist vielleicht tatsächlich 101 oder 89 oder irgendwas wert, das ist egal. Dein Job ist es, den Preis zu nehmen und herumzuzeigen.« Sie übertrieb es mit dem Wasabi, fing an zu husten und spülte schnell mit Bier nach.

»Kommst du mit?«

»Halbwegs. Gibt es überhaupt drei Jahre alten Camembert?«

»Spiel einfach mit. Na gut, wir haben also ein Gebot von 98 von mir für zwei Millionen Camemberts. Jetzt musst du einen Camembertverkäufer finden, weil du nur traden kannst, wenn du Käufer und Verkäufer hast. Also rufst du deine ganzen anderen Kunden an und versuchst, einen Verkäufer für mich zu finden. Mit etwas Glück findest du einen, der ›zu 100‹ sagt, oder ›zu pari‹. Du bedankst dich, rufst mich zurück und sagst: ›Lena, ich habe ein Angebot zu 100 für Camembert drei Jahre.‹ Dann erhöhe ich entweder mein Gebot oder sage ›wiederholen‹. Bei ›wiederholen‹ flitzt du zurück zu deinem Verkäufer und sagst: ›Sie wiederholen.‹ Verrate NIE, dass ich eine Frau bin. Sag niemals: ›Sie wiederholt‹, dann ist sofort klar, wer ich bin, weil es kaum Frauen auf dem Käsemarkt gibt.«

»Und warum sollen sie das nicht wissen?«

»Weil sie mich oder meine Bank vielleicht nicht mögen, weil sie nicht wissen sollen, dass ich Camembert suche, weil man diese Information gegen mich verwenden könnte. Sie sind Konkurrenten. Es gibt viele Gründe. Dir ist das egal, weil du eine Brokerin bist. Es geht nur darum, eine sichere Umgebung zu schaffen, in der Trader handeln können und wo niemand herausbekommt, wer was besitzt und wer was will. Stell dir den Sekundärmarkt wie eine Party bei *Eyes Wide Shut* in der Finanzwelt vor ... du kannst so schmutzigen Sex haben, wie du willst, und es erfährt keiner davon, weil du eine Maske trägst.

Sagen wir jedenfalls, dass ich mein Gebot wiederhole. Dann wird das Angebot auch wiederholt, und du fragst nach, ob alle damit einverstanden sind, wenn du beide Preise auf dem Parkett herumzeigst. Also sage ich normalerweise: ›Wiederhole und zeige‹, und mein Broker zieht los, um allen die Preise zu nennen und zu sehen, ob er den Spread verengen kann. Wenn ein Trader einen großen Spread sieht, wird er ihn oft verengen, das heißt, die Lücke zwischen Gebot und Angebot wird kleiner. Je enger ein Markt wird, desto näher schaffst du es an einen Trade.«

Ich verstand immer noch nichts. Sie redete von diesen Sachen so selbstverständlich wie über das Wetter oder Schuhe, die ihr gefielen. Ich fragte mich, ob ich irgendwann auch so weit sein würde, dass mir das Reden über Trades in Fleisch und Blut überging.

»Und was passiert, nachdem du den Camembert getradet hast? Interessiert es dich, wie viel der Besitzer an diesem drei Jahre alten Camembert verdient? Interessiert dich, wie lange er noch hält? Ob er vielleicht beinahe ungenießbar ist? Nein. Das interessiert dich nicht. Du bist eine Brokerin, du fungierst einfach nur als Vermittlerin. Es ist mein Job als Traderin, mich um alles andere zu kümmern. Du streichst einfach deine Provision ein und gehst zum nächsten Trade. Total einfach.

Es ist egal, ob du Käse tradest, Käseverpackungen, Anleihen, Kängurus, Häuser, Thunfisch oder irgendwas anderes, das ist alles der gleiche Scheiß. Nimm einfach die Preise, verenge den Spread, mach den Trade und steck die Provision ein. Und lade deine Kunden oft zum Essen ein. Mehr macht man als Broker nicht. Vertrau mir, V, das wird ganz leicht. Du musst dir keine Sorgen machen. Du musst nur aggressiv sein und knallhart, und das bist du. Lass dich nur nicht verscheißern. Und jetzt gehen wir zum Salsa.«

Als ich an diesem Abend nach Hause ging, war ich überzeugt davon, es würde leicht werden, Lena hätte recht, ich wäre genau die Richtige für den Job und würde ihn lieben. Es hatte immer so aufregend geklungen, wenn ich ihr in meinem letzten Unijahr in Salsaclubs über den Weg lief und sie von ihren Tradingabenteuern erzählte, also hatte ich beschlossen, dass ich dieses Leben auch wollte: die aberwitzigen Arbeitszeiten, das Adrenalin und natürlich das Geld. Ich dachte, weil wir beide uns so ähnlich waren – beide blond, beide ziemlich tough –, würde ich mich sofort hineinfinden, aber als ich dann wirklich als Brokerin anfing, war alles viel komplizierter. Ich saß perplex und stumm da, hörte Zahlen und Worte und konnte nicht herausfinden, was das Gebot, was das Angebot und was der Käse war. Es liefen so viele Dinge gleichzeitig ab, dass kein Vergleich der Welt hier weiterhelfen konnte, und ich verlor völlig die Nerven.

Ich wusste, dass alles seinen Preis hatte. Anleihen, Kredite, CDS (was auch immer das war) und beliebige weitere Finanzinstrumente konnten zu bestimmten Preisen ge- und verkauft werden, es sei denn, sie waren wertlos und man musste die Finger davon lassen. Diese Preise konnten sich ändern, genau wie der Milchpreis oder der Wechselkurs von Währungen. Darüber hinaus hatte ich keinen Schimmer.

Abgesehen davon, dass ich die Finanzmärkte und grundlegende Wirtschaftstheorie nicht begriff, war ich mir nicht einmal bei einfachen Brüchen sicher: Ob $\frac{3}{8}$ mehr oder weniger waren als $\frac{1}{4}$, ob $\frac{11}{16}$ mehr oder weniger waren als $\frac{1}{2}$ oder ob $\frac{7}{8}$ genau $\frac{15}{16}$ entsprach. Die Vorstellung, ich sollte bald nahtlos zwischen Brüchen und Dezimalzahlen hin und her wechseln, versetzte mich in anhaltende Panik. Es war kein Problem, den Preis schön säuberlich neben den Namen der Anleihe auf ein Blatt Papier zu schreiben, aber wenn mich jemand gefragt hätte, was dieser Preis bedeutete, hätte ich es nicht sagen können.

Für den Anfang erschien es mir als gute Idee, alle Brüche in eine Tabelle zu schreiben, die ich immer vor mir liegen hatte. Damit könnte ich sofort sehen, was ein Trader meinte, wenn er sagte: »Ich trade zum Mittelkurs« oder zu

»drei Achtel plus«, oder auch einfach wissen, welche von zwei Zahlen die größere war.

Ein »Plus« war an unserem Desk so was wie ein Sechzehntel. Früher hatte es wohl etwas anderes bedeutet, aber als Wayne, Stu, der Amerikaner und Dory gleichzeitig versuchten, das zu erklären, verstand ich kein einziges Wort. Ich hatte, den Tränen nahe, schwer geschluckt und dann Lena gebeten, es mir zu erklären, aber weil sie nicht mit Sechzehntel arbeitete (die Anleihen, mit denen sie tradete, wurden normalerweise in viel kleineren Stückelungen notiert), war ihr das »Plus« genauso fremd wie mir.

Ich begriff irgendwann, dass man »Sechzehntel« nicht mit entsprechendem Nachdruck rufen konnte und über dieses lange Wort stolpern würde und wir deshalb »plus« sagten und damit ein Sechzehntel zusätzlich zu der Zahl meinten, die wir erreicht hatten. High Yield Bonds und Kredite wurden nie in kleineren Einheiten als Sechzehnteln getradet, deshalb umfasste meine Tabelle alle möglichen Werte mit dem »Plus« und listete Dezimalzahlen mit den entsprechenden Brüchen auf.

Wenn dem Amerikaner langweilig wurde, setzte er einen spontanen Bruchrechentest an. Wir riefen die Preise nie als Dezimalzahlen durch den Saal, sondern gaben sie in dieser Form nur in das Computersystem ein, trotzdem musste man sie kennen, falls es einmal Unklarheiten wegen des gefürchteten Plus gab. Im Matheunterricht war spontanes Abfragen immer der größte Albtraum für mich. Ich hielt die ganze Zeit den Kopf gesenkt, kniff die Augen fest zusammen und betete, der Lehrer möge mich nicht sehen. Aber das funktionierte nie. Ich gab jedes Mal eine vollkommen falsche Antwort, worauf der Rest der Klasse zu kichern anfing. Jetzt saß ich vor einem neuen, noch furchteinflößenderen Fragensteller: dem Amerikaner. Die Prüfungen liefen in etwa so ab:

> Er: 5/8+?
> *Fuck, fuck, fuck, fuck, fuck.*
> Ich: 0,6875 oder 11/16.
> Er: 7/8+
> *Aaahhh, fuck, fuck, fuck, fuck.*
> Ich: 0,9375 oder … Ähm. Verdammte Scheiße.
> 15/16.

»Fuck, fuck, fuck« war zu meinem inneren Monolog geworden, der in einer Dauerschleife lief. Früher hatte ich das letzte Lied, das ich in einem Geschäft oder im Radio gehört hatte, im Kopf, aber seit ich im Handelsraum arbeitete, war da nur noch ein endloser Strom von Flüchen. Wenn das Telefon klingelte oder jemand meinen Namen sagte, dachte ich nur noch: »Fuck, fuck, fuck.« Aber zum Glück arbeitete ich in einem Job, in dem Fluchen dazugehörte.

Eine Zeitlang konnte man sich zwar allein mit Geplauder und einem gewinnenden Auftreten am Telefon über Wasser halten, aber ich wusste, dass ich damit irgendwann untergehen würde. Wenn ein Trader sagte, er würde einen »in der Mitte treffen«, er würde also zu dem Preis kaufen oder verkaufen, der genau zwischen seinem derzeitigen Gebot oder Angebot und dem Gegenstück am anderen Ende des Spreads lag, musste man sofort wissen, wo die Mitte lag, und das konnte zum Beispiel zwischen 3/4 und 7/8+ sein. Die Zeit reichte nie, um einen Taschenrechner zu benutzen – und er hätte auch nicht viel gebracht, weil die Trader immer erwarteten, den Preis als Bruchzahl zu hören. Hätte man gerufen: »angeboten zu 98 Komma 9375«, statt »98 und 7/8 plus«, hätte man genauso gut brüllen können: »Bescheuerter Neuling im Raum.«

Um als Brokerin zu überleben, kam es auf wenige grundlegende Dinge an: Die Bruchrechnung nicht zu versauen, zu wissen, welche von zwei Zahlen die größere war, den Unterschied zwischen einem Gebot und einem Angebot zu kennen und nicht zu vergessen, wie der Teufel loszurennen, wenn ich meinen ersten Trade abgeschlossen hatte, und eine Runde durch den ganzen Handelsraum zu drehen – eine alte Tradition. Zum Glück hatte mich einer der Jungs vom Sterlingdesk vorgewarnt, dass ich sofort loslaufen sollte, wenn ich endlich einen Trade geschafft hatte, bevor die anderen sich mit Wasserflaschen oder sonstigen Dingen, die ihnen in die Hände fielen, bewaffnen konnten. Dann wäre ich am Ende nicht ganz so durchnässt.

Als der Tag endlich gekommen war – was nur daran lag, dass der Amerikaner nicht im Büro war und ich seine ganzen Kunden betreuen sollte –, wappnete ich mich gegen die unvermeidliche Dusche. Ich hatte über Bloomberg Preise rausgeschickt, ohne davon auszugehen, dass etwas passieren würde, da antwortete plötzlich ein Trader aus New York mit einem kurzen »VERKAUFT AN DICH« auf ein Gebot, das ich ihm fünf Minuten zuvor geschickt hatte. Mit Dorys Hilfe konnte ich den Trade beim Käufer und Verkäufer bestätigen, dann stand ich sofort auf und gab acht, dass meine Schuhe mit den zehn Zentimeter hohen Absätzen fest saßen, bevor jemand außer Dory und dem Ferg merkte, dass ich einen Trade abgeschlossen hatte.

Innerhalb von Sekunden brach das Chaos los. Ich rannte mit wehendem Haar und flatternder Bluse, während Hunderte von Telefonen auf die Tische geknallt wurden; aus allen Richtungen flog Wasser auf mich zu, zusammen mit

Wurfgeschossen wie leeren Flaschen und Stiften, und dazu brüllten alle. Ich war auf den Schulhof einer Gesamtschule im East End gestolpert, rannte jetzt, was das Zeug hielt, noch dazu mit Pfennigabsätzen, und nirgends war ein Lehrer in Sicht – nur Dutzende von Männern in den Dreißigern und Vierzigern, die mich mit allem Möglichen bewarfen, während sie millionenschwere Anleihen tradeten. Hätte ich gewusst, dass ich meinen ersten Trade abschließen würde, hätte ich einen Sport-BH angezogen.

Mein Hochgefühl hielt nicht lange an. Zurück an meinem Tisch sah ich, dass ich noch einen Hit bekommen hatte. Dory merkte sofort, dass etwas nicht stimmte – es ging um einen obskuren Bankkredit, der seit Monaten nicht gehandelt worden war. Es gab zwei Möglichkeiten, warum das Gebot aus heiterem Himmel angenommen wurde: Entweder hatte ich einen falschen Preis rausgeschickt, der so gut war, dass man ihn nicht ignorieren konnte, oder mein Käufer hatte den falschen Preis veranschlagt. Wie sich zeigte, hatte ich 96 statt 95 eingetippt – einen ganzen Punkt zu hoch. Mein Herz raste noch von der Runde durch den Saal, und ich bekam sofort Panik. Ich hatte keine Ahnung, wie viel die Sache das Orderdesk kosten würde.

»Neesh, du musst den Bloomie sofort zurückrufen.«

»Zurückrufen? Wie denn?«

Dory rannte um den Schreibtisch herum, beugte sich über meine Schulter und tippte ein paar Zeichen ein, die bei Bloomberg dafür standen, dass man eine Nachricht zurückrief.

»Okay, jetzt schreib dem Verkäufer sofort, dass das ein Tippfehler war. Er kann nicht ernsthaft geglaubt haben, dass der Preis richtig ist, er lag einen ganzen Punkt daneben.«

Ich schickte eine zerknirschte Nachricht los und bekam sofort ein »na gut« zurück. Als ich mich langsam wieder beruhigte, kam ein Anruf.

»Neesh, Leitung 2.«

»Ja, Venetia?«

Am anderen Ende knurrte jemand meinen Namen. Es war der Typ, der mein falsches Gebot angenommen hatte. »Hör mal zu, mir ist klar, dass jeder mal Fehler macht, und ich weiß, dass du neu bist, aber du kannst nicht einfach einen Bloomberg raushauen und mir sagen, dass der Preis falsch war. Du hättest danach sofort anrufen müssen. Das gehört sich einfach. Mach das nicht noch mal, sonst traden wir nicht oft miteinander.« Dann war die Leitung tot. Ich konnte nicht fassen, dass er aufgelegt hatte, ohne mir Gelegenheit dazu zu geben, mich noch mal zu entschuldigen oder es zu erklären.

»Was war das denn? Vielleicht ein wütender Verkäufer?«, kicherte Dory.

»Vergiss ihn einfach, der beruhigt sich schon wieder. Er meckert ständig rum. In diesem Geschäft liegen Erfolg und Katastrophe nah beieinander. So was muss man wegstecken. Wenigstens mussten wir uns aus dem Trade nicht rauskaufen.«

Das war nicht witzig. Ich war verlegen und wütend auf mich, und es hatte mich getroffen, dass mich zum ersten Mal ein Trader angeranzt hatte. Ich konnte nicht fassen, dass ich einen so dummen Fehler gemacht hatte, noch dazu so kurz, nachdem ich dem Desk endlich etwas Geld eingebracht hatte. Der Amerikaner würde bestimmt stinkwütend werden, weil ich einen seiner größten Kunden verärgert hatte. Alle benachbarten Orderdesks hatten gesehen, welche Scheiße ich gebaut hatte, und würden mich ständig daran erinnern. Am liebsten hätte ich sofort gekündigt.

»Venetia. Nimm mal kurz ab.«

Ich setzte mich ruckartig auf. Der Trip in die Vergangenheit war vorbei, und ich war froh, dass ich diese ersten Wochen nicht noch einmal durchmachen musste, auch wenn noch immer Alkohol durch meinen Körper strömte. Ich aß das letzte Stückchen Toast, knüllte das Pergamentpapier, das als Verpackung gedient hatte, zu einer Kugel zusammen und warf es nach dem Ferg. Grinsend beobachtete ich, wie es von seinem Kopf abprallte, während ich den Hörer abnahm. Dann kam die Papierkugel zurückgeflogen.

»Was läuft bei dir mit Tylomed?«

»'n Scheiß. Willst du was ankurbeln?«

Was zum Teufel war Tylomed? Ich sah sofort auf der Tabelle vor mir nach, auf der die letzten Gebote und Angebote aller Anleihen und Kredite standen, mit denen wir handelten; das war oft meine einzige Chance.

»Wurde zuletzt vor Wochen um die 99 angeboten«, sagte ich.

»Schick mal ein Angebot zu pari raus und schau, was zurückkommt. Ich habe noch etwas Spielraum, aber guck erst mal, ob jemand Interesse hat.«

»Tylomed B zu pari.«

»Welches Konto, Neesh?«

»Konto 9.«

Alle Banken wurden mit Nummern bezeichnet, die nur unser Desk kannte; das sorgte dafür, dass andere Kunden, mit denen gerade jemand telefonierte und die zufällig mithörten, nicht wussten, wessen Preise herumgebrüllt wurden.

07:30:20 LENA KLEIN: und mit wem warst du gestern Abend aus?
07:52:19 VENETIA THOMPSON: sorry bin grad weggenickt. Weiß nicht. Kunden von irgendwem. Keine Ahnung, wer das war.
07:53:48 VENETIA THOMPSON: War schon um 9 zu sehr am Arsh um das zu wissen. Bin nach der Arbeit mit ein paar Jungs von hier weggegangen, dann kam eines zum andern. Noch mal knall ich mich donnerstags nicht so zu.
07:54:38 VENETIA THOMPSON: Was ist da drüben los? Beschäftigt?
07:55:22 LENA KLEIN: Nee, meine Isländer sheißen sich nur wieder in die Hose. Brauch ne Pause. Hab Kohldampf. Will pochierte Eier.
07:56:21 VENETIA THOMPSON: Lecker. Schickst du jemanden holen? Bin gleich zurück, Kaffee ist zu laff.

Wir verschwendeten jeden Tag Stunden damit, darüber zu reden, was wir frühstücken wollten, was wir tatsächlich gefrühstückt hatten, was wir mittags essen wollten, und stöhnten dann den ganzen Nachmittag lang, wir hätten Hunger.

Und wir waren nicht die Einzigen. Die meisten Broker schmiedeten Pläne für ihr Mittagessen, sobald die vormittägliche Flaute einsetzte, weil die Trader in Besprechungen verschwanden und alles ruhiger lief, bevor es mittags wieder anzog.

Ich hatte immer gedacht, beim Traden würde es durchgehend und pausenlos hektisch zugehen, dabei gab es immer wieder längere Phasen völliger Untätigkeit, in denen alle herumsaßen und nichts taten, die Zeitung lasen oder totalen Blödsinn vor sich hin erzählten. Es konnte der langweiligste Job der Welt sein, wenn es am Markt ruhig war. Die Gesprächsthemen unter Brokern fielen in vier Kategorien: Fußball, die Tagesnachrichten, Essen und Ausbauten im Haus. Irgendwo im Handelsraum redete immer jemand über Grillfeste, Swimmingpools, Tiere, die ihren Besitzern das Leben gerettet hatten, oder den neuesten Spieler der Spurs.

Ständig von Geräuschen umgeben zu sein war beruhigend. Ich hatte Stille immer gehasst, schon seit ich als Kind mitten im Nirgendwo in South Devon in einer umgebauten Scheune gelebt hatte. Dort hatte man nachts keinen Laut gehört, abgesehen von gelegentlichen Eulenschreien, und ich hatte stundenlang wach gelegen, stockstarr und überzeugt davon, jemand würde durch die Felder zu unserem Haus schleichen, oder ich hatte mir Sorgen darüber gemacht, was mit mir passieren würde, wenn meine Eltern starben. Ich konnte nur einschlafen, wenn ich alle Türen offen ließ und hören konnte, wie meine Eltern die Küche aufräumten oder im Wohnzimmer der Fernseher lief. Ich brauchte Hintergrundlärm, um mich wohl zu fühlen, und auf dem Land war es immer zu still; der Handelsraum war die reine Wonne.

Zufriedenheit

Zwischen den üblen Patzern und durchzechten Nächten waren Weihnachten und Neujahr unbemerkt verstrichen. Die wenigen Tage, die ich in Devon verbracht hatte, und die wie üblich festlich-lustige Zeit mit meinen geschiedenen Eltern waren längst vergessen, und ich schlidderte schon Richtung Februar.

Die ersten Monate im Job waren schnell vorübergegangen, und es wurde langsam eher Routine als täglicher Schock für meinen Körper, den Tag so früh anzufangen. Mein Kaffeekonsum stieg, ich hatte gute drei Kilo zugenommen und die Fähigkeit entwickelt, überall und jederzeit einzuschlafen, aber sonst hatte sich wenig geändert.

Ich war einem Gefühl der Zufriedenheit wohl nie so nah gekommen. Die Menschen wollen immer glücklich sein, aber Zufriedenheit erscheint mir eher wie ein erreichbares Ziel. Einer meiner Exfreunde, dessen Mutter eine Crackhure war, dessen Brüder allesamt im Gefängnis saßen und der sich trotzdem irgendwie durch das Medizinstudium durchgebissen hatte und nun Arzt war, hatte immer gesagt, er wolle einfach zufrieden sein. Vielleicht wusste er, dass er nie glücklich werden würde, und so war Zufriedenheit das Zweitbeste. Er sagte, er wäre zufrieden, wenn er neben mir schlief, aber wenn wir beide wach waren, haben wir diesen Zustand nie erreicht. Wir hatten gleichzeitig Orgasmen, waren aber nie gleichzeitig zufrieden.

Zum ersten Mal konnte ich all die Dinge abhaken, nach denen wir unser Leben bewerten: Ich hatte einen neuen, fröhlichen Freund, Mark, mit dem ich zusammengekommen war, kurz bevor ich Brokerin wurde, eine nette WG, gute Freunde und stand am Beginn einer Karriere. Das war der Traum aller Uniabsolventen in den Zwanzigern – auf Crack.

»Irgendwas? Komm schon, such mir ein Gebot.«

Jemand rief nach mir. Am Anfang klingen alle Trader gleich. Manche grunzen etwas über die Telefonanlage, andere rufen einen laut beim Namen, wenn sie sich an ihn erinnern, sonst greifen sie zu einem schlichten »ja«. Dem Ton nach sind sie in der Regel genervt, weil man es als Brokerabschaum wagt, sie zu stören, während sie selbst Preise an ihre eigenen Kunden schicken, ihr Sales-Team anschreien oder ungestört frühstücken wollen.

Der Amerikaner glaubte an Beharrlichkeit in jeder Lage. Die Kunden sagten ihm oft, er solle sie nicht nerven und nie auf den externen Telefonleitungen (den Privatleitungen der Trader) mit Preisen anrufen, sondern ihnen Nachrichten über Bloomberg schicken. Wenn er dann bei seltenen Gelegenheiten doch die externe Leitung benutzte, würden sie wissen, dass er wichtige Informationen hatte und es sich lohnte, mit ihm zu reden. Die externen Leitungen waren normalerweise für die Familien der Trader reserviert, für ihre liebsten Hedgefonds-Manager, vielleicht für ein paar ihrer Sales-Leute und für Notfälle. Für Broker gab es Telefonanlagen, auf denen man sie nach Belieben ignorieren oder ihnen zuhören konnte und dabei die Lautstärke wie beim Radio rauf oder runter drehte.

Neben ihren beiden Telefonen und, je nach Vorliebe, vielleicht noch einem Headset mit Mikrophon hatte jeder Broker eine Telefonanlage vor sich, auch Radio genannt. Sie bestand aus einem großen, schwarzen Schaltpult aus Plastik mit seitlich eingebauten Lautsprechern und Tasten, mit denen man sich in Leitungen »einklicken« konnte. Damit hörten einen sofort mehrere Kunden, die bei verschiedenen Banken als Trader arbeiteten. Die Kunden konnten entscheiden, ob sie sich in die Leitung einhängten und mit einem sprachen oder ob sie sich nur den Preis anhörten, den man rief, und einen ignorierten, wenn sie kein Interesse hatten. Dazu gab es eine Kontaktliste und weitere Knöpfe als Kurzwahl für die klassischen Telefonleitungen der Trader – die externen Leitungen.

Obwohl allen Tradern Nachrichten über Bloomberg oder kurze Infos über das Radio lieber waren, bestand der Amerikaner darauf, auf den externen Leitungen anzurufen und zu versuchen, ein Gespräch anzufangen. Er hoffte, damit Informationen abzugreifen oder dass man ihm, wie er es nannte, einen Knochen zuwarf, um ihn bloß loszuwerden. Er war auch felsenfest überzeugt davon, dass man Preise nicht über die Telefonanlage rufen sollte, weil andere Broker, die gerade mit dem Trader sprachen, sie vielleicht mitbekamen und weil man nie sicher sein konnte, dass der Trader den Preis überhaupt gehört hatte. In meinen ersten Monaten versuchte er ständig, mir folgende Taktik einzutrichtern: Ich sollte immer anrufen, nie blindlings etwas über die Telefonanlage sagen, aber wenn es mal nicht anders ging, sollte ich erst warten, bis jemand abnahm, bevor ich einen Preis nannte. Er pochte immer auf die Gespräche, weil ich so herausfinden sollte, welche Anleihen oder Kredite die Trader an diesem Tag interessierten, selbst wenn ich keine konkreten Preise herausbekam.

Das war nicht nur brutale Kaltakquise, ich hegte auch den Verdacht, dass er mich auf Kunden hetzte, die ihn und die Firma hassten und in anderen Firmen Broker sitzen hatten, die Taufpaten ihrer Kinder waren, und dass sie entsprechend nicht gut darauf reagieren würden, morgens als Erstes von der Neuen genervt zu werden.

Die Reaktionen und Tonarten, in denen geantwortet wurde, deckten eine breite Skala ab. Sie reichten von höflich bis witzig und extrem derb:

»Vanessa? Heißen Sie so? Ich trinke noch meinen Kaffee. Stören Sie mich nicht, wenn ich einen Kaffee in der Hand habe. Woher Sie wissen sollen, ob ich einen Kaffee in der Hand habe? Gehen Sie einfach immer davon aus.«

»Bin noch beschäftigt.«

»Was zum Teufel wollen Sie schon wieder?«

»Ich trade keine Chemikalien. Warum zur Hölle sollte ich diesen Preis hören wollen oder ›einsteigen‹? Wissen Sie überhaupt, was ›einsteigen‹ heißt?«

»Klar, rufen Sie noch mal an, wenn Ihr Laden nicht mehr dem ganzen Markt hinterherhinkt. Woanders wird das zwei Punkte niedriger angeboten.«

»Wer sind Sie, und wieso brüllen Sie so meinen Namen?«

»Tut mir leid, jetzt nicht.«

»Nichts zu machen. Die Anleihe ist scheiße.«

»Ob mich das interessiert? Nein, verdammt.«

»Lassen Sie mich in Ruhe.«

»Was denn jetzt wieder?«

»Danke. Aber jetzt reicht's.«

Inter-Dealer Broker, oder kurz: Broker, stehen am unteren Ende der Nahrungskette. Sie bilden die vorderste Front auf dem Parkett – also auf dem Sekundärmarkt, an dem Banken untereinander mit bereits emittierten Anleihen, Krediten, Aktien, Optionen und zahllosen anderen Finanzinstrumenten handeln. Ihre Aufgabe ist es, Preise von Käufern und Verkäufern zu nehmen, sie einander anzunähern und schließlich auf eine Höhe zu bringen, bei der das Produkt gehandelt wird. Dieser Prozess kann sich innerhalb von Sekunden oder in einem Zeitraum von Wochen abspielen, je nach getradetem Instrument und Markt, aber im Grunde soll der Sekundärmarkt immer liquide bleiben, so dass Käufe und Verkäufe regelmäßig und schnell über Broker abgewickelt werden, die von jedem Trade eine Provision erhalten und für eine Tarnung sorgen – bei den meisten Produkten erfahren Käufer und Verkäufer nie, wer ihr Pendant ist.

Das Parkett versorgt den Kapitalmarkt mit seinem Lebenselixier, und wenn es dort ruhiger wird und die Liquidität abnimmt, geschieht das Gleiche auf dem Primärmarkt – Abschlüsse bleiben in den Bilanzen hängen, es melden sich kaum Investoren, und die Banken verlieren Geld. Das ganze Geschäft basiert auf extremer Konkurrenz und läuft oft nur über Provisionen, deshalb hängt die Beziehung zwischen einem Trader und seinem »Bookie«, wie Inter-Dealer Broker am Markt meist genannt werden, immer in der Schwebe. Bietet ein Broker keinen ausreichend guten Service, warten schon Dutzende anderer darauf, zu übernehmen, zudem arbeiten Trader immer mit mehreren Brokern gleichzeitig.

Kein Broker ist davor gefeit, dass seine Leitung »gekappt« wird; das passiert, wenn ein Trader beschließt, dass er für unbestimmte Zeit unter keinen Umständen von dem Broker hören will, und ihn von dem Pult blinkender Lichter vor sich wirft. Manchmal gilt das für ein paar Stunden, manchmal für immer. Der Trader kann einen nicht mehr hören, also existiert man nicht mehr. Es gibt eine Reihe von Gründen, warum ein Trader eine Leitung kappt.

Üblicherweise hat jemand riesige Scheiße gebaut – vielleicht wollte ein Broker ein bisschen zu schlau sein oder war etwas zu gierig, und der Trader hat es mitbekommen; oder der Trader vermutet das nur, und dann macht sich Paranoia breit. Einem Typen wurde die Leitung gekappt, weil er seinem Trader keine Karten für eine Kinopremiere besorgen konnte, die der Trader besuchen wollte. Interessanterweise war das genau der Trader, der mich als Erster ganz im Ernst als Fotze bezeichnete. Er hatte sich durch so viele verschiedene Banken und Produkte gearbeitet, dass die meisten Bookies sein scheußliches Verhalten kannten und er eine Menge Feinde besaß – lauter Leute, die nur auf eine Gelegenheit warteten, ihm eins reinzuwürgen, wenn er am wenigsten damit rechnete. Alle Eigenschaften, die bis zu einem gewissen Grad für die meisten Trader typisch waren, besaß er im Überfluss: Paranoia, Arroganz und Aggression, aber dazu kam ein ordentlicher Schuss Bosheit, der ihn von den anderen unterschied.

Die meisten Trader sind im Grunde gar nicht so übel. Sie legen es nicht extra darauf an, ihre Broker »festzunageln«. Das passiert, wenn ein Broker mitten im Trade entweder Gebot oder Angebot verliert und deshalb selbst als Käufer oder Verkäufer einspringen muss, statt nur den Vermittler zu spielen, und das kostet das Orderdesk meist eine Menge Geld. Aber manche Leute am Markt geben sich regelrecht Mühe, Bookies festzunageln, weil es so viel Spaß macht – wahrscheinlich sind das die gleichen Typen, die als Kinder gern Insekten angekokelt haben.

Jeder macht mal Fehler, aber die meisten lassen sich vermeiden, wenn das Orderdesk gut zusammenarbeitet und sich um alle Probleme so schnell wie möglich kümmert.

Wenn jemand ein Gebot verliert, muss der Broker mit dem Verkäufer an der Hand das sofort wissen, falls der Trader einen Moment später versuchen sollte, das Gebot auf Teufel komm raus zu drücken. Dabei ist es natürlich nicht gerade hilfreich, dass Broker standardmäßig Preise erfinden, um den Markt in Schwung zu bringen, besonders in ruhigen Momenten oder morgens als Erstes. Manche Läden, also manche Brokerhäuser, neigen eher als andere dazu, Phantasiezahlen rauszuschicken. Dabei ist es gefährlich, Preise zu erfinden. Man muss wissen, wo sich der Markt gerade bewegt, und sicher sein, dass sich nicht über Nacht etwas geändert hat, dass zum Beispiel das Unternehmen, auf dessen Anleihen man einen Preis klatscht, nicht unerwartete Finanzergebnisse veröffentlicht hat, die Anleihen oder Kredite wertlos machen. Ein leitender Broker in meiner Firma meinte mal: »Die meisten Bookies wissen nicht mal, aus welcher Branche die Anleihe kommt, für die sie einen Preis erfinden.«

Es gibt einfach zu viele Broker. Auf jeden Trader kommt wenigstens eine Handvoll Bookies, die sich um Geschäfte mit ihm reißen. Allerdings gibt es unter den Horden fauler, inkompetenter, überbezahlter Cityboys – den absolut durchschnittlichen Bookies – auch Ausnahmen, die legendären Big Swinging Dicks. Sie sind nur selten zu finden, aber ihre Gegenwart ist immer spürbar, und jeder möchte selbst einer sein, von einem betreut werden oder mit einem verheiratet sein. Die Titanen des Markts waren eine bunte Mischung ehemaliger Trader, Gangster und junger Parketthändler. Einer von ihnen hieß Jon Markham – man konnte darüber streiten, in welche Kategorie er gehörte, weil er nicht nur bekanntermaßen undurchschaubar, sondern auch ein leidenschaftlicher Spieler war.

Über Jon war nicht viel bekannt, nur dass er eigentlich nicht hätte arbeiten müssen; er konnte sich seine Geschäftspartner herauspicken, jeden an seine Untergebenen weiterreichen, für den er keine Zeit oder auf den er keine Lust hatte, und genau wie die Bank gewann er immer. Jon Markham sah aus wie ein Bankmanager aus der High Street, war aber unter anderem ein professioneller Spieler. Sein Interesse galt Pferden, Anleihen und Golf. Er konnte den Markt instinktiv deuten und kannte die Bücher seiner Kunden so genau, dass er voraussagen konnte, was sie umschichten oder verkaufen mussten. Er war dem Markt so weit voraus, dass er seinen kleinen Bereich regelrecht kontrollieren konnte. Kein Trader konnte es sich erlauben, ihn im Abseits stehen zu lassen, und niemand hatte je seine Leitung gekappt – zumindest nicht in den letzten zehn Jahren. Für einen bestimmten Markt das Monopol zu besitzen bedeutete auch, dass er jede Provision verlangen konnte. Wenn die Trader seine Preise haben wollten, die immer die besten auf dem Parkett waren, mussten sie dafür zahlen. Weil er in seiner Firma mit am meisten verdiente (er ging jedes Jahr mit etwa zwei Millionen Pfund Sterling nach Hause), sah man darüber hinweg, dass bei ihm Positionen oft länger als wünschenswert offenblieben. Er hatte völlig freie Hand, weil seine Firma nicht riskieren konnte, ihn an die Konkurrenz zu verlieren.

Beim letzten Dreh des Rouletterads hatte es Lena getroffen. Sie hatte ein Orderbuch geerbt und damit auch Jon. Jetzt wartete sie auf seinen Anruf. Sie hatte davon gehört, wie er neue Trader einarbeitete. In den ersten paar Wochen würde er dafür sorgen, dass sie auf wundersame Weise zum gewünschten Preis kaufen oder verkaufen konnte, was sie wollte. Er war dafür bekannt, dass er neuen Kunden für eine kurze Zeit seine ungeteilte Aufmerksamkeit widmete, damit sie merkten, wie es sich anfühlte, wenn der beste Bookie auf dem Parkett sie betreute. Dann zog er sich allmählich zurück, wie ein gelangweilter Liebhaber auf der Suche nach Frischfleisch, während der Trader nur darauf warten konnte, über die Telefonanlage wieder Jons Stimme zu hören.

Morgens war nicht viel los gewesen; ich brauchte dringend einen Schuss Adrenalin. Kein Telefon klingelte, es kamen keine Preise rein – nichts. Eine Stunde lang hatte ich verkatert mit leerem Blick auf die *Financial Times online* gestarrt.

Als ich noch nicht morgens um Viertel vor sechs nach wenigen Stunden Schlaf aufstehen musste, hatte ich keine Ahnung, was echte Müdigkeit war. Ich hätte mir nie vorstellen können, wie unglaublich anstrengend es ist, jeden Morgen aus den Federn zu kommen und irgendwie die Augen offen zu halten, bis ich gegen fünf wieder nach Hause ging. Wach zu bleiben hätte ich niemals mit solchen Schmerzen in Verbindung gebracht – jeder Winkel des Hirns drängt einen, doch die Augen zu schließen, nur für ein paar Minuten, und das Einzige, was einen davon abhält, ist eine Mischung aus prophylaktischer Panik, seltsamen Schmerzen im Solarplexus und der unvermeidlichen Angst, es würde etwas Schlimmes passieren und man wäre schuld, weil man seine verdammten Augen zugemacht oder nicht aufgepasst hatte. Schlafentzug im Handelsraum wird als Foltermethode wirklich unterschätzt.

Dieses Gefühl des drohenden Unheils und nervöser Erwartung hielt mich nicht nur wach, es zog mich auch immer wieder zurück. Als Broker schien man nur an einer gigantischen Partie russischen Roulettes teilzunehmen, und um zu überleben, musste man die Nerven behalten und gleichzeitig ein so dickes Fell entwickeln, dass es selbst Kugeln aus reinstem Silber standhielt.

Freitags war es immer ziemlich ruhig. Der halbe Markt hatte mit einem Kater zu kämpfen oder saß in Meetings, bis mittags die Chance bestand, dass New York aufwachte und noch etwas schaffen wollte, bevor es übers Wochenende in die Hamptons ging.

Mark schickte mir eine SMS, um mich an seinen Gig abends zu erinnern. Dabei wollte ich nach der Arbeit nur nach Hause gehen und schlafen. Freitags ging ich nicht mehr groß aus, so wie früher – ich setzte mich mit Essen vom Lieferservice vor den Fernseher. Wenn ich die Nachrichten um sechs ganz sehen wollte, bevor ich umkippte, musste ich schon Glück haben. Das Bett neu zu beziehen kostete mich meine ganze Kraft, und nachdem ich einmal im Bettbezug eingeschlafen war, versuchte ich das nach der Arbeit gar nicht mehr.

Ich war schon überall eingeschlafen: in der U-Bahn, mit der ich einmal auf dem Weg zur Arbeit bis Stratford fuhr und ein anderes Mal in West Hampstead landete, nachdem ich Richtung Norden weitergefahren war, statt am Green Park umzusteigen; in Bars und Clubs, wenn ich an den Wochenenden mit Freunden ausging, im Bad, in Taxis und regelmäßig an Marks Schulter. Weil wir ein Paar wurden, als ich als Brokerin anfing, kannte er es gar nicht anders – seine Freundin war Narkoleptikerin. Wenn er zu mir kam, um mit mir fernzusehen und etwas zu essen, fand er mich bewusstlos auf dem Sofa vor und musste sich den Abend über mit meiner Mitbewohnerin unterhalten. Das Zeitfenster, in dem ich nach der Arbeit noch klar denken konnte, wurde immer kleiner. Ich musste sofort mein Kostüm ausziehen, weil ich sonst Gefahr lief, darin einzuschlafen, und anschließend vermied ich es so lange wie möglich, mich hinzusetzen. Zu dieser Zeit hielt ich etwa eine Stunde lang durch, bevor ich vollsabberte, worauf mein Kopf gelandet war. Mark spielte in einer Rockband Bass; tagsüber versuchte er, seiner Band mehr Auftritte zu beschaffen, und schrieb Songs. Ich wusste nicht genau, woher er genug Geld zum Leben nahm, aber er schien irgendwie zurechtzukommen und wirkte dabei zufrieden. Er war ein Gegengift zu der adrenalingetriebenen Hektik, in der ich den Rest der Woche über schuften musste und in der ich von Geld umgeben war – davon, Geld zu machen, zu verlieren und es auszugeben.

Unsere ganze Beziehung war zwanglos; unsere erste Verabredung fand in einem Pub in Clapham statt, in dem er sonntagabends auftrat. Er hatte sich Geld geliehen, um mir einen Drink auszugeben – ein Detail, das ich damals kaum beachtete, aber wahrscheinlich nicht so leicht hätte übersehen sollen, genauso wie die SMS mit guten Wünschen, die er vor meinem ersten Arbeitstag morgens um halb sechs schickte, weil er die ganze Nacht unterwegs gewesen war.

Er war nett, man konnte sich bei ihm wohl fühlen, und weil ich meist schlief, wenn wir zusammen waren, war das die perfekte Kombination. Wenn man jeden Morgen um Viertel vor sechs aufsteht und in der City arbeitet, wünscht man sich jemanden mit einer breiten, bequemen Schulter, der zu Hause auf einen wartet. Man will keinen Streit, keine Dinnerpartys und auch niemanden, mit dem eine Unterhaltung anstrengend ist. Hier gab es keine Quälereien, keine Unsicherheit, ich weinte mich auch nicht nachts stumm aus, während er mir den Rücken zudrehte, so wie in meiner vorherigen Beziehung, und ein paar schöne Monate lang war ich wunderbar zufrieden. Gleichzeitig war mir bewusst, dass sich gerade zwei ganz unterschiedliche Leben entwickelten, und es fiel mir immer schwerer, in beiden auch nur einigermaßen echt zu bleiben. Ich stellte mir vor, wie ich irgendwann zwischen den beiden Teilen hinabgleiten und, zu erschöpft, um mich wieder aufzurappeln, einfach liegen bleiben würde – ohne Job und ohne Freund. Im Moment war ich einfach froh, jemanden zu haben, an dessen Schulter ich einschlafen konnte.

Natürlich war es Mark gegenüber nicht besonders fair, dass meine Kunden und Kollegen mich von meiner besten Seite erlebten und er nur die bewusstlose, sabbernde Venetia kannte, die kaum Essen bestellen, geschweige denn kochen konnte, aber ich wusste nicht, wie ich das ändern sollte. Ich konzentrierte mich nur darauf, morgens um sieben an meinem Schreibtisch zu sitzen. Darüber hinaus hatte ich für nichts anderes Energie. Wenn er manchmal meine dauernde Erschöpfung ansprach, tat ich sie schnell als Teil einer Eingewöhnungsphase ab; ich würde mich bald an das frühe Aufstehen gewöhnen, und mein Körper würde auch mit fünf Stunden Schlaf pro Nacht wunderbar funktionieren. Dann würden wir auch wieder ein Privatleben haben.

Der Amerikaner hing bei der Starbucks-Zentrale in der Warteschleife. Seinen Bagel hatte er gegen fettreduziertes Sesamknäckebrot eingetauscht. Davon schaffte er normalerweise zwei Pakete am Tag, was die Sache mit dem »fettreduziert« witzlos machte. Offenbar hatte endlich jemand das Gespräch angenommen, denn er ging plötzlich zum Angriff über, gestikulierte wild mit einem halben Knäckebrot herum und verstreute dabei Sesamkörner auf dem Schreibtisch.

»Ja, guten Morgen. Endlich. Ich will mich über eine Ihrer Filialen beschweren – wieder mal. Sie soll morgens um sieben aufmachen. Ich bin immer um sieben da, um meinen

Thermosbecher mit Filterkaffee aufzufüllen. Aber in letzter Zeit hatte sie immer zu. Wieso haben Sie überhaupt Öffnungszeiten, wenn Sie sich nicht daran halten? Ich kann nicht eine halbe Stunde in irgendeinem Keller in Canary Wharf auf verdammten Filterkaffee warten.«

Wegen seiner regelmäßigen Beschwerden bekam er immer mal wieder Briefe und Gutscheine für einen Crème Brulée Latte, die ihn nur noch wütender machten und die er empört an mich weiterreichte – es hieß Filterkaffee oder gar nichts. Schon der Gedanke an aromatisierten Kaffee widerte ihn an und reichte, um eine neue Beschwerderunde einzuläuten.

Seine Beschwerdeanrufe waren berühmt. An ruhigen Tagen ohne viele Trades hatte schon jeder seine Wut abbekommen, von British Airways bis zur örtlichen BMW-Werkstatt. Alle anderen am Orderdesk hängten sich in die Leitung und schalteten sich auf stumm, damit sie ungehört kichern konnten. Er besaß ein Talent dafür, die Durchwahlen von Geschäftsführern herauszubekommen, und ging ihnen dann auf die Nerven, bis sie das Problem behoben.

Vom ersten Moment an war klar, dass nie jemand behaupten würde, er würde den Amerikaner mögen. Man hätte ihn bestenfalls als Exzentriker beschrieben, den man respektierte; ich empfand Ehrfurcht vor ihm. Er war klug, knallhart und nicht unterzukriegen und besaß nicht einmal den leisesten Wunsch, gemocht zu werden. Er führte seine Geschäfte mehr oder weniger im Alleingang, betreute undurchsichtige Produkte, die außer ihm niemand verstand oder die aus Zeitgründen niemand durchblicken konnte, durchwühlte den Dreck nach Preisen von Anleihen, von denen keiner je gehört hatte, und machte Geschäfte, während der Rest Londons schlief. Er arbeitete schwer, blieb sogar bei extrem schwierigen Tradern hartnäckig und bekam am Ende ihre Preise heraus. Die Trader, die es wollten – und auch viele, die es nicht wollten –, bekamen von ihm einen wirklich maßgeschneiderten Service.

Gerüchten zufolge gehörte er zu den ersten Flow-Tradern der Aggro-Bank in London und war einer der besten im Geschäft. Er war in Ungnade gefallen, als er sich geweigert hatte, einem ihrer Oberbosse blindlings zuzustimmen, und am Ende hatte er sich so weit aus dem Fenster gelehnt, dass sie einen glatten Blattschuss landen und seine Karriere als Trader damit beenden konnten. In der Aggro-Bank war kein Platz für Abtrünnige, und so war er aus ihrer heiligen Vorstandsriege gestürzt und Broker geworden. Jetzt, Jahre später, hatte er beschlossen, mich als Nachwuchs heranzuziehen.

Ich entwickelte einen merkwürdigen Schutzinstinkt. Wenn mich jemand fragte, wie ich es aushielt, für »so ein Arschloch« zu arbeiten, sagte ich immer, die Leute würden ihn bloß nicht verstehen. Ich fühlte mich, als hätte ich einen verborgenen Schatz entdeckt, als hätte ich den Geheimcode des Amerikaners geknackt und als würde er mich vielleicht sogar als Verbündete betrachten. Für mich bestand kein Zweifel daran, dass wir zwar zu einem Team aus zehn Leuten gehörten, aber eine eigene Einheit bildeten. Der Amerikaner hatte mich eingestellt, und ihm unterstand ich letztlich auch. Ich musste einfach glauben, dass er nicht so schrecklich war, wie alle behaupteten, denn die Alternative wäre undenkbar gewesen.

»Airbags – kannst du mal drangehen? Irgendwo klingelt es, das macht mich wahnsinnig.«

»Alles klar, Süße? Wo ist der Ferg? Er ist noch nicht bei Bloomie eingeloggt. Fauler Sack. Sag ihm, er soll mich sofort anrufen, wenn er hier ist.«

Seit meinen ersten Tagen im Handelsraum hatte ich angenommen, Ferg, die Kurzform von Feargal, sei einfach sein Name – er nannte sich manchmal selbst Ferg, einige Kunden sagten Ferg zu ihm und genauso einige der Jungs vom Orderdesk –, aber natürlich stimmte das nicht. Dory erklärte mir irgendwann, Ferg sei eine Abkürzung für Feargal Sharkey, was im Cockney Rhyming Slang mit seinen reimenden Wortspielen »darkie« meinte, also einen dunkelhäutigen Menschen, aber mittlerweile wäre es komischer gewesen, ihn plötzlich anders zu nennen, als einen rassistischen Spitznamen für einen Kollegen gemischter Abstammung zu verwenden.

Spitznamen verursachten ständig moralische oder auch andere Probleme. Einer der wenigen schwarzen Broker im Saal wurde von den meisten Leuten am Markt Denzel genannt, deshalb dachte ich, das sei sein echter Name – ich hatte ja keinen Grund, daran zu zweifeln. Erst, als ich ihm über Bloomberg schreiben wollte, merkte ich, dass er ganz anders hieß. Später erklärte mir jemand, man hätte ihm den Spitznamen Denzel verpasst, weil alle am Anfang fanden, er würde wie Denzel Washington aussehen. Er war der einzige Schwarze im Handelsraum. Eigentlich sah er ihm gar nicht ähnlich, aber es war schon zu spät – der Name Denzel blieb hängen. Ich weiß immer noch nicht, ob diese Geschichte stimmt oder ob er auf viel harmlosere Weise an den Namen gekommen ist, aber ich konnte nur glauben, was man mir erzählte.

Jeder hatte einen Spitznamen. Bei der Hälfte der Leute im Raum hatte ich keine Ahnung, wie sie richtig hießen; echte Namen blieben Mails und Nachrichten über Bloomberg vorbehalten und wurden nur ungern benutzt. Manche Spitznamen bestanden einfach aus Teilen von Nachnamen oder abgekürzten Vornamen, aber die allermeisten bezogen sich auf körperliche Merkmale, Abstammung oder Rhyming Slang. Einen Spitznamen zu bekommen war eine Art Initiationsritus; egal, ob die Namen rassistisch, sexistisch, homophob oder schlicht beleidigend waren, sie wurden von ihren Trägern bereitwillig angenommen und von allen benutzt, ohne groß darüber nachzudenken, was man da eigentlich sagte oder ob das irgendeinem Verhaltenskodex im Firmenhandbuch widersprach.

Dory hatte seinen Spitznamen als Juniortrader in einer der großen amerikanischen Banken bekommen. Er musste tagelang in einem gläsernen Büro am Ende des Handelsraums herumlaufen und dabei so tun, als würde er schwimmen – und das nur, weil ein Chefverkäufer irgendwann beschlossen hatte, er würde wie ein Fisch aussehen und müsste schwimmen.

Mein bei weitem bester, wenn auch nicht geistreichster Spitzname lautete Airbags, was manche Kollegen zu Bags abkürzten. Er kam an einem trägen Nachmittag auf, an dem man mir beibringen wollte, einen Tennisball zu köpfen; daraus wurde schnell »fang den Tennisball zwischen den Brüsten«, was ich viel einfacher fand.

Es war kurz vor der Mittagspause. Jeden Tag zog ich gegen halb zwölf los, um für den Amerikaner und jeden, der noch bestellte, Essen zu holen. Er nahm jeden Tag genau das Gleiche, und irgendwann traute er mir so weit, dass er nicht mehr alles haarklein auf einen gelben Zettel schreiben oder mir sagen musste, ich sollte das Sushi und das zubereitete Obst von ganz hinten nehmen, um das frischeste zu bekommen. Dazu wollte er eine Dose Cola light, aber nur, wenn der Automat auf unserer Etage kaputt war und wenn die Cola eiskalt war. Anfangs nahm ich Dutzende Dosen in die Hand, um die kälteste zu finden, und überprüfte auf jedem Päckchen Granatapfelkerne und vegetarischen Sushis die Verfallsdaten, um ja das frischeste zu erwischen. Ich gab mir wirklich Mühe. Das wurde nie anerkannt, und er blickte kaum auf, wenn ich vom Supermarkt zurückkam, trotzdem achtete ich noch monatelang zwanghaft auf Temperatur und Verfallsdatum, selbst wenn er mich mies behandelte. Ich war wie eine geprügelte Ehefrau – unterdrückt und voll blauer Flecken, aber immer noch verzweifelt auf der Suche nach frischen Granatapfelkernen.

Die scheinbar einfache Aufgabe, Frühstück, Kaffee, Mittagessen und Tee für das Orderdesk zu beschaffen, hat schon vielen Neulingen das Genick gebrochen. Ein Team in unserer Nähe hatte einmal den jüngeren Bruder eines französischen Traders eingestellt, der ihr Kunde war und dem sie einen Gefallen tun wollten. Broker sollten oft den jüngeren Geschwistern ihrer besten Kunden, die gerade von der Schule oder der Uni abgingen, ein Praktikum oder einen Job beschaffen, auch wenn sie überhaupt nicht zu gebrauchen waren. Luc war zum Steinerweichen süß, auf diese unschuldige Art, die nur achtzehnjährigen Franzosen mit wuscheligen Haaren eigen ist, aber weil er Marmite nicht von Marmelade unterscheiden konnte, gab es jeden Morgen Probleme, bis er schließlich an ein Orderdesk mit weniger anspruchsvollen Brokern abgeschoben wurde, die in einer unbeachteten Ecke am entgegengesetzten Ende des Handelsraums saßen. Keiner kannte sie oder wusste, was sie tradeten – ihre Ecke war für Broker so, als würde man für alle Zeiten nach Coventry verbannt werden –, aber ich hoffte, dass sie Marmelade mochten und es ihnen egal war, ob sie ihre Eier pochiert oder als Rührei bekamen. Ob Luc Talent besaß, fand nie jemand heraus, weil es nach dem endlosen Durcheinander beim Frühstück niemanden interessierte. Wenn er mit den Essensbestellungen nicht klarkam, konnte er auch nicht mit Anleihen umgehen, das war wie in Stein gemeißelt. Als er vom Lahore Kebab House Mittagessen holen sollte und erst um vier Uhr zurückkam, weil er sich verlaufen hatte, war seine Karriere so gut wie beendet. Wäre er nicht mit einem wichtigen Klienten verwandt gewesen, hätte man ihn runtergeputzt und auf der Stelle gefeuert.

Aus guten Juniors wurden gute Broker. Das war in der City ein grundlegendes Prinzip. Die besten Bookies waren in der Regel das Ergebnis der aggressivsten, ausfälligsten, lautesten Desks mit dem stärksten Hierarchiegefälle, und oft hatten sie jahrelang Essen und Kaffee holen und sich mit Telefonen bewerfen lassen müssen, bevor man sie in die Nähe eines Kunden ließ. Dieses Benehmen beschränkte sich nicht nur auf die Männer: Lena hatte ihren Junior trainiert, indem sie ihm bei jedem Fehler einen Ball mit voller Wucht an den Kopf geworfen hatte; genauso war sie von dem seltsamen Italiener angelernt worden, der sie vor einer Karriere als Physikerin gerettet hatte.

Das gehörte zu den größten Unterschieden zwischen Handelsräumen in Banken und in Brokerhäusern: Broker kamen damit durch, mit Cricketbällen und Telefonen um sich zu schmeißen, während es in Banken viel kontrollierter zuging, nachdem Beschwerden über Mobbing und Diskriminierung zu langwierigen Gerichtsverfahren geführt hatten. Wegen solcher Bürokratie und aus Angst vor Klagen hatten auch einige der großen amerikanischen Banken ihren Angestellten verboten, mit Kunden in Stripclubs »Geschäftstermine« abzuhalten.

Aber das ganze Geschäft der Inter-Dealer Broker blieb in weiten Teilen genau wie immer, auch wenn einige Häuser versuchten, sich mit Programmen für Hochschulabsolventen und Kursen für interkulturelle Kommunikation an die großen Banken anzugleichen. Die meisten Broker in diesen Firmen gaben selbst zu, dass sie damit nur eine Schau abzogen. Der Chef eines Orderdesks meinte mal: »Die müssten die komplette beschissene Belegschaft feuern, um das rassistische, sexistische und beleidigende Gerede zu stoppen, und ganz neu anfangen, weil sie uns alte Drecksäcke auf keinen Fall mehr ändern können, egal, welche Kurse wir belegen müssen. Das wissen die auch. Die Personaler wollen nur so tun, als würden sie alles richtig machen, und ihre Liste abhaken. Arschlöcher.«

Ab und an hatte es natürlich Klagen von Brokern gegen ihre Firmen gegeben. Im bekanntesten Fall hatte ein Broker einem der Chefs eines großen Brokerhauses vorgeworfen, er habe ihn durch anhaltendes Mobbing und Gewaltandrohung zu einer Kündigung provoziert; am Ende bekam der Broker eine Million Schadenersatz.

Es ist wohl kaum eine Arbeitsumgebung so aggressiv und von Männern dominiert wie ein Handelsraum. Broker müssen oft brüllen, damit man sie trotz der vielen anderen Stimmen versteht. Sich gegenseitig zu beschimpfen und mit Sachen zu knallen ist akzeptiertes Verhalten – natürlich nicht offiziell, aber wenn ein Broker ein Telefon auf den Tisch knallt, beachtet das niemand. Es wäre unnormal, wenn es in einer Situation, in der alle unter enormem Druck stehen, mehr Geld als der Typ am Nebentisch zu verdienen, nicht mal zu Wutausbrüchen käme. Am unteren Ende der Nahrungskette ist alles drin, weil keiner hinsieht.

»He, Venetia!«

Ich lief gerade durch die Gänge bei Waitrose, da hörte ich meinen Namen. Als ich mich umdrehte, sah ich ein paar meiner Lieblingskollegen von einem anderen Desk, die mich bei ihren Fish-and-Chips-Bestellungen immer mit einschlossen, in der Weinbar sitzen und mich herüberwinken. Eine Weinbar in einen Supermarkt zu bauen war eine grandiose Idee; wenn es am Markt ruhig lief, gönnte sich halb Canary Wharf hier ein schnelles Glas unter dem Vorwand, seine Mittagseinkäufe zu erledigen. Die drei hockten wie weise Affen auf Hockern vor einem kleinen Tisch, auf dem drei leere Weinflaschen und ein paar unangetastete Boquerones standen. Sie waren bei ihrer vierten Flasche angelangt.

»Setz dich, setz dich. Wie geht's, Süße?«

Mittags nichts zu trinken war nahezu unmöglich. Wenn ich das Knäckebrot für den Amerikaner besorgen wollte, standen die Chancen gegen Ende der Woche gut, dass ich im Fahrstuhl jemanden traf, der gerade auf dem Weg ins Pub war oder mich auf ein Glas Wein in die Bar schleppte. Jeder wollte trinken, tratschen oder über jemanden herziehen, und weil ich neben dem Amerikaner saß, über den alle gern Geschichten erzählten, wurde ich dafür zur perfekten Begleitung. Weil ich dazu noch recht neu war, gab ich auch das ideale Ziel für unschätzbare Ratschläge ab – die Broker nur zu gerne verteilten. Während dieser spontanen Treffen auf einen Drink zum Mittag lernte ich, wie man am besten an seinem Schreibtisch – oder, wenn es ganz schlimm lief, in den Toilettenkabinen – schlief, wie man mit uneinsichtigen Kunden fertig wurde, und erfuhr alles über die verschiedenen Arten gebrauter Würzmittel, von denen es eine ganze Reihe gab, nicht nur Malzessig.

»Wir begreifen nicht, wie du das kannst. Er ist ein Vieh. Ständig knibbelt er an seinen Fußnägeln, hat die Füße auf dem Tisch und trägt jeden Tag die gleichen beschissenen Socken. Wie hältst du das nur aus? Er ist der reinste Albtraum. Warum gehst du nicht an ein besseres Desk?«

Ich wusste nie, wie ich auf Fragen über den Amerikaner reagieren sollte. Natürlich wäre es viel einfacher gewesen, zuzustimmen und wie alle anderen über ihn zu lästern, aber dafür fühlte ich mich ihm gegenüber zu loyal.

»Er ist ganz in Ordnung, ehrlich. Keine Probleme bis jetzt. Und er hält mir nie die Füße ins Gesicht.«

»Aber du darfst ihm nie trauen, Kleine, im Ernst.«

Ich trank schnell das große Glas Sauvignon Blanc aus, das ich bekommen hatte, sobald ich mich hingesetzt hatte, holte sein Knäckebrot und ging zurück zum Orderdesk.

Ich war etwa eine halbe Stunde unterwegs gewesen; nur der Amerikaner und Dory saßen am Desk. Die anderen waren offensichtlich ins Pub verschwunden oder waren, wie alle sagten, »unten im Boots«. Es waren keine neuen Preise reingekommen und bis auf eine weitschweifige Nachricht von Lena über ihr Elektroauto auch keine Mails.

Der Amerikaner verließ tagsüber nur selten das Desk, selbst, wenn nichts los war. Zum Teil tat er das aus Hingabe und zum Teil, weil er sich für so wichtig hielt, dass er dachte, ohne ihn am Desk würde der Markt sofort zum Erliegen kommen. Und es ging um Kontrolle: Niemand anders sollte mit seinen Kunden reden, damit sie keine Informationen bekamen, die er zurückhalten wollte oder die frühere Lügen aufdecken würden.

Er sah nicht auf, als ich die Tüte von Waitrose abstellte, sondern räusperte sich nur, ohne die Blickrichtung zu ändern. Er war in einen Artikel auf Bloomberg über einen ehemaligen Kollegen vertieft. Früher hatte ich es seltsam gefunden, dass er sich nie bedankte, wenn ich ihm das Mittagessen brachte oder ihm sein Wechselgeld gab, aber jetzt fiel mir das, genau wie der Großteil seines Verhaltens, kaum noch auf.

Nach und nach tauchten die anderen wieder auf, bewaffnet mit allem Möglichen von ganzen Grillhähnchen bis zu Hackfleischpasteten mit Kartoffelbrei. Niemand ging davon aus, dass sich am Markt noch viel tun würde. Es war ein Freitag Ende Januar. Der halbe Markt war mittags schon zum Skifahren verschwunden, alle Anrufe liefen über die Sales-Teams und Assistenten der Trader. Der Amerikaner nahm im Februar zusammen mit Philippe einige Kunden und deren Frauen zum Skifahren mit; er hatte versprochen, nächstes Jahr wäre ich an der Reihe und dürfte »mit den jungen Singles Snowboard fahren«.

Die meisten Brokerfirmen mieteten für die ganze Saison Chalets, zu denen sie jederzeit mit den Kunden, die Lust dazu hatten, fliegen konnten. Zu dieser Jahreszeit herrschte ein extremer Wettbewerb, die Broker rissen sich darum, ihre Spitzenkunden an den beliebtesten Wochenenden für sich zu haben, sie zu den besten Resorts mitzunehmen und sicherzugehen, dass sie das aufregendste und luxuriöseste Skiwochenende erlebten, das ein Broker bieten konnte.

Das Gleiche galt für alle großen Sportereignisse der Saison, von Ascot und dem Cartier Polo bis zu den wichtigen Rugby- und Fußballspielen. Für den richtigen Preis konnte unser Eventteam für alles Karten besorgen. Über den Tag verteilt bewarben Mails die verschiedenen Veranstaltungen und die Unterhaltungsprogramme, die gerade angeboten wurden – im Grunde musste man nur etwas finden, das einen interessierte, und dann einen Kunden auftreiben, der mitkam.

Trader zu unterhalten war nicht so einfach, wie es klang. Die meisten hatten schon Dutzende Male in den besten Restaurants Londons gegessen, an unzähligen – zum Teil legendären, zum Teil schauderhaften – Skitouren ihrer

Broker teilgenommen, waren mit dem Hubschrauber nach Ascot oder zum Cartier Polo geflogen worden und ließen sich nicht mehr ködern. Ihre freie Zeit war kostbar und gehörte normalerweise ihren Familien und Freunden. Ein Mitglied der irischen Tradermafia fragte mich mal: »Warum zum Teufel sollten Sie Ihre Zeit mit irgendeinem Arsch verbringen wollen, mit dem Sie sowie den ganzen Tag reden?«

Einen der Big Swinging Dicks zu einem gemeinsamen Abend oder sogar Wochenende zu überreden, artete deshalb zu einem Wettbewerb aus, in dem die Broker versuchten, sich die besten Kunden für die besten Events zu sichern. Die Trader hatten alles schon mal gemacht und reagierten immer gleich gelangweilt, selbst auf eine Einladung, mit einem VIP-Hubschrauber zum Grand Prix nach Monaco zu fliegen. Die jüngeren Trader ließen sich meist leichter verführen; sie wollten Mädchen beeindrucken, und durch einen Tag in der Firmenloge in Ascot mit Champagner Rosé in Strömen und ihrem eigenen Tippgeber bekamen sie die Frauen mit Sicherheit ins Bett. Ich versuchte immer noch verzweifelt, Trader zu einem Abendessen mit mir zu bringen, ganz zu schweigen von Ascot oder Events in der O2-Arena. Wenn ich den Amerikaner über Skitouren und Wimbledon reden hörte, musste ich an die zahllosen Bloomberg-Nachrichten denken, die ich rausgeschickt hatte, und an das ewige Spiel, Abendessen zu planen, nur um sie am Tag vor dem Essen abzusagen. Unter meinem eigenen Namen konnte ich schon keine Tische mehr reservieren.

Der Amerikaner war mit dem Essen fertig und machte sich an seine nachmittäglichen Anrufe. Auch bei totaler Flaute am Markt telefonierte er regelmäßig, besonders nach dem Mittagessen, wenn vielleicht Preise von Kunden der Trader bei New Yorker Fonds bis zum Parkett durchgesickert waren. Wenn ein Fondsmanager plötzlich eine bestimmte Anzahl von Anleihen kaufen will und sie nicht direkt von den Verkäufern bekommt, mit denen er in den verschiedenen Banken spricht, erteilen manchmal Trader eine Order für diese Anleihe, die irgendwann bis zu uns aufs Parkett durchdringt.

»Hast du heute schon Ian angerufen? Ruf ihn an und frag ihn, ob er heute Nachmittag irgendwelche Preise rausgeben will.«

»Ich habe vorhin schon angerufen, und er hat gesagt, dass er heute nichts auf dem Parkett macht – er hat zu viel mit Kunden zu tun.«

»Venetia, diskutier nicht mit mir herum. Ruf ihn einfach an. Auch wenn er dir keinen Preis sagt, gibt er dir vielleicht irgendwelche Infos. Er soll dir ja nur einen Knochen zuwerfen.«

Einerseits den Amerikaner bei Laune zu halten und andererseits meine wenigen Kunden nicht unglaublich zu nerven war ein echter Balanceakt. Die Technik des Amerikaners, Trader so lange zu belästigen, bis sie einem ihre Preise nannten, würde mir nicht dabei helfen, auf lange Sicht gute Beziehungen aufzubauen. Ich wollte kein Bookie werden, der einfach nur lästig fiel und den man so schnell wie möglich loswerden wollte.

Ich hatte mich auf Ian konzentriert, einen jungen Mann, der bei einer europäischen Bank mit dauerhaft bearisher Haltung arbeitete. Vor ein paar Wochen waren der Amerikaner und ich zu der Bank gefahren, um mit dem ganzen Team zu reden; das war unsere letzte Möglichkeit, nachdem Verabredungen auf einen Drink oder zum Abendessen nicht mehr zustande kamen. Als der Amerikaner merkte, dass Ian kaum älter war als ich, beschloss er, ich sei perfekt, um ihn zu betreuen, während er selbst sich um die älteren Trader kümmern wollte. Seit wir Ian kennengelernt hatten, sagte der Amerikaner jeden Tag, und zwar meistens, nachdem ich Ian schon angerufen und wegen Preisen genervt hatte, so was wie: »Ja gut, ruf ihn über die externe Leitung an. Versuch mal, ob er mit dir was trinken geht. Sag ihm, er würde dir einen Gefallen tun, und du müsstest mit Kunden ausgehen. Sag ihm, damit würdest du vor mir besser dastehen.«

Am Anfang hielt ich das für ganz einfach. Wie schwierig konnte es schon sein, einen jungen Kerl, der gerade das Absolventenprogramm hinter sich hatte, zu Drinks oder einem Essen mit mir zu überreden? Aber irgendwie kam ich mir vor, als wäre ich sechzehn, auf eine Verabredung aus und müsste peinliche Anrufe bei einem tollen Jungen in der Abschlussklasse überstehen, damit er sich vielleicht irgendwann nach der Schule mit mir trifft und wir Musik hören.

Ian war entsetzlich schüchtern. Unsere angespannten Gespräche liefen meist so ab, dass ich ihn minutenlang vollredete, während er einsilbig antwortete, und er dann irgendwann auflegte oder sagte, er müsse jetzt Schluss machen. Als er endlich zu einem Abendessen bereit war, wusste ich schon, dass mich die unangenehmsten Stunden meines Lebens erwarteten. Meine einzige Hoffnung bestand darin, ihn ordentlich abzufüllen. Dann sagte er immer wieder ab, so dass wir unser Treffen erst Ende Mai hinbekamen. Bis dahin hatte sein Orderdesk einen neuen Junior eingestellt, und Ian brachte ihn und einen komischen deutschen Sales-Typen mit. Als sie mit etwa einer Stunde Verspätung ankamen, hatte ich schon eine halbe Flasche Wein geschafft und fragte mich, wie lange ich wohl noch in einem vollen Restaurant mit Warteschlange allein an einem großen, runden Tisch für fünf sitzen konnte.

»Hast du ihn schon angerufen? Sag ihm, wenn er dir schon keinen Preis sagt, muss er wenigstens mit dir was trinken gehen. Wenn es am Markt ruhig läuft, ist es dafür genau der richtige Zeitpunkt.«

Ich drückte Ians Kurzwahltaste, weil ich wusste, dass der Amerikaner keine Ruhe geben würde, bevor ich angerufen hatte. Er kaute wieder auf einem Knäckebrot herum und hatte sich den Telefonhörer zwischen Kinn und Schulter geklemmt. Mir war klar, dass er auf jedes Wort hören würde.

»Hi, Ian, Venetia hier. Wie geht's?«

»Ganz gut.«

»Prima. Ja. Ähm. Tja, ich wollte mal fragen, ob ich heute Nachmittag ein paar Preise für dich herumzeigen soll.«

»Nein, danke.«

»Okay. Klasse. Äääh, ich wollte auch noch fragen, ob wir mal was essen oder trinken gehen. Wäre doch schön zu hören, was es Neues gibt, wenn du Zeit hast.«

»Klar, sicher. Ich sag dir wegen dem Termin noch Bescheid.«

Klick.

Solche peinlichen Gespräche brachten mich immer ins Schwitzen. Dabei war Ian ein schlaksiger, schüchterner Mathefreak Anfang zwanzig. Er war überhaupt nicht einschüchternd, hätte mich auch nie beschimpft, und wahrscheinlich waren ihm unsere Gespräche genauso unangenehm wie mir, aber in unserem bizarren Trading-Paralleluniversum stand er als Dritter in der Folge zum High-Yield-Thron der ständig bearishen Bank und mischte zwar nicht ganz, aber schon ziemlich weit oben mit.

»Venetia?«

Ian. Er rief mich doch tatsächlich über die Telefonanlage. Ich war so überrascht, dass ich beinahe nicht abgenommen hätte. Ich versuchte, möglichst gelassen zu klingen – als würden pausenlos Trader meinen Namen rufen.

»Ja?«

»Kannst du ein paar Caleos Bs zu pari und ein Halb rumzeigen?«

»Klar. Danke, Ian.«

»CALEOS Bs ANGEBOTEN ZU PARI UND EIN HALB, KONTO 12.«

Ich rief dem übrigen Desk den Preis zu, hoffte, dass ich das Richtige gesagt hatte, und tippte dann eine Bloomberg-Nachricht, die ich an meine anderen Kunden und an die Kunden des Amerikaners schickte, falls er gerade etwas Spannenderes machte. Wayne rief laut: »Sie hat einen Preis! Sie hat echt einen Preis!« – das war offenbar immer noch etwas Neues. Wochenlang hatte ich »geboten« gesagt, wenn ich »angeboten« meinte, »kaufen«, wenn ich »verkaufen« meinte, »an dich«, wenn ich »von dir« sagen wollte und benutzte bei Angeboten »Hit« statt »Lift«. Das war ein ausgedehntes linguistisches Minenfeld, das ich offenbar nicht umgehen konnte. Je mehr ich sagte, desto mehr Mist baute ich. Noch nie hatten so kleine, beiläufige Wörter so viel Sprengkraft besessen.

Während der Amerikaner bei jemandem in der Warteschleife hing, murmelte er, ohne den Kopf zu bewegen: »Da kommt nichts zurück – er glaubt, er würde das als Einziger traden. Er wird nur versuchen, ein Level zu finden.«

Ich verstand nicht ganz, was er meinte.

»Ja, aber wenigstens zeigt er was, oder? Damit sagt er mir mehr als noch vor einer Woche.«

Ich klang wie ein verzweifelter, jammernder Teenager. Der Amerikaner antwortete nicht. Es ärgerte mich, dass er mir keinen Mut machte. Er hatte tagelang gedrängelt, ich sollte aus Ian Preise herausbekommen, aber wenn ich es endlich schaffte, winkte er sofort ab oder ignorierte sie. Er sollte mir ja nicht für jeden Preis auf die Schulter klopfen, aber ein gelegentliches »prima« oder eine ansatzweise positive Reaktion hätte viel ausgemacht. Aber er hatte recht: Einen Preis für etwas zu bekommen, das sich nicht traden ließ und für das sich niemand interessierte, brachte nichts. Ians Preis würde nichts lostreten und schon gar nicht zu einem Abschluss führen.

Ich war offenbar stärker auf Lob angewiesen, als ich gedacht hatte. In der Schule und der Uni hatte ich zwar immer gern die positiven Kommentare unter Essays gelesen, aber ich hätte nie gedacht, dass ich mich an meinem Arbeitsplatz so sehr nach Lob sehnen oder in jedem Wort und jeder Geste des Amerikaners nach irgendeiner Art von Anerkennung suchen würde.

Endlich wurde es vier Uhr, was zwei Dinge bedeutete: Gleich würde mich jemand losschicken, um Tee zu holen, und ich musste nur noch eine Stunde durchstehen, bevor ich abhauen und ins Bett gehen konnte. Dabei konnte ich das gar nicht, weil ich zu Marks Auftritt musste – im verdammten Shoreditch. Ich hatte die ganze Woche lang kaum mit ihm gesprochen und wusste, dass ich es irgendwie dorthin schaffen musste, aber mir wäre nichts noch mehr gegen den Strich gegangen, als am Freitagabend einen Gig in einem Pub in Shoreditch zu besuchen. Ich mochte Rockmusik nicht mal; Marks Band konnte ich ertragen, weil wir zusammen waren, aber die anderen Bands waren bestimmt grauenhaft. Während Mark alles aufbaute und den Soundcheck machte, würde ich bei seinen nervigen Freunden sitzen, die allesamt aus Clapham rangekarrt wurden, und mit ihnen Smalltalk halten müssen. Clapham fand ich beinahe genauso schrecklich wie Shoreditch. Aber der Sex war klasse, also ertrug ich es.

Erst, wenn ich freitagabends sicher in der U-Bahn saß, konnte ich langsam entspannen. Unter der Woche bestand die Fahrt aus lauter panischen Momenten, wenn mir einfiel, dass ich einen Preis nicht aktualisiert oder irgendwelchen Schreibkram nicht geschafft hatte. Aber freitags konnte ich die fünfundvierzigminütige Fahrt nach Hause genießen, während ich zusammengedrängt mit den anderen Pendlern iPod hörte und dabei wusste, dass ich am nächsten Morgen nicht aufstehen musste.

Ich hing in einer endlosen Schleife fest, in der ich entweder vom oder zum neunzehnten Stock rannte. Er war mir in Gedanken nie fern und schien hinter meinem rechten Auge zu lauern, wie die anfänglichen dumpfen Schmerzen eines Migräneanfalls. Ich hoffte, es würde irgendwann weniger bedrohlich werden und ich könnte das Gebäude betreten, ohne dass sich mir die Brust zuschnürte, und würde beim Verlassen nicht mehr den Drang verspüren, wie der Teufel loszurennen. Im Moment kam ich nur am Wochenende dazu, auch mal stehenzubleiben.

Ich kam um kurz nach halb sieben zu Hause an, schälte mich aus meinem Kostüm und zog einen dieser schokoladenbraunen Trainingsanzüge von Juicy Couture an, die man überall sah. Ich hatte ihn in meinem ersten Unijahr, als ich in einem Wohnheim wohnte, online bei Browns gekauft. Er war in einer gepolsterten Versandtasche gekommen und nahm als teuerstes Stück in meiner ganzen Garderobe den Ehrenplatz auf dem offenen Kleiderständer ein, der in regelmäßigen Abständen umkippte und mitten in der Nacht auf mich fiel. Jedes Mal, wenn das Ding umfiel, schrie ich laut, weil ich dachte, jemand sei eingebrochen und würde mich angreifen, aber zum Glück hatte sich immer nur ein Berg Kleiderbügel und Velours auf mich gestürzt.

Der Trainingsanzug war mittlerweile vier Jahre alt, hatte Löcher, und der Schieber vom Reißverschluss mit dem »J« für »Juicy« war abgegangen, trotzdem zog ich ihn immer an, sobald ich nach Hause kam, weil nichts anderes so bequem war. Ich hatte mal eine Trainingshose aus Kaschmir, die noch bequemer war, aber sie wurde in meinem zweiten Studienjahr, als ich in Angel wohnte, von Motten zerfressen, und ich habe nie eine neue gekauft.

Als ich aufwachte, hatte ich die Velourskapuze stramm über den Kopf gezogen und war tief unter meiner Bettdecke vergraben. Irgendwo im Zimmer klingelte mein Handy, und im ersten Moment dachte ich, das sei mein Wecker, es sei wieder Viertel vor sechs morgens und ich müsste aufstehen und zur Arbeit gehen. Ich tastete auf meinem Nachttisch nach dem Handy und sah erleichtert, dass es immer noch Freitag war, erst halb acht, und dass Mark anrief, um zu hören, ob ich unterwegs war. Er hatte schon erraten, dass ich nach der Arbeit sofort umfallen würde.

Es ging mir beschissen. Ob mit Kater oder ohne, wenn ich aufwachte, wollte ich mich am liebsten ganz klein machen und sterben. Ich sagte mir immer, ich würde mich besser fühlen, wenn ich erst mal geduscht, einen Kaffee getrunken und es auf die Straße geschafft hatte, und normalerweise stimmte das auch, aber es kostete mich meine ganze Willenskraft, mich nicht wieder unter die Bettdecke zu verkriechen und auf der Stelle einzuschlafen, egal, ob um halb acht am Freitagabend oder um Viertel vor sechs an einem eiskalten Montagmorgen. Ich nutzte jede Gelegenheit, die Augen zu schließen, und manchmal reichte nicht einmal ein toller Freund, der im Pub auf mich wartete, um mich aus den Veloursachen und aus dem Haus zu bringen.

Ich meldete mich mit einem verschlafenen Stöhnen.

»Du musst aufstehen, Süße.«

»Woher zum Teufel weißt du, dass ich im Bett bin?«

»Ach komm, es ist Freitagabend. Du bist vor einer Stunde nach Hause gekommen. Du schaffst es nie im Leben, länger als eine Dreiviertelstunde wach zu bleiben, wenn du das Kostüm ausgezogen hast. Und ich kann die Bettdecke rascheln hören. Und du klingst verschlafen. Komm schon, steh auf. Du kannst morgen schlafen.«

»Bis um zwei? Versprochen?«

»Solange du willst.«

Er sprach leise, und ich hörte ihm an, dass er lächelte. Hätte ich genug Energie besessen, hätte ich bestimmt darüber gelacht, dass er meine Freitagsroutine schon so gut kannte. Bevor ich Brokerin wurde, war es mir peinlich, Gespräche von meinem aktuellen Freund anzunehmen, wenn ich gerade aufgewacht war, weil wir dann meist Samstagmittag hatten und alle längst wach waren und etwas Aufregendes unternahmen, während ich noch schlief. Ich wollte nicht, dass sie mich so verschlafen hörten und für faul hielten, deshalb ließ ich immer die Mailbox drangehen und rief später munter und hellwach zurück. Ich wollte unbedingt die Illusion aufrechterhalten, ich wäre um acht Uhr gejoggt und käme gerade von einem Brunch mit Freunden zurück. Aber seitdem ich so wahnwitzige Arbeitszeiten hatte und jeden Morgen um Viertel vor sechs aufstand, schlief ich mit ruhigem Gewissen, wann immer es ging. Wenn Mark anrief, während ich schlief (am Wochenende mein Dauerzustand), machte ich mir nie die Mühe zu lügen, und ihm war es egal.

Ich streifte eine Jeans und schwarze Manolos über und sprang in ein Taxi, dabei hielt mich allein der Gedanke aufrecht, am nächsten Tag bis zwei Uhr nachmittags an Marks Schulter zu schlafen. Die Aussicht auf Schlaf war zu dieser Zeit mein größter Antrieb. Zwischen dem »fuck, fuck, fuck« kam immer wieder das Versprechen: »Mach noch das und das, dann kannst du schlafen.« Je eher ich im Pub war, mir die Band ansah und mit einer Flasche Bier in der Hand im Takt mit dem Kopf nickte, desto eher konnte ich zurück zu meinem Velours und ins Bett. Schlaf war mir lieber als beinahe alles andere.

Zu dem Laden hätten natürlich eher Chucks gepasst als hellrosa Leder-Mary-Janes von Manolo Blahnik. Als ich mich durch die Tür schob, sah ich sofort Mark, der mit dem Drummer und ein paar anderen Leuten an der Bar stand. Ich gab ihm einen Kuss, und als ich das Gesicht an seinen Hals drückte und spürte, wie er seine Arme um mich schlang, war ich richtig sauer auf mich, weil ich auch nur überlegt hatte, Schlaf dem Mann vorzuziehen, nach dem ich verrückt war.

Jonglieren mit Big Swinging Dicks

»Venetia, er ist echt ein totaler Wichser.«

Emma gehörte zu den wenigen weiblichen Tradern, die von unserem Desk betreut wurden. Ihre Beziehung zum Amerikaner war offenkundig schlecht, aber wie sehr sie ihn verabscheute, wurde mir erst klar, als ich ihr am folgenden Dienstag im L'Atelier de Joël Robuchon gegenübersaß, wo wir Champagner tranken.

Zum ersten Mal ging ich allein mit einem Kunden essen. Ich hatte mir den ganzen Tag lang Sorgen gemacht, wir würden kein Gesprächsthema finden, sie würde in letzter Minute absagen oder merken, dass ich keine Ahnung vom Markt hatte und wieder gehen, aber bis jetzt hatte sich das Gespräch vor allem um den Amerikaner gedreht – und über dieses Thema diskutierte ich oft ausgiebig.

Sie war schon seit einem Jahr nicht gut auf ihn zu sprechen. Eines Nachmittags hatte der Amerikaner angerufen, nicht wie sonst mit Emmas Chef Brian sprechen können, der gerade nicht im Büro war, und gesagt: »Ich weiß, dass Sie ohne Brian nicht traden können, aber ich wollte Ihnen nur sagen, dass …«

Sie hatte versucht, ihm zu erklären, dass sie die Cheftraderin war, dass Brian mittlerweile zu weit oben stand, um zu traden, und die meiste Zeit mit Meetings verbrachte und dass alle Geschäfte, die er abschließen wollte, über sie laufen würden. Der Amerikaner beachtete sie natürlich überhaupt nicht; er fragte weiter bei jedem Anruf nach Brian und ignorierte Emma. Sie stempelte ihn als Frauenhasser ab und redete kein Wort mehr mit ihm.

Zu dem Abendessen mit mir war sie nur unter der Voraussetzung bereit, dass der Amerikaner nicht mitkam. Wir saßen an der Theke rund um den Küchenbereich und waren nach zwei Flaschen Wein und dem Großteil der Karte wieder bei Champagner Rosé angekommen.

»Das hier geht also auf den Amerikaner? Für die vielen Male, als er nicht mit mir reden wollte? Ich glaube echt, er mag keine Frauen. Er denkt bestimmt, ich wäre Brians Sekretärin oder die Assistentin vom Orderdesk, und das ist lächerlich, weil ich länger trade als die meisten Kerle am Markt. Ich verstehe ihn einfach nicht.«

Sie trank ihren Champagner aus. Soweit ich gehört hatte, betreuten die meisten Brokerinnen nur Männer, nicht nur, weil es so wenige Traderinnen gab, sondern weil sie mit Männern besser zurechtkamen. Die meisten Brokerinnen verstanden sich mit Frauen nicht besonders gut. Sie waren eingestellt worden, um mit Flirts und Unterhaltung mehr Geschäfte an Land zu ziehen, und bei Frauen funktionierte diese Technik nicht ganz so gut. Trotzdem wusste ich, dass Emma zu meinen besten Kunden gehören würde. Sie war geradeheraus und voller Elan, genau die Art Frau, mit der ich außerhalb der Branche befreundet war.

»Ich glaube wirklich nicht, dass er was gegen Frauen hat. Ich meine, ich sitze jeden Tag neben ihm; das würde ich wissen. Und soweit ich das sehen kann, haben die anderen Frauen am Markt keine Probleme mit ihm. Er ist nur manchmal echt beschränkt in seinen Umgangsformen, und vielleicht hatte er sich in den Kopf gesetzt, er hätte eine bessere Beziehung zu Brian, und wollte deshalb daran festhalten.«

»Aber damit hat er sich eine Menge Trades entgehen lassen. Den anderen Bookies gebe ich jeden Morgen eine lange Liste mit Geboten und Angeboten, nur euch nicht.«

»Würdest du damit anfangen, wenn nur ich dich betreuen würde und du nie mit ihm reden müsstest?«

»Ja, ich meine, wenn ich weiß, dass nur du davon profitierst und nur du dich über die Telefonanlage meldest, dann absolut. Aber wenn ich seine Stimme höre, werde ich nicht antworten. Ich werde ihm nicht bei seinen Geschäften helfen.«

Wenn ich Trades mit Leuten einfädeln könnte, die früher gar nicht oder nur wenig mit dem Desk gearbeitet hatten, würden meine Aktien mit Sicherheit steigen. Das schien die einzige Sorge der Broker zu sein: Wie viel Geld sie jeden Monat einbrachten, ob sie Kunden hatten, zu denen sonst niemand eine Beziehung besaß, und ob sie dadurch unentbehrlich waren. Ich freute mich schon darauf, dem Amerikaner zu sagen, dass Emma von jetzt an nur noch mit mir reden wollte, aber ich wusste nicht, wie ich das Thema anschneiden sollte, ohne die Beziehung zwischen den beiden noch zu verschlimmern.

Die Rechnung für das Essen belief sich auf knapp über vierhundertfünfzig Pfund. Ich hatte vor kurzem meine erste Kreditkarte beantragen müssen, weil ich Spesen nicht über meine Bankkarte laufen lassen konnte. Früher hatte die Firma Kreditkarten an die Broker verteilt, aber das nach Gerüchten wieder eingestellt, ihre Ehefrauen würden damit Sofas, Fernseher und alles andere bezahlen, was sie wollten. Der Vorstand beschloss, wir sollten lieber private Kreditkarten benutzen und das Geld ein paar Wochen später erstattet bekommen, wenn die Rechnungen abgeheftet und von den Deskmanagern gegengezeichnet waren. Das war natürlich perfekt, um Vielfliegermeilen und andere Kreditkartenvergünstigungen anzuhäufen. Ich kannte mal einen Broker, der zwei Hin- und Rückflüge erster Klasse nach New York mit Meilen bezahlt hatte, die er im Jahr zuvor durch Essen mit einem einzigen Kunden angesammelt hatte.

Ich schätze, dieser leicht perverse Reiz des Neuen, so hohe Rechnungen zu bezahlen, hätte nie nachgelassen. Als ich meine neue PIN eingab, spürte ich einen Adrenalinstoß, dann wurde mir leicht übel, als sie tatsächlich funktionierte und der Oberkellner mich fragte, ob alles in Ordnung gewesen sei. Über zweihundert Pfund pro Nase für ein Essen mit einer anderen Frau an einem Dienstagabend ausgeben zu können ließ beinahe so etwas wie Feminismus in mir aufkommen – vor allem, wenn der Amerikaner Emma wirklich so behandelt hatte, wie sie sagte.

»Weißt du, Venetia, du verschwendest da deine Zeit. Komm lieber zu mir und arbeite im Sales Trading. Wir suchen jemanden.«

»Sales war schon immer das Ziel. Ich wollte nur erst die Grundlagen lernen, und ob du's glaubst oder nicht, es macht mir Spaß – ehrlich.«

Ich weiß nicht, ob ich ihr – oder mir – meinen großen Plan für die City überzeugend verkaufen konnte. Mir war klar, dass die Arbeit als Broker eigentlich nur ein Weg zum Traden sein sollte, aber als ich an meinem ersten Tag den Handelsraum betreten hatte, war der Gedanke, irgendwann irgendwo anders zu arbeiten, aus meinem Kopf verschwunden, obwohl Lena mich ständig daran erinnerte, dass ich den Job nur als Mittel zum Zweck sehen sollte. Jetzt wurde mir bei meinem ersten Essen allein mit einer

Kundin ein Job angeboten. Ich war schon vorgewarnt worden, dass mir wahrscheinlich irgendwann Kunden Angebote machen würden, aber das hatte ich dann doch nicht erwartet.

»Schick mir trotzdem mal deinen Lebenslauf – denk wenigstens darüber nach.«

Emma sprang in ein Taxi, während ich über die West Street nach Hause lief, betrunken, durcheinander und voll mit Foie gras und Burgunder. Ich war nicht ganz sicher, was gerade passiert war. Hatte ich bei meinem ersten Treffen mit einer Kundin eingewilligt, ihr meinen Lebenslauf zu schicken? Ich war eine Verräterin.

»Irgendwo soll es ein gutes Angebot zu NTL geben. Kommt das von Ian?«

»Nein. Er hat mir erzählt, dass er zurzeit nichts mit NTL macht.«

»Hast du ihn gefragt? Vergiss nicht, ihn zu fragen.«

Der Amerikaner hatte gerade mit jemandem bei der Aggro-Bank telefoniert. Es war halb neun am nächsten Morgen. Er war verärgert, hustete ständig und klopfte mit einem seiner Telefonhörer auf den Tisch. Nachdem er von einem Preis gehört hatte, den wir nicht kannten, würde er den restlichen Morgen über zwanghaft versuchen, ihn herauszubekommen. Bei einigen Kunden war der Amerikaner davon überzeugt, dass sie ihre Geschäfte nur über ihn abwickelten und dass er ihnen Informationen anvertrauen konnte, die sonst auf keinen Fall herausgegeben wurden – wie bei Trades, die gelaufen waren, während die meisten auf dem Parkett nicht mal gewusst hatten, dass mit diesen Anleihen gerade gehandelt wurde. Dabei machten die Trader, die er für vertrauenswürdig hielt, ihre Geschäfte oft ohne ihn oder nannten anderen Firmen ihre Preise. Ich wusste, dass der Amerikaner keine Ruhe geben würde, bis ich angerufen hatte.

»Ian, hast du kurz Zeit?«

»Was gibt's?«

»Machst du was in NTL? Es soll irgendwo anders einen Preis geben. Kannst du ihn sehen?«

»Nein.«

Ich hatte geglaubt, nachdem er mir in der letzten Woche spontan einen Preis genannt hatte, wäre er vielleicht etwas mitteilsamer, aber scheinbar konnte man nie voraussagen, wie ein Trader eine Minute später, ganz zu schweigen von einer Woche später, reagieren würde.

»Aaahh. Scheiße. Bestimmt dieses Miststück Emma. Würde zu ihr passen, dass sie nach einem Abend mit einer Brokerin ihre Preise woanders zeigt. Sie hat dir gesagt, dass du sie betreuen sollst, und jetzt zeigt sie dir trotzdem nichts? Ja, klar.« Er kicherte leise. Emma hat sich den ganzen Morgen nicht gemeldet, aber man wusste ja nie. Ich hatte sie ein paar Mal über die Telefonanlage gerufen, aber keine Antwort bekommen, und sie reagierte nicht auf meine Bloomberg-Nachrichten. Dass man sich beim Essen mit jemandem bestens verstand, bedeutete natürlich gar nichts, wenn er einem am nächsten Tag keine Preise nannte, und daran erinnerte der Amerikaner mich prompt.

Am Ende fand der Amerikaner das Angebot nicht, aber nachdem ihm mehrere Kunden bestätigt hatten, dass nichts getradet wurde, ließ er es gut sein. Deshalb hatte er Erfolg: Bei der kleinsten Information ließ er nicht locker, bis er die besten Preise herausbekommen oder getradet hatte. Man konnte ihn wirklich nicht als faul bezeichnen – als zwanghaft, gierig, paranoid und zerfressen von der Jagd nach Trades, aber nicht als faul.

Sein Wunsch zu traden schien noch größer zu sein als sein Bedürfnis, Geld zu machen. Zweifellos trieb ihn die Gier an, aber er jagte nicht nur dem Bonus hinterher. Ihm ging es nicht so sehr um den finanziellen Gewinn; er fuhr keinen Sportwagen, unternahm keine Luxusreisen und trug nicht einmal eine Uhr. Er hatte jeden Tag die gleichen Sachen an, in leicht unterschiedlichen Farbtönen, er trank nicht viel, seine Kinder besuchten eine Mischung aus privaten und staatlichen Schulen, und er lachte über die Maßlosigkeit der anderen Jungs am Orderdesk – über die Ferraris, die Häuser in der Karibik, die jährlichen Anbauten am Haus und die neuen Pools. Im Vergleich dazu war sein ganzes Leben bescheiden.

Egal, was ihn motivierte, es verlieh ihm eine Ausdauer, die den anderen fehlte. Wayne, Stu und der Ferg langweilten sich, wenn sie kein Geld machten, und gaben die Jagd auf. Sie mussten Trades greifbar vor sich haben, um die Sache weiterzuverfolgen, der Amerikaner dagegen machte auf jeden Fall weiter. Selbst, wenn etwas tagelang nicht gehandelt worden war, hielt er unbeirrbar daran fest. Die meisten in der City, die ihn kannten, taten das als bloße Gier ab, aber ich war davon überzeugt, dass es ihm noch um etwas anderes ging; ich wusste nur nicht, worum.

Was es auch war, ich hatte keine Zeit, darüber nachzudenken. Emma hatte mir aus heiterem Himmel eine Reihe von Preisen geschickt, und ich stand wenig später bei mehreren Positionen nur noch einen Viertelpunkt vor dem Traden, nachdem die Kunden vom Ferg auf Emmas Gebote und Angebote reagiert hatten.

»Bist du schon frei?«

Der Amerikaner wartete darauf, mit einzusteigen. Im Broking hieß es eigentlich: Wer zuerst kommt, mahlt zuerst – der erste Trader, der auf einen Preis mit einem Gegengebot oder -angebot reagierte, gab den Ton an, bis er wiederholte, bis er also bei dem Preis bleiben wollte, den er erreicht hatte, ohne nachzubessern; dann musste er endlich zustimmen, dass wir andere Trader auf dem Parkett mitmischen ließen, bevor wir schließlich beide Preise anderen Kunden zeigten. Derjenige, der den Handel angestoßen hatte, wollte meist darüber auf dem Laufenden gehalten werden, was sich tat, und konnte jederzeit eingreifen.

Preise herumzuzeigen, bevor sie freigegeben wurden, war eine wunderbare Möglichkeit, sich selbst oder jemand anderen am Desk in die Scheiße zu reiten. Die meisten Broker erzählten ihren besten Kunden mit dem Vorbehalt: »Es ist noch nicht freigegeben, ABER …«, was lief, damit sie schnell einsteigen konnten, wenn der Preis frei war. Außerdem konnten die Broker selbst so herausfinden, wer überhaupt Interesse hatte. Wenn nicht ganz klar war, ob ein Preis schon frei war oder nicht, und der betreffende Trader statt an seinem Desk in einem Meeting saß oder wenn der Broker einfach zu ungeduldig wurde, wurden die Preise manchmal zu früh herumgezeigt, und dann hatten wir plötzlich zwei Trader, die dachten, sie besäßen bei der angebotenen Position die erste Kaufoption. Wenn dann nur ein Trade möglich war, würde jemand stinksauer werden.

»Warum zum Teufel dauert das so lange? Hast du Emma schon erreicht? Ruf sie übers Telefon an.«

»Sie geht nicht …«

»RUF SIE AN!«

Ich durfte die Preise schließlich herumzeigen und hatte ein paar Minuten später sechs Trades abgewickelt, die die Kosten des Abendessens mehr als wettmachten. Ich hoffte bloß, sie würde mir immer noch Preise nennen, wenn ich ihr Jobangebot ablehnte.

Im Grunde hatte das nie zur Debatte gestanden. Ich konnte meine Stelle als Brokerin nicht aufgeben – hier konnte ich die besten Seiten der Arbeit im Handelsraum genießen, ohne mir nachts Sorgen um Risiken oder Positionen machen zu müssen. Als Traderin hätte ich halbwegs wissen müssen, was ich da tat, und ich war mir nicht sicher, ob ich mein Gehirn wieder auf Touren bringen wollte, nachdem es ihm in seinem Winterschlaf so gut gefiel. Ich musste nichts lesen, ich musste mir keine Gedanken über irgendwelche Konsequenzen machen, ich musste mir nur tagsüber Zahlen merken und abends in umwerfenden Restaurants Beziehungen pflegen. Wieso sollte ich das aufgeben, um härter und länger zu arbeiten? Ich hatte den besten Job der Welt und wusste nicht, warum ich über einen anderen auch nur nachdenken sollte.

In der kommenden Woche wollte der Amerikaner eine Party für unsere Kunden in einem Privatsaal des Nobu in der Park Lane schmeißen. Weil nicht viel los war, hatte ich nachmittags Trader angerufen, um sie an die Party zu erinnern, und versucht, diejenigen, die nicht geantwortet hatten, auch zu einem kurzen Besuch zu überreden. Mit den meisten sprach ich dabei zum ersten Mal, und wie sich zeigte, war es noch heikler, Trader unangemeldet bei der Arbeit anzurufen und zu einer Brokerparty einzuladen, als sie nach Preisen für Anleihen zu fragen. Die meisten Trader überschlugen sich fast, um mit ihren Konkurrenten keine Zeit verbringen zu müssen – das war noch schlimmer, als Zeit mit ihren Brokern zu verbringen; eine Cocktailparty der Branche an einem Donnerstagabend Anfang Februar zu verkaufen war entsprechend nahezu unmöglich. Aber ich hatte auf jede Entschuldigung eine Antwort parat: Wenn sie sagten, Freunde von ihnen wären gerade in der Stadt, antwortete ich, sie sollten sie einfach mitbringen;

wenn sie essen gehen wollten, sollten sie anschließend vorbeischauen – wir wären mindestens bis Mitternacht dort und würden uns wahnsinnig freuen, sie zu sehen, und sei es nur auf einen Drink. Mir war das egal; sollten sie doch ihre Kinder, Freundinnen, Frauen oder Hunde mitbringen – was sie wollten –, solange sie nur auftauchten.

Schließlich war der Tag der Party gekommen. Als der Amerikaner und ich im Nobu eintrafen, überprüften wir erst, ob alles vorbereitet war und die Empfangsdame wusste, wohin sie unsere Gäste schicken sollte, dann saßen wir eine halbe Stunde lang allein und stumm an einem kleinen Tisch am Rand des großen, minimalistischen Saales und kippten die Wassermelonen-Martinis herunter, die der Amerikaner schon vorab bestellt hatte. Irgendwann trafen die ersten Leute ein, und ich konnte endlich den Namen, die ich bei Bloomberg gesehen hatte, Gesichter zuordnen. Niemand ist so attraktiv oder so groß, wie man ihn sich vorstellt.

Dem Amerikaner war unbehaglich zumute. Ihm gefiel der gemietete Saal nicht. Er war zu groß, zu weiß und zu ruhig. Es wurden nicht genug von seinen geliebten scharfen Thunfischsushi gereicht. Und er begriff nicht, warum die Leute Lychee-Cocktails bestellten, obwohl wir hinter der Bar reihenweise Wassermelonen-Martinis bereitgestellt hatten, oder warum der Cheftrader einer deutschen Bank die Martinis ganz übergangen und schon um halb acht mit Whisky für fünfzig Pfund das Glas angefangen hatte. Entweder wollte er seine scheinbare Überlegenheit den anderen gegenüber beweisen oder die Barrechnung des Amerikaners in die Höhe treiben – wie sich zeigte, traf eine Mischung aus beidem zu. An diesem Abend sah ich ihn zum ersten und letzten Mal, danach sprach er auch nur noch wenige Male mit uns.

Der deutsche Trader hielt sich für den tollsten Kerl am Markt. Weil ihm sein echter Name zu banal erschien und es bei Bloomberg zu viele andere Trader mit genau dem gleichen Namen gab, hatte er die Initialen GM eingefügt und sich damit den zweiten Vornamen »Global Markets« gegeben. Mr Global Markets hatte sich nicht nur selbst zum größten der Big Swinging Dicks ernannt, sondern auch gleich die Rolle als Beschützer des Parketts übernommen. Er bestimmte, welche Banken am Sekundärmarkt Leveraged Loans traden durften (die »name give-up«-Instrumente waren, was hieß, dass Käufer und Verkäufer nach dem Trade bekanntgegeben wurden, um den Handel abschließen zu können, und beide getrennt die Provision zahlten, die nicht wie sonst in den Preis eingerechnet wurde). Später weigerte er sich aus einer Reihe seltsamer Gründe, mit manchen Leuten zu traden. Manche mochte er einfach nicht, bei anderen glaubte er, sie würden ihre Geschäfte nicht gut genug führen und würden für andere Banken zu hohe Risiken darstellen – obwohl sonst niemand am Markt Einwände hatte. Das konnte er durchsetzen, indem er seinen Brokern erst einmal drohte, ihre Leitungen zu kappen, falls er die Banken auf seiner schwarzen Liste jemals als Geschäftspartner bekam. Dann beschloss er, das würde noch nicht reichen; wenn er je zu Ohren bekäme, dass seine Broker von jemandem Preise annahmen, dem er das Traden nicht persönlich erlaubt hatte, oder wenn sie mit solchen Leuten irgendwie geschäftlich zu tun hatten, wollte er kein Wort mehr mit ihnen reden.

Eine Zeitlang hielten wir uns alle an die Anweisungen vom GM, bis ein paar Wochen nach der Party der Amerikaner beim Skifahren war und ich eines Nachmittags einen erbosten Anruf vom Cheftrader einer großen amerikanischen Bank bekam.

»Venetia, ich bin ein größerer Swinging Dick als King Kraut. Wenn Sie mir nicht das Gebot von der Absurd Bullishen Bank besorgen, kappe ich Ihnen für alle Zeiten die Leitung. Ist GM es echt wert, mich zu verlieren?«

Nach einer kurzen Diskussion mit Dory rief ich bei der Absurd Bullishen Bank an, und wir wickelten den Trade ab, ohne die Info an den Markt zu geben. Dabei wussten wir alle, dass es nur eine Frage der Zeit war, bis King Kraut davon Wind bekam. Am nächsten Morgen erzählte ich dem Amerikaner davon, und er war zum Glück mit unserer Entscheidung vollkommen einverstanden.

Das Problem mit den Big Swinging Dicks ist, dass man sich immer um mehrere gleichzeitig kümmern muss und nie alle zufriedenstellen kann. Ständig gehen sie mit den Geweihen aufeinander los, und die Broker sitzen dazwischen fest, versuchen, den Schaden zu minimieren und aus ihnen so viel Geld wie möglich herauszuschlagen.

Wir tradeten im Stillen weiter mit der immer längeren Liste von Banken, die es ans Parkett schaffen wollten, weil GM so wenig Geschäfte mit uns machte, dass es sich nicht gelohnt hätte, nach seinen Regeln zu spielen und andere Big Dicks zu verlieren. Die hatten mittlerweile clever erkannt, dass die kleinen, weniger erfahrenen Banken ihnen gut nutzen konnten. Aber alles fällt irgendwann auf, und so bekam GM ein paar Wochen später von unserem Ungehorsam Wind und kappte uns nach einem kurzen, heftigen Gespräch mit dem Amerikaner nach Büroschluss prompt die Leitung. Wir hörten nie wieder von ihm, aber wir trösteten uns damit, dass wir als einzige Bookies nicht für die deutsche Bank arbeiteten. Jede Bank will das Parkett beherrschen, aber der Amerikaner meinte immer, der Kreditmarkt, dieses riesige, unförmige Monster, ließe sich von niemandem kontrollieren.

Sechs Monate später akzeptierte GM alle Banken, die er hatte ausschließen wollen, als Geschäftspartner, trotzdem bekamen wir unsere Leitung nicht zurück, und er nahm auch keine Anrufe vom Amerikaner an. Kurzfristig hatten wir vielleicht Geld gemacht, aber auf lange Sicht würde es uns schaden, seine Preise nicht zu sehen. Das war dem Amerikaner auch klar, aber er wusste, dass er nur seine Energie verschwenden würde, wenn er darüber nachdachte. Es gab andere Größenwahnsinnige, um die man sich kümmern musste, und man konnte nur eine gewisse Zeitlang mit allen jonglieren, bevor man einen fallenließ und ihn abschreiben musste.

Während es mit meinen Beziehungen zu Ian und Emma langsam bergauf ging und beide mehr oder minder sofort antworteten, wenn ich sie über die Telefonanlage rief, schien es mit anderen schlechter zu laufen.

Der Amerikaner wollte möglichst viele seiner eher zeitintensiven, trägen Kunden abschieben, um mehr Zeit für seine geliebten dynamischeren Trader der Aggro-Bank zu haben, deshalb sollte ich ein paar kleine Fische zusätzlich übernehmen. Aber je mehr Kunden man hat, desto wahrscheinlicher verliert man einen. Das ist wie ein Spaziergang mit einem Rudel Hunde: Während man versucht, die Leinen von zwei Yorkshire-Terriern zu entwirren, wird man von einer Dänischen Dogge umgerannt und kann den ganzen Tag lang versuchen, alle wieder einzufangen. Es ist einfach, einen einzigen Trader mit seiner ganzen Aufmerksamkeit zu überhäufen, dafür zu sorgen, dass er jede nutzlose Information bekommt, die man zufällig hört, ihm jeden mistigen Preis sofort und mindestens drei Mal zu sagen, für den Fall, dass er ihn beim ersten und zweiten Mal verpasst haben sollte, ihm guten Morgen und einen schönen Abend zu wünschen und zu fragen, wie sein Wochenende war, und gleichzeitig bei allem, was sich am Desk tat, auf dem Laufenden zu bleiben.

Nimmt man noch ein paar Big Swinging Dicks dazu, dauert es nur Stunden, bis man etwas vergisst, sei es, dass man einen Preis, der sie auf jeden Fall interessiert, nicht an sie weitergibt, dass man vergisst, eine langweilige Position mit einem weiten Spread herumzuzeigen, die sie einem Stunden vorher gegeben haben, nur, um den Preis dann doch noch rauszuschicken, einen Hit zu bekommen und zu merken, dass das Gebot nicht mehr gültig ist, oder dass man völlig vergisst, dass es sie gibt, was bei Ian leicht passieren konnte, weil er so still war.

Brad dagegen konnte man gar nicht vergessen. Der Amerikaner kannte ihn schon seit einigen Jahren, fand ihn aber frustrierend und glaubte, er würde nicht das Beste aus ihm herausbekommen. Also schob er ihn an mich ab, ohne dass Brad davon wusste; er begriff es erst, als der Amerikaner jedes Mal, wenn Brad anrief und nach ihm fragte, den Anruf stumm an mich weiterleitete.

Er jagte mir von Anfang an Angst ein. Früher hatte ich nicht mehr zu ihm gesagt als: »Bleiben Sie bitte dran, Brad«, ihn dann zum Amerikaner rübergestellt und mich gefreut, dass er nicht mein Kunde war. Jetzt war er doch mein Problem und rief ständig über die direkte Telefonleitung an, und das oft nur, um die neuesten Kurse abzufragen; dabei rief er meist gerade dann an, wenn ich vom Essenholen oder von der Toilette zurückkam oder mich mit Philippe über irgendeinen Verwaltungskram stritt und keine Ahnung hatte, was los war. Dann suchte ich hektisch auf Bloomberg die Preise durch, die unser Desk in den letzten fünf Minuten rausgeschickt hatte, und versuchte gleichzeitig, ihn hinzuhalten. Meist legte er nach dreißig

Sekunden auf. Früher hatte ich mich auf die Tabelle vor mir verlassen, auf der ich die Preise aufgeschrieben hatte. Bei Brad hatte ich nicht genug Zeit, die drei Seiten lange Namensliste durchzugehen und zur jeweiligen Anleihe oder zum Kredit den Preis rauszusuchen, bevor er das Interesse verlor und auflegte, also musste ich für den Fall, dass er anrief, dafür sorgen, dass ich ständig jede einzelne Position im Auge hatte, mit der wir arbeiteten.

Er gehörte auch zu den wenigen Tradern, die uns morgens als Erstes mit Preisen anriefen. Meist verengte ohnehin eine der amerikanischen Banken sofort die Spreads, trotzdem wollte Brad immer noch behandelt werden, als wären es seine Preise, obwohl er nie nachbesserte.

Morgendliche Meetings sind für alle Broker ein rotes Tuch. Die Trader geben eine Reihe von Preisen raus und sind dann eine halbe Stunde oder länger nicht erreichbar, weil sie in irgendeinem Büro mit ihren Sales-Leuten darüber diskutieren, was welchen Preis bekommen sollte, was umgeschichtet werden musste oder wie man es fand, dass die Absurd Bullishe Bank auf dem Parkett handeln durfte.

Außerdem lernte ich allmählich, dass man Brad nie zu viel erzählen durfte. Informationen, die eher ein bloßer Eindruck vom Markt waren, wurden zur großen Verkündigung, sobald man den Hörer aufgelegt hatte, und nach spätestens einer halben Stunde hatte er das schwachsinnige Brokergeschwafel einem seiner Kunden von einem dummen Hedgefonds gegenüber Wort für Wort wiederholt. Wenn die beiden dann daraus etwas machen wollten, merkte Brad, dass der Markt gar nicht mehr existierte.

Jedes Mal, wenn ich seine Nummer auf einer der Telefonleitungen blinken sah, wurde mir übel. Er klang immer gleich schroff, egal, was er sagte, deshalb konnte man unmöglich herausfinden, wie es ihm ging oder was er vorhatte – kaufen, verkaufen oder Informationen abgreifen. Ich wusste nie, ob ihm etwas wichtig war, bis er mich irgendwann wütend anrief und beschimpfte. Dazwischen gab es nichts, nur schroffes, roboterhaftes Desinteresse oder rasende Wut.

An diesem Morgen hatte ich ihm einen Preis zu den Anleihen einer Einzelhandelsklitsche gezeigt. »Es könnte vielleicht sein, dass er noch einen winzigen Spielraum hat, aber ich bin wirklich nicht sicher, Brad.«

»Okay, danke, Venetia. Ich melde mich wieder.«

Klick.

Eine Stunde später rief Brad zurück und sagte mir, ich solle zwei Millionen der Mistdinger zu einem Viertelpunkt weniger kaufen, als ich ihm gezeigt hatte.

»Ich versuch's mal. Ich melde mich wieder.«

Dann ein Fünf-Sekunden-Gespräch mit dem Trader, der sich an das Angebot kaum erinnern konnte, weil es so lang her war.

»Tut mir leid, Brad, er geht von seinem letzten Angebot nicht ab. Es steht schon eine Weile, und ich wundere mich, dass er überhaupt noch verkauft.«

Ich wartete schon darauf, dass Brad mit Bassstimme und amerikanischem Akzent leicht stotternd losbrüllte. Sein scharfes Luftholen klang gequält. Ich wusste, dass es ihm keinen Kick gab, mich anzuschreien, und es ihm nicht leichtfiel, so als würde man ein kleines Kind oder einen eigentlich süßen Hund anbrüllen.

»VERDAMMTE SCHEISSE, VENETIA, WAS TUST DU MIR DA AN? ICH, ICH GEBE MEINEM KUNDEN INFORMATIONEN WEITER, DIE DU MIR, DIE DU MIR GEGEBEN HAST. DU HAST GESAGT, ER HÄTTE NOCH SPIELRAUM, VERDAMMTER MIST, UND, UND, UND JETZT GAR NICHTS? SO EINE SCHEISSE.«

Er brach stotternd ab, dann war die Leitung tot. Ich legte den Hörer auf und machte so ruhig mit meiner Arbeit weiter, als wäre das Gespräch vollkommen höflich verlaufen.

Brad erwartete als Einziger in der Branche, dass alte Märkte noch Stunden später existierten. Er war langsam. Die meisten Trader akzeptierten, dass ein Preis nur für kurze Zeit aktiv war und jeden Moment zurückgenommen werden konnte. Als Brad mich das erste Mal angebrüllt und beschimpft und dann aufgelegt hatte, war ich den Tränen nahe, rang nach Luft und wäre fast schreiend rausgelaufen. Beim zweiten Mal wollte ich mich verteidigen, was aber sinnlos war, weil er mir einfach ins Wort fiel oder auflegte. Beim dritten Mal wurde mir nach einer langen Diskussion mit dem Amerikaner allmählich klar, dass ich mein Verhalten ihm gegenüber ändern musste. Ich würde ihm über die nackten Fakten hinaus keine Informationen mehr geben. Das ist schwieriger, als es klingt, wenn man als Broker den natürlichen Drang verspürt, den Kunden zufriedenzustellen, ihm zu sagen, was er hören möchte, und fröhlich schwanzwedelnd auf ihn zuzulaufen. Ich konnte Brad nicht aufgeben und ihn an einen erfahreneren Broker abschieben; irgendwie musste ich so etwas wie eine Beziehung zu ihm aufbauen, und wenn das bedeutete, dass ich ihm meine Einschätzung nicht sagen durfte, um mich zu schützen, würde ich das halt lassen.

Irgendwann ergibt sich für Broker immer die Gelegenheit, Tradern einen Gefallen zu tun; genauso bietet sich irgendwann die Gelegenheit, dem Trader eins reinzuwürgen, wenn er am wenigsten damit rechnet. Brad hatte sich zwar oft unvernünftig und unverschämt benommen, trotzdem wusste ich, dass er im Gegensatz zu manch anderem Kunden kein übler Kerl war. Es war nur eine Frage der

Zeit, bis ich beweisen konnte, dass ich nicht so unfähig war, wie er dachte, und einige Wochen später bot sich tatsächlich eine Möglichkeit dazu.

Er hatte verzweifelt versucht, einen Leveraged Loan (eine spezielle Form eines Kredits) für drei Millionen Pfund zu verkaufen, für den es seit Wochen keine Gebote gegeben hatte. Eines Morgens zeichnete sich ein gutes Gebot am Horizont ab, und ich wusste, dass der potentielle Käufer nicht mehr zahlen würde. Ich hatte mehrere Käufer, aber ich dachte, das wäre eine gute Gelegenheit, um Brad zu zeigen, dass ich ihn nicht ständig reinlegen wollte. Wie üblich saß er in seinem Morgenmeeting, nachdem er eine halbe Stunde zuvor sein tägliches Angebot zum gleichen Preis rausgeschickt hatte. Der Einzige am Desk war ein mürrischer Amerikaner aus dem Sales-Bereich. Seine Stimme war noch tiefer als Brads, und ich hatte nur wenig Hoffnung, den Trade über die Bühne zu bekommen. Einen Trader zerrte man nur im Notfall aus einem Morgenmeeting. Wenn man falschlag, konnte man damit die Beziehung endgültig ruinieren, weil der Trader einen nie wieder ernst nehmen würde und man immer als der Bookie verschrien wäre, der blinden Alarm geschlagen hatte.

»Sag Brad, dass ich ein Gebot zu pari und drei Viertel zu diesen CAA für drei Millionen Sterling habe. Er war zuletzt bei 101. Ich habe noch andere Käufer, setze ihn aber ganz nach oben. Ich muss wissen, ob er annehmen will. Der Käufer geht nicht mehr höher.«

»Er ist in einem Meeting.«

»Ich weiß. Du musst reingehen und es ihm sagen. Das Gebot will er bestimmt sehen.«

»Ich schaue mal, was ich machen kann. Mehr zahlt er nicht? Hast du das gecheckt?«

»Ja. Das ist sein bester Preis. Fill or kill.«

Wie vorausgesehen, kam sofort die Nachricht zurück, dass ich »bei dem verdammten Angebot zuschlagen« sollte. Brad rief eine halbe Stunde später an, als sein Meeting beendet war.

»Ja, Venetia? Ja. Danke. Das hast du richtig gemacht. Nimm dir ein Achtel.«

Jetzt waren keine Gebote mehr in Sicht, und das CAA wurde zu pari und ein Halb angeboten. Die übliche Provision hätte bei diesem Trade 3 Cents betragen – 600 Pfund von seiner Seite. Er gab mir 3750 Pfund und sagte mir, ich solle mir was Hübsches kaufen. Also zog ich los zu Chanel, obwohl ich das Geld aus dem Trade wahrscheinlich nie zu Gesicht bekommen würde, weil es in den Pool floss, aus dem unsere Gehälter und zahllose andere Ausgaben bezahlt wurden. Ich müsste schon jeden Tag mehrere solcher Trades abschließen, um eine Chance auf einen Bonus zu haben. Die übliche Provision betrug bei High Yield Bonds ein Sechzehntel und bei Krediten 2 oder 3 Cents, je nach Kunden. Notleidende Anleihen und Kredite – deren Zahlung höchstwahrscheinlich in Verzug geraten würde – brachten bis zu einem Viertel ein.

Mein Orderdesk war nicht besonders lukrativ. Wenn wir mit größeren Mengen getradet hätten, hätte es anders ausgesehen, wenn man bedachte, dass andere Produkte oft nur einen Cent einbrachten. Wir hatten einfach nicht genug Volumen, damit ein Sechzehntel bei jedem Trade viel ausmachte. Manche Broker bekamen im Monat mindestens 150 000 Pfund Provision, meist über synthetische Produkte. Cash lief dagegen gar nicht.

Ich dachte, Brad würde aus der Geschichte lernen und mir etwas mehr vertrauen, mir vielleicht sogar ab und zu sagen, was er vorhatte, aber das tat er nicht. Zwischen uns kam es weiter zu den gleichen Missverständnissen, und mir graute davor, seine Nummer aufblinken zu sehen. Unsere Beziehung wurde offenbar nie besser, sie war immer noch auf dem gleichen Stand wie bei unserem ersten Gespräch, aber so war er nun mal. Er würde nie zu den Kunden gehören, mit denen ich mich in Clubs betrank und für die ich einen Spitznamen hatte. Er würde immer der unverständliche, unglaublich schwierige Brad bleiben.

Trip ins Krankenhaus

Irgendwie schaffte ich es bis Mitte März. Hinter mir lag ein Tag, an dem alles schiefgelaufen war: Philippe hatte mich die ganze Zeit angeschrien, Brad hatte zwei Mal gedroht, mir die Leitung zu kappen, und als der Amerikaner in einem Meeting saß, hatte ich einem Cheftrader bei der Aggro-Bank einen Preis genannt, der 50 Basispunkte unter dem tatsächlichen Preis lag, weil ich beim Ablesen in der Tabelle zwei Zeilen zu tief gerutscht war. Die Anleihe war praktisch wertlos, aber ich hatte ihm erzählt, wir hätten zuletzt einen netten, weiten 70–76-Spread (70 geboten, zu 76 angeboten) gehabt. Bevor ich meinen Fehler korrigieren konnte, meinte er, ich wäre wohl irre, und der Amerikaner solle ihn zurückrufen, dann legte er auf, während ich mich noch stotternd mit meiner Tabelle abmühte, um den richtigen Preis zu finden. Ich hatte Glück, dass er nicht versucht hat, mein Gebot von 70 anzunehmen.

Endlich war es fünf Uhr. Alle machten sich zum Gehen fertig, aber ich musste noch die Preise aktualisieren. Ich war erschöpft, weil ich mit einer Bande Trader von der Absurd Bullishen Bank bis vier Uhr morgens unterwegs gewesen war, und machte immer wieder Fehler, als ich die Zahlen von der Tabelle vor mir übertrug. Alle paar Minuten stiegen mir Tränen in die Augen, ich konnte nichts dagegen tun. Der Amerikaner saß als Einziger noch am Desk.

Er wartete auf den Anruf eines New Yorker Traders für notleidende Produkte.

»*Scheiße, ich kann das nicht.*« Mir sackte der Kopf auf den Schreibtisch, und ich fing an zu weinen. »Ich kann nicht weitermachen. Ich bin so verdammt müde. Diesen beschissenen, endlosen Schreibkram kann man gar nicht schaffen. Für Zwanzigtausend ist es das echt nicht wert. Ich bin ja nicht undankbar, aber …« Die Worte strömten mit den Tränen aus mir heraus, bevor ich darüber nachdenken konnte, was ich da sagte.

»Und, was soll das heißen, Venetia? Willst du aufhören?« Der Amerikaner wirkte leicht verwirrt, er verstand nicht, was der ganze Wirbel sollte. Er packte seine Sachen zusammen, nachdem er den Anruf abgeschrieben hatte. Es war klar, dass er gehen wollte, und die Frage, ob ich kündigte oder nicht, bedeutete für ihn höchstens, dass er zu spät zu seinem Abendessen im River Café kam.

»Nein, ich will nicht aufhören. Ich bin nur verdammt erschöpft. Ich muss schlafen. Und ich komme mit Zwanzigtausend nicht über die Runden. Und dass Philippe mich wegen einer Tabelle anschnauzt, die wir nicht mal benutzen, ertrage ich nicht. Entweder werde ich Brokerin oder erledige stapelweise Schreibkram, aber beides zusammen kann ich nicht gut machen. Es tut mir leid. Die letzten paar Tage waren übel. Ich will einfach nur nach Hause. Tut mir leid.«

Ich war leicht hysterisch und merkte noch, dass ich ständig »Scheiße« und »tut mir leid« sagte, aber es war zu spät, um sachlich zu werden. Ich wusste, dass diese Umgebung keinen Platz für Gefühle ließ. Aber ich war so müde. Ich hätte nicht versuchen sollen, über mein Gehalt zu reden, während ich gerade weinte, aber ich konnte plötzlich nicht mehr aufhören. Ich hatte schon von

»nervöser Erschöpfung« gehört, jetzt war ich der Inbegriff davon.

Wenn man so unter Druck steht, fällt es einem oft schwer, rational zu denken; nach und nach drängen Gefühle über die Ränder der sonst undurchdringlichen Fassade, und während man in den meisten anderen Jobs weggehen und sich beruhigen kann, muss man als Broker an seinem Platz bleiben und weitermachen. Es kommen Preise herein, die Kunden rufen nach einem, und aus dem Raum zu laufen steht gar nicht zur Debatte. Manchmal kann man sich nicht mal in die Damentoilette flüchten, denn wenn man tränenüberströmt aufsteht, ist man nur leichte Beute für jeden, der einen mit Cricketbällen bewerfen will. Jedes Anzeichen für Tränen oder einen hysterischen Anfall fällt sofort einem der zweihundert Männer um einen herum auf. Sie können das riechen. Also bleibt man sitzen. Man starrt auf seine Monitore, fummelt unter seinem Schreibtisch herum, tut so, als müsste man sich nicht vorhandene Schnürsenkel zubinden, räumt die nächste Schublade um, trinkt kleine Schlückchen Wasser und wartet, bis es vorübergeht.

Über Nervenzusammenbrüche im Handelsraum gibt es legendäre Geschichten. Frauen, die den Männern um sie herum jahrelang in nichts nachgestanden haben, die nicht einmal daran gedacht haben zu weinen, brechen plötzlich zusammen zu einem hysterischen Häufchen Elend, bis ein gutherziger Kollege aufhört zu gaffen, sie beim Arm nimmt und aus dem Raum führt oder trägt, während sie unkontrollierbar heulen und hyperventilieren. Die meisten sieht man danach nie wieder.

Männer verlieren auf ganz andere Art die Beherrschung. Wenn jemand auf einen Kollegen oder eine Wand einschlägt und dann mitten am Nachmittag ins nächste Pub marschiert, kann er am nächsten Morgen um sieben wieder ins Büro schlendern, als sei nichts passiert. War er besonders gewalttätig, wird er vielleicht zu einem Gespräch mit dem Bürochef gerufen, aber das ist nur Show; nachdem man ihm gesagt hat, er solle das nicht noch mal tun, wird er zurück an sein Desk geschickt.

Wut gehört dazu, hysterisches Weinen, bis der Schnodder fließt, nicht. Das ist allen peinlich. Also unterdrückt man es und betet, dass es einem nicht aus den Poren sickert. Aber jetzt saß ich hier und heulte, und das nach nur vier Monaten. Bei bestimmten Menschen will man auf keinen Fall, dass sie einen weinen sehen, und das sind meist genau diejenigen, vor denen man bei der ersten Gelegenheit in Tränen ausbricht. Wie durch ein Wunder sagte der Amerikaner, er würde sich um mein Gehalt kümmern; er könnte das verstehen. Und dann ging er. Es gab keine Diskussion, keinen Streit, nur Zustimmung.

Ich war erleichtert darüber, dass ich erst nach Büroschluss zusammengebrochen war und nicht an einem hektischen Vormittag, trotzdem schämte ich mich auf der gesamten Heimfahrt und war wütend, dass ich die Kontrolle verloren hatte, statt nach Hause zu fahren und mich in dem Wissen schlafen zu legen, dass am nächsten Morgen alles gut sein würde.

Wenn Männer übermüdet sind, gehen sie besser damit um als Frauen. Sie werden mürrisch, bissig und machen gerne mal etwas kaputt, aber sie fangen nicht an zu weinen. Der ganze Job passte besser zur männlichen Physiologie, genau wie der Dienst in einem U-Boot. Ich versuchte, mich gegen ein Klischee aufzulehnen, obwohl mein Körper einfach nicht dafür geschaffen war: Das heftige Trinken, späte Ausgehen und lange Arbeiten hatte mich in wenigen Monaten in ein nervliches Wrack verwandelt. Die City war nicht sexistisch, sie war nur verdammt anstrengend.

Am nächsten Morgen wurde ich um drei Uhr schweißgebadet wach. In meinem Kreuz hatte schon ein dumpfer Schmerz gesessen, als ich zu Bett gegangen war, jetzt pochte es, und es fühlte sich an, als wollten meine Nieren durch die Lendenwirbel herausplatzen. Mein Herz hämmerte heftig und wild. Jede Drüse in meinem Körper war geschwollen.

Ich blieb so liegen, bis es hell wurde, und wartete darauf, dass die Schmerzmittel wirkten, aber es tat sich nichts.

Ich wusste, dass ich zur Arbeit gehen musste. Nach meinem hysterischen Ausbruch am Abend zuvor war es lebenswichtig, dass ich hinging. Mich krankzumelden kam gar nicht in Frage – dann wäre es aus gewesen, vor allem, nachdem ich um eine Gehaltserhöhung gebeten hatte. Ich versuchte, mich hinzustellen, aber ich konnte meinen Körper nicht aufrecht halten und bekam starkes Herzklopfen. Meine Nieren hatten das Kommando übernommen. Ich würde es auf keinen Fall bis Canary Wharf schaffen. Und ich wollte nicht in der Jubilee Line sterben.

Ich packte meinen Schlüssel und mein BlackBerry, stolperte im Pyjama auf den Flur und hämmerte gegen die Tür meiner neuen Mitbewohnerin Nikki, die gerade erst eingezogen war. Bisher hatten sich unsere Unterhaltungen beschränkt auf: »Möchtest du einen Tee?«

»Tut mir leid. Ich glaube, ich muss in die Notaufnahme. Kannst du aufpassen, dass ich es in ein Taxi schaffe?«

Einen Krankenwagen zu rufen erschien mir übertrieben, weil das Chelsea and Westminster Hospital nur fünf Minuten entfernt lag, aber vielleicht wäre es vernünftiger gewesen, weil mir das Atmen jetzt schwerer fiel, mein Herz noch schneller raste und ich so starke Schmerzen hatte, dass ich nicht mehr sprechen konnte. Im Taxi schaffte ich es irgendwie, über mein BlackBerry eine Mail an den Amerikaner zu schicken, bevor ich gar nichts mehr tun konnte: »Fahre zur Notaufnahme. Krank. Komme nicht. War wohl deshalb hysterisch. Sorry. V.« Irgendwo im Hinterkopf wusste ich, dass ich die Tränen vom Vorabend erklären musste; offenbar konnten nicht einmal meine extremen Schmerzen die peinliche Situation übertünchen.

Dann wurde alles immer schlimmer. Als ich wieder zu mir kam, war ich an einen Herzmonitor angeschlossen; meine Brüste waren zur Seite gerutscht wie ausrangierte Wasserballons. In Arm und Hand steckten mehrere Tropfe und eine Kanüle. Ein Arzt stellte mir Fragen, die ich zwar hörte, die aber in meinem überhitzten Hirn nur herumschwirrten, ohne dass ich sie verstand. Mein Thermostat hatte im Taxi den Geist aufgegeben. Ich schien gleichzeitig zu schwitzen, zu zittern und zu pulsieren, und ich stand ständig kurz vor einer Ohnmacht.

Ich habe mir bestimmt das Kreuz gebrochen. Meine Nieren. Meine Nieren verschrumpeln. Bitte rettet meine Nieren. Nehmt sie nicht raus. Es ist meine Leber. Seid ihr sicher, dass es nicht meine Leber ist?

Nichts ergab einen Sinn. Ich glaube, ich war froh, Mark zu sehen, obwohl ich noch klar genug war, um zu wissen, dass es keine ideale Situation war, so vor meinem Freund zu liegen, während ich aussah wie eine Heroinabhängige auf Entzug. Beim letzten Mal im Krankenhaus – Blinddarmentzündung in meinem ersten Studienjahr – war ich auch gerade frisch mit jemandem zusammen. Am Abend zuvor hatten wir zum ersten Mal miteinander geschlafen. Er hatte draußen gewartet, bis ich aufgenommen war. Nach der rektalen Untersuchung hatte man mich gefragt, ob ich meinen Freund sehen wollte. Selbst benommen, wie ich von den Medikamenten war, kam mir das nicht richtig vor, deshalb hatte ich stattdessen nach meinem schwulen

Freund Chris gefragt, der auch kam, meine Würde wahrte und die Details der Untersuchung für sich behielt. Dieses Mal hatte ich keine Wahl. Ich hatte zwar keinen Ärztefinger im Hintern, aber ich bot keinen schönen Anblick. Ich war ein zuckendes, schwitzendes Scheusal, mit zur Seite gerutschten Brüsten und verklebten Haaren. Mark blieb während der ganzen hässlichen Geschichte wunderbar gelassen.

Nach endlosen Bluttests fanden sie endlich heraus, dass ich mir eine böse Nierenbeckenentzündung eingefangen hatte. Die Entzündung saß hoch oben in meinen Nieren – so hoch, dass sie die üblichen Harnwegssymptome nicht ausgelöst, sondern gleich zu Herzklopfen, Fieberwahn und Ohnmacht geführt hatte. Offenbar war ich so abgewrackt, dass meine Nieren allem, was vorbeikam, ein gemütliches Plätzchen boten. Ich wusste, dass ich abgewrackt war; ich hatte seit Wochen weder richtig geschlafen noch gegessen.

Sobald ich an dem eiskalten Antibiotikatropf hing, wurde alles etwas weniger manisch. Meine Adern kühlten ab, und mein Herz schlug endlich langsamer. Sie wollten mich über Nacht dort behalten; Mark blieb bei mir, trug treu meine Urinproben und zog meinen Tropf hinter sich her, während ich neben ihm durch den Gang schlurfte, bis ich auf eine Station kam und er um elf Uhr abends schließlich rausgeworfen wurde.

Im Bett gegenüber lag ein Drogensüchtiger. In der Notaufnahme hatte er in der Nachbarkabine gelegen, und ich hatte seinen Vortrag über intravenöse Drogen mitbekommen, während ich dagelegen und zugesehen hatte, wie sich meine Brust hob und senkte. Wir hatten uns beide vor Schmerzen gekrümmt, und jetzt fanden wir uns auf derselben Station wieder. Alle außer uns waren älter und schon fest eingeschlafen, also durfte ich mir allein mit dem Heroinsüchtigen die Nacht um die Ohren schlagen.

Er war abwechselnd bewusstlos und wach, stöhnte und schrie immer wieder, während er die ganze Zeit mit schlaffen Armen und Beinen flach auf dem Bauch lag, ohne sich rühren zu können. Ich fragte mich, wie sie es geschafft hatten, seinen Körper, aber nicht seine Stimme ruhigzustellen. Stundenlang lag ich da und hörte ihm zu. Ab und an schlurften Krankenschwestern herein und spritzten ihm mehr Medikamente, wahrscheinlich in eine der vielen perfekten Linien, die er für sie vorgezeichnet hatte. Ich rechnete fast damit, er würde jeden Moment aufgeben und sterben, aber das Stöhnen ging weiter. Ich schlief unruhig. Immer wieder hörte ich, wie jemand Preise rief.

»5/8+ geboten.«
»Zu 7/8.«
»3/4 geboten.«
»Wiederholen.«

Jedes Mal, wenn ich mich umdrehte, wachte ich mit einem Zucken auf, weil ich mit der Kanüle in meiner Hand irgendwo angestoßen war oder am Tropf gezogen hatte – wie ein Fisch, der am Haken durch seine Kiemen zieht. Der Haken gewinnt immer.

Ich wusste, dass es mich sofort wieder runterziehen würde. Obwohl ich ins Krankenhaus gegangen war und zwangsläufig eine Woche freinehmen musste, um mich zu erholen, würde die Atempause nicht lange dauern. Zwischen den Träumen hatte ich kurz nachdenken können – ich fragte mich, ob ich meinen neuen Lebensstil durchhalten konnte, ob ich nach einer Woche Pause wieder auf das berauschte Karussell aufspringen konnte oder ob es sich jetzt zu schnell für mich drehte, jemand anders schon meinen Platz eingenommen und ich meine einzige Chance vertan hatte.

»⅝+ geboten.«
»Zu ⅞.«
»¾ geboten.«
»Wiederholen.«

Früher hatte es auch seine Vorteile, krank zu sein: Aus gutem Grund nicht in die Schule oder zur Uni zu gehen war immer nett. Als ich mit fünfzehn merkte, dass ich Pfeiffer'sches Drüsenfieber hatte, war ich erleichtert. Ich hasste die Schule regelrecht, und sie mich auch. Aber jetzt war ich am Boden zerstört; der Gedanke, dass jemand anders mit meinen wenigen Kunden sprechen musste, war schrecklich. Emma würde wieder mit dem Amerikaner reden müssen, und er würde meine ganze Arbeit zunichte machen. Mir fielen Tischreservierungen in Restaurants ein, die abgesagt werden mussten, und Treffen auf einen Drink, die ich verschieben musste. Und bei der Vorstellung, die Preise von ein oder zwei Wochen nachhalten zu müssen, nachdem ich so lange daran gearbeitet hatte, die Tabellen korrekt hinzubekommen, wollte ich mich am nächsten Morgen am liebsten irgendwie ins Büro schleppen, notfalls auch mit Tropf.

»⅝+ geboten.«
»Zu ⅞.«
»¾ geboten.«
»Wiederholen.«

Es war fünf Uhr morgens. Ich griff nach meinem BlackBerry und stellte den Wecker für Viertel vor sechs aus. Der sterbende Heroinabhängige stöhnte mittlerweile wieder jede Stunde, allerdings leiser. Die Schmerzen in meinem Rücken hatten weitgehend nachgelassen, und ich konzentrierte mich auf die Kanüle in meiner Hand. Der schmerzhafte Einstich hatte violettgelbe Blutergüsse neben den Adern hervorgerufen, die sich jetzt meinen Arm hinaufzogen. Offenbar bekam ich immer die aggressiven, sadistischen Krankenschwestern, die einen drückten und stachen und meist wütend waren bis unter die Haarwurzeln. Ich hätte gerne so tief und traurig gestöhnt wie der Kerl gegenüber. Vielleicht hätten sie mir dann etwas Morphium gegeben.

Den ganzen Tag lang wartete ich darauf, dass Mark wiederauftauchte. Ich hatte gedacht, er würde kommen, sobald die Besuchszeit begann, aber er war nirgends zu sehen. Dabei hatte er doch sonst nichts zu tun.

Als der Heroinsüchtige anfing, aggressiv herumzulaufen, wurde ich verlegt. Das neue Zimmer teilte ich mir mit einer Gichtkranken. Ich hatte immer Witze darüber gemacht, von der Arbeit als Brokerin Gicht zu bekommen, aber ihr riesiges, angeschwollenes Bein vor der Nase zu haben war weniger lustig. Bei dem Anblick dachte ich daran, wie man Heinrich VIII. mit einem Seilzug auf sein Pferd gehievt hatte, und ich fragte mich, ob mir bei den gleichen Mengen Foie gras, Käse, vor Butter triefendem Essen und unzähligen Flaschen Wein wie bisher ein ähnliches Schicksal blühte. Später fand ich heraus, dass Gicht nicht durch den übermäßigen Genuss mächtiger Speisen verursacht wird, also würde ich okay sein – fett, aber okay.

Ich hatte nichts zu tun, ich konnte nur daliegen und zusehen, wie die Antibiotika in meinen Körper flossen, so als würde man Sand in einem Stundenglas beobachten, während unverständlich redende Krankenschwestern langsam um mein Bett herumschwirrten, an meinem Tropf zogen und irgendwo anstießen. Ich begriff nicht, warum alles so lange dauerte. Um zwei Schmerztabletten in einen winzigen Becher zu legen, brauchten sie mindestens zehn Minuten. Sie beeilten sich bei gar nichts. Es war, als würde man von Leuten in diesen aufblasbaren Sumoringeranzügen aus Plastik betreut. Wenn sie sich zu schnell bewegten, würden sie wahrscheinlich umfallen und alles in ihrer Umgebung durch die Gegend werfen, deshalb blieben sie bei einem gemütlichen Tempo, das ihren Patienten möglichst stark auf die Nerven ging. Nach mehreren Monaten im Handelsraum war ein staatliches Krankenhaus wahrscheinlich der schlimmste Platz, an dem ich landen konnte.

Als ich mitten in der Nacht vor Schmerzen aufwachte und auf den Rufknopf drückte, hörte ich eine der Sumoringerinnen über den Flur trödeln. Sie ging so, wie eine Familie mitsamt riesigem Kinderwagen an einem Samstagnachmittag durch die Teppichabteilung bei Debenhams schlendern würde. Hätte ich einen Herzinfarkt gehabt, wäre ich jetzt tot.

Dabei hatte ich eine verdammte private Krankenversicherung. Und was brachte das? Offenbar half mir das nur weiter, wenn ich plötzlich eine neue Hüfte oder ein neues Knie brauchte und keine fünf Jahre warten wollte oder wenn ich einen Termin bei einem Spitzenfußpfleger brauchte, weil sich meine Fußballen gemeldet hatten, was sie mit Sicherheit früher oder später tun würden. Aber als ich im Dunkeln auf Schmerzmittel wartete, war das nur ein schwacher Trost.

Endlich schlurfte die Schwester herein. Ich erklärte ihr, wie es mir ging – dass ich wieder das Gefühl hatte, gleich würde etwas durch mein Steißbein nach außen platzen. Sie starrte mich in der Dunkelheit an, und ich wartete auf irgendeine Reaktion, aber stattdessen schlurfte sie ohne ein Wort genauso langsam wie vorher hinaus. »KOMMEN SIE ZURÜCK!« Ich versuchte, den Ton zu treffen, den ich mir anhören dürfte, wenn ich in ihrem Tempo zum Kaffeeholen durch den Handelsraum gehen würde.

Es ist schwer genug, auf der Straße langsamen Leuten vor sich keinen Schlag in den Nacken zu geben, wenn man gerade aus dem Büro kommt; zu unfähigen Kellnern nett zu sein ist nahezu unmöglich; aber wenn man eine Krankenschwester wegwatscheln sieht, obwohl man Schmerzen hat, wünscht man sich wirklich eine Knarre.

Irgendwann brachte jemand anders ein paar Paracetamol. Nicht gerade das Traummittel, wenn man das Gefühl hat, die Nieren würden versagen. Dann will man starkes Zeug, wie Morphium, nicht die Durchschnittstabletten, die unten in jeder Handtasche herumfliegen. Ich nahm die Tabletten, weil ich mir geringe Chancen auf etwas anderes ausrechnete, das mir durch die Nacht helfen würde. Die Schwester sah nach meinem Tropf, dann verschwand sie den Flur entlang.

Ich konnte nicht mehr einschlafen. Die Frau mit der Gicht schnarchte. Ich hatte nichts zu lesen dabei, nur mein BlackBerry voll unzähliger Seiten Bloomberg-Nachrichten mit Preisen im Posteingang. Ich ließ mir meine Nachrichten weiterleiten, falls ich mal etwas verpasste, während ich das Mittagessen für den Amerikaner holte, aber jetzt zeigten mir die Nachrichten höhnisch, wie viele Geschäfte ich am Vortag verpasst hatte.

Am nächsten Morgen wurde ich entlassen. Ich sagte Mark, ich wäre gegen Mittag fertig, dann verbrachte ich drei Stunden damit, auf meine diversen Antibiotika und

Schmerzmittel aus der Apotheke zu warten und mit der Gichtfrau und ihrem Mann zu plappern. Ich war erschöpft und wollte nach Hause und nicht mit jemandem, dem wahrscheinlich bald ein Bein abfallen würde, darüber reden, wie sich Chelsea in den letzten zehn Jahren verändert hatte. Diese drei Stunden kamen mir wie die längsten meines Lebens vor. Ich wartete auf Mark und auf die Medikamente, und jedes Mal, wenn ich auf dem Flur Schritte hörte, rutschte ich auf die Kante meines Stuhls vor, um dann doch nur eine grimmige Schwester zu sehen. Ich war ständig drauf und dran, aufzustehen und mir allein ein Taxi zu nehmen, aber ich redete mir ein, dass Mark in fünf Minuten hier sein würde und ich wirklich nicht allein unterwegs sein sollte. Die Medikamente kamen schließlich, eine Schwester warf sie mir zusammen mit dem Entlassungsschreiben für meinen Hausarzt hin, aber von Mark war immer noch nichts zu sehen, und ich kam nicht um einen Vortrag über die Komplikationen bei Gicht herum. Ich wüsste nicht, dass ich schon einmal so dringend und verzweifelt auf etwas gewartet hatte. Als er endlich auftauchte, fühlte ich mich verloren und wütend. Ich war nicht einmal erleichtert oder froh darüber, ihn zu sehen – für gute Gefühle fehlte mir die Kraft. Nachdem Mark so spät gekommen war und wir es zurück in meine Wohnung geschafft hatten, wollte ich nur noch, dass er geht. Ich fühlte die gleiche erschöpfte Wut wie zum ersten Mal bei einem Exfreund, als er morgens um acht die Wiederholung vom »Spiel des Tages« eingeschaltet hatte, während ich neben ihm im Bett mit einer scheußlichen Mandelentzündung schlief. Ich hatte seit Tagen nicht geschlafen, und er war bei der Arbeit gewesen und hatte mir versprochen, er würde bald zurück sein und sich um mich kümmern – er war Arzt. Als er endlich in meiner Wohnung auftauchte, erwartete ich Hühnersuppe und Grippostad, stattdessen schlief er sofort ein und weckte mich am nächsten Morgen, indem er laut Fußball einschaltete. Nicht einmal eine Tasse Tee bekam ich. Ich hatte mich noch nie so allein gefühlt.

Die Vorstellung, mich in der kommenden Woche auszuruhen, meilenweit von Canary Wharf entfernt, und nicht zu traden, war deprimierender, als ich erwartet hatte. Das Timing war unglaublich mies. In meinem letzten Gespräch mit dem Amerikaner hatte ich unter Tränen rumgejammert, ich wäre erschöpft und käme mit meinen zwanzigtausend Pfund Gehalt nicht über die Runden. Jetzt sah es so aus, als würde ich den Job nicht verkraften und wäre deshalb krank.

Ich war unruhig. Im Bett zu bleiben und zu versuchen, sich zu entspannen, nachdem man monatelang nur von Adrenalin gelebt hat, war unmöglich. Ich wachte sogar ohne meinen Wecker um Viertel vor sechs auf und dachte voller Panik, ich würde zu spät zur Arbeit kommen. Adrenalin wirkte genauso stark wie harte Drogen, und ich wusste nicht mehr, wie ich ohne meinen Schuss und meine regelmäßige Dosis Espresso zurechtkommen sollte. Ich versackte in einen Dämmerzustand, in dem ich mit aufgerissenen Augen tagsüber fernsah, und der nur durch den Lieferanten von Tesco unterbrochen wurde; er brachte Wasserflaschen und Weintrauben, die ich dann doch nicht aß.

Als ich wieder zur Arbeit ging, wusste ich nur von den Daten auf dem medizinischen Attest, das mein Hausarzt mir nach der Entlassung aus dem Krankenhaus gegeben hatte, wie lange ich weggewesen war. Es hätten Monate sein können, dabei waren es nur zehn Tage, und alles hatte sich verändert. Eine Chemiefirma, mit deren Anleihen und

Krediten wir tradeten, hatte sehr üble Zahlen herausgegeben, und die Preise waren um mehrere Punkte gesunken. Es waren jeden Tag Trades zustande gekommen, und wie ich aus der Tabelle lesen konnte, hatten die Preise wild geschwankt. Verärgert sah ich, dass bei vielen Trades Ian der Verkäufer war – die Provision hätte mir gehört, wenn ich nicht am Tropf gehangen hätte.

Stu hatte gekündigt. Sein Schreibtisch war leer. Er hatte offenbar gesagt, er würde sich zur Ruhe setzen, aber jeder wusste, dass er in drei Monaten in einem anderen Laden wiederauftauchen würde. Immerhin musste er ein neues Haus und einen Ferrari bezahlen.

Mir kam es komisch vor, dass er eines Tages verschwunden war und das offenbar niemanden besonders kümmerte. Broker und Trader wechselten ständig von einem Laden zum anderen – sie handelten bessere Gehaltspakete aus, gingen zu besseren Teams, bekamen Wutanfälle, wenn es um die Boni ging, und dann kündigten sie, damit sie ihre dreimonatige Gärtnerpause antreten konnten, um danach irgendwo anders an einem neuen Orderdesk anzufangen.

Die meisten meiner Kollegen hatten irgendwann schon mal in den meisten anderen Läden am Markt gearbeitet und kannten sich seit Jahren. So was wie Loyalität gab es kaum; man wechselte einfach zu dem Haus, das gerade das meiste Geld in der kürzesten Zeit anbot. Nur selten blieben Teams lange zusammen, weil Brokerhäuser normalerweise nicht ganze Desks von der Konkurrenz abwerben konnten, ohne dass ein großer Rechtsstreit folgte. Alle schienen ständig kurz davor zu stehen, mit Angeboten »weggelockt« zu werden und den Preis auszuhandeln, bei dem sie wechseln würden, ob sie es tatsächlich tun wollten oder nicht. Man sah sich einfach um – es war dieser unwiderstehliche Drang, woanders nach den Preisen zu sehen, auch wenn man schon hatte, was man wollte, es mit nach Hause genommen und ausprobiert hatte.

Headhunter wussten natürlich, wie unbeständig Trader waren, und riefen immer wieder an, um nachzuhören, wie zufrieden die Leute waren, und erwähnten dabei, wer gerade einstellte, welche Teams zusammengestellt wurden und wie hoch die Bezahlung war. Viele Trader, die nach der Boniverteilung oder nach einer besonders schlechten Woche meinten, sie bekämen nicht genug Anerkennung, wechselten nur deshalb zu einer anderen Bank, weil sie zufällig einen Anruf von einem Headcunter bekommen hatten, wie Lena sie gern nannte.

Der Amerikaner hatte nicht einen einzigen Preis in unseren Tabellen aktualisiert, was im Grunde keine Überraschung war, weil er Schreibkram frustrierend fand. Dory hatte alles, was er konnte, auf den neuesten Stand gebracht und außerdem eine Farbkodierung für verschiedene Branchen eingeführt.

Ich wusste bloß, dass Farbdrucke doppelt so lange brauchten wie schwarze, was hieß, dass ich jeden Abend noch länger am Kopierer herumstehen und mich mit Giles unterhalten konnte. Sein Desk, das Wayne »Rajastan 4« getauft hatte, blieb länger als alle anderen. Keiner wusste so recht, was sie tradeten, und genau wie das türkische Desk blieben sie für sich, außerdem kamen sie früher und blieben länger als alle anderen. Einmal hatte ich Giles abends in der U-Bahn getroffen, und weil wir uns von der Arbeit wiedererkannten, waren wir ins Gespräch gekommen. Er arbeitete seit ein paar Jahren als Broker und war nach der Uni beinahe auf die gleiche Art dazugekommen wie ich – zufällig durch Freunde. Giles kennenzulernen war eine Erleichterung. Wenn er in der Nähe war, ergab alles ein klein wenig mehr Sinn, und er hatte in dieser sonst fremdartigen Umgebung etwas Vertrautes an sich.

Die meisten an unserem Desk benutzten die Tabellen, die ich jeden Tag pfleglichst aktualisierte und ausdruckte, als Schmierpapier oder als Unterlage beim Essen, weil sie die Preise lieber nach ihrem eigenen System festhielten – genau wie Philippes glücklose CDS-Datenblätter, die der Ferg sofort zerriss oder nach jemandem warf, bis er irgendwann sagte: »Neesh, ich habe keine Ahnung von dieser ganzen Scheiße. Wir traden kaum CDS. Das ist reine Papierverschwendung. Spar dir die Kopie für mich.«

09:08:10 LENA KLEIN: Hast du die Blumen bekommen?
09:08:50 VENETIA THOMPSON: Ja, gestern.
09:09:05 LENA KLEIN: Sie haben letzte Woche nach deiner Adresse gefragt.
09:09:48 LENA KLEIN: Da hätten die Pappnasen genauso gut warten und sie dir heute geben können.
09:10:10 VENETIA THOMPSON: ha. Und, was hab ich verpasst?
09:11:02 LENA KLEIN: n Sheiß. Mir war todlangweilig, ich konnte mit keinem reden. Dafür habe ich eine Katze adoptiert.

Lena nahm ständig irgendwelche Streuner auf. Sie hatte die Katze sofort chippen und impfen lassen und hoffte, sie könnte früh nach Hause gehen und mit ihr Zeit verbringen. Wenigstens war die Katze eine Verbesserung gegenüber dem letzten Streuner, einem Typen, der so wenig Englisch sprach, dass er, als sie ihm erklären wollte, was sie machte, nur gelächelt und gesagt hatte: »Dein Boss hat Glück mit so guter Sekretärin wie du.«

Das war eine alte Geschichte. Trader und Broker, egal ob

Männer oder Frauen, konnten offenbar keine Beziehung mit jemandem führen, der ihnen ansatzweise ebenbürtig war, sei es intellektuell oder im Job. Das fing ganz oben an und setzte sich bis unten fort: Der Obermotz einer anderen Firma hatte seine letzte Frau in einem Stripladen in Buenos Aires aufgerissen und mitgenommen. Jetzt trug sie Prada und flog im Hubschrauber nach Ascot, aber unter der Fassade war sie immer noch eine Stripperin. Stripperinnen, Kosmetikerinnen, Kellnerinnen, PR-Mädels und Studentinnen wurden immer gern genommen.

Lustigerweise zog ich jetzt bei diesem seltsamen Klischee mit, weil mein Freund Musiker und ständig pleite war. Offenbar will niemand auch noch zu Hause eine Herausforderung auf sich warten haben, und jemand, der die streunende Katze füttert und keine Ahnung davon hat, was man jeden Tag von sieben bis sieben macht, ist für jeden Trader ein Traum. Deshalb war es auch kein Wunder, dass die Networking-Veranstaltungen unter dem Motto »Mode trifft Banking« in New York so erfolgreich liefen. Ich war nur irgendwie auf der falschen Seite der Gleichung gelandet und unterstützte jetzt mehr oder weniger Mark und seinen Traum, Rockstar zu werden. Andererseits hatte er meine Urinproben durch das Krankenhaus getragen und mich seine Schulter vollsabbern lassen, wenn ich eingeschlafen war – dafür hätten ein Anwalt oder ein Arzt nie Zeit gehabt, sie hätten ständig Leben retten oder arbeiten müssen.

Der Amerikaner hatte offenbar nicht mitbekommen, dass ich wieder da war, und als er plötzlich mit einem Bagel in der Hand aufblickte, war er überrascht, dass ich wieder neben ihm saß.

»Und, geht's dir besser?«

»Ja, viel besser, danke. Habe ich viel verpasst? Abgesehen davon, dass Stu gekündigt hat?«

»Nein. Nur Kleinkram. Das mit deinem Geld ist geklärt. Die Papiere sollten in ein paar Tagen fertig sein. Wir müssen Stus Konten klären und sehen, wer wen betreuen soll. Ich glaube, das Desk hat irgendwann ein Meeting mit Leicester.« Leicester war der Chef des Handelsraums.

Dann wandte er sich wieder dem *Wall Street Journal online* zu. Das Gespräch war beendet. Ich versuchte, es ein bisschen in die Länge zu ziehen, und erzählte von der Zeit im Krankenhaus, aber er hatte sich auf etwas anderes konzentriert, hustete gelegentlich und zuckte nur zusammen, als ich von der Kanüle erzählte, die mir den Bluterguss in der Hand beschert hatte.

Es war nie klar, wann er zuhörte und wann nicht. Einmal hatte er gesagt: »Ich sehe vielleicht so aus, als würde ich nicht aufpassen, aber ich passe immer auf, also mach nicht den Fehler zu glauben, es wäre anders.« Aber davon hatte ich noch nicht viel gesehen. Ich musste ihm oft sagen, welche Preise der Ferg oder Wayne hatten, wenn er nicht aufgepasst oder telefoniert hatte. Es war schwer zu erkennen, wann das bagelkauende, allgemeine Desinteresse aufhörte und wo der gerissene Broker mit dem dicksten Fell am Markt anfing, und ich wusste nicht, ob ich es jemals herausfinden würde.

Die Diva und der Wixxer

Fußball und die City sind unzertrennlich. Jeder, der in unserer Firma etwas war, hielt zu den Spurs. Es gab auch vereinzelte Anhänger von Chelsea oder West Ham, aber die überwiegende Mehrheit waren eingeschworene Spurs-Fans. Als ich meinen Job antrat, war das Schockierendste für die Männer nicht, dass ich eine Frau war, studiert hatte und nicht aus Essex kam, sondern dass ich mir noch nie ein Fußballspiel angesehen hatte und keinen Lieblingsverein besaß. Fußballspiele waren ein fester Bestandteil unseres Unterhaltungsprogramms für Kunden. Trader liebten Fußball, und selbst diejenigen, die keine Fans waren, hätten einen Besuch im Stadion nie ausgeschlagen.

Deshalb war es keine große Überraschung, als ich mich auf der West Stand an der Stamford Bridge wiederfand und etwa in der zehnten Reihe mit Liverpool gegen Chelsea, dem Hinspiel im Halbfinale der Champions League, mein allererstes Fußballspiel sah. Jetzt verstand ich, warum die meisten Firmen Logen mieteten, weit weg von den Fans, die sich jederzeit auf einen stürzen konnten, weil man einen Anzug trug, Amerikaner war oder die Lieder nicht auswendig konnte. Wir saßen zwischen Chelsea-Anhängern, die das ganze Spiel über nach Liverpool-Anhängern in ihren Reihen suchten, um sie sofort rauswerfen zu lassen. Ein paar Liverpooler waren einige Reihen vor uns schon aufgeflogen und von Ordnern hinausgebracht worden. Ich war zwar nicht mit Liverpoolern da, aber dafür mit zwei Männern in Anzügen und einem in Chinos, von denen zwei Amerikaner waren; keiner war ein echter Chelsea-Fan, und das reichte, um jederzeit rausfliegen zu können. Der Amerikaner war dazu übergegangen, von Zeit zu Zeit aufzustehen und wahllos Spieler anzubrüllen. Es war ein wenig so, als wollte man seinen peinlichen Vater bei der Schuldisco unter Kontrolle bringen, aber die Kunden waren begeistert und sprangen jedes Mal mit auf.

Ich war froh, als wir zum Abendessen nach Mayfair ins sichere »Automat« fuhren. Mir wurde klar, dass ich wahrscheinlich die Spielregeln lernen oder zumindest herausfinden musste, was da vor sich ging, damit ich wieder Kunden zu Spielen mitnehmen konnte, denn ich hatte beim Essen nichts dazu zu sagen. Ich hoffte ständig auf ein anderes Thema, aber es ging immer wieder zurück zum Spiel und zur restlichen Saison. Ich stand völlig auf dem Schlauch.

Nach dem Essen traf ich mich mit Lena auf einen Drink. Sie hatte mir in einer SMS geschrieben, dass sie mit dem »Perversen« aus war, einem trinkfesten, erfolgreichen CDS-Trader, und er in Hochform war. Wenn wir ihn trafen, saßen wir jedes Mal wie hypnotisiert da und brachten ihn dazu, uns immer wieder die gleichen Geschichten zu erzählen. Dabei ging es meist um Zippy, einen CDS-Trader von einer anderen Bank, und ihre Skiwochenenden mit Brokern im »Chalet der Hölle«. Am Ende lagen wir immer auf dem Boden. Ich wollte die Gelegenheit nicht verpassen, die Geschichten noch einmal zu hören, und kam an, als er gerade die Pointe erreichte: »… und dann wacht er auf einmal im Chalet auf und hat den Sack von dem verdammten Wichser überm Gesicht baumeln. Der hat versucht, ihm die Eier ins Gesicht zu drücken; unglaublich, was? Und jetzt ist er wegen Tätlichkeit dran. Stellt euch mal vor, ein verwichster Kunde will euch seine Eier ins Gesicht halten! Als sich der Bookie beschwert, hat natürlich jemand angerufen, damit Zippy sich entschuldigt, und er bloß so: ›Ihr könnt mir meinen Job wegnehmen und das ganze beschissene Geld auch, aber bei dem Wichser entschuldige ich mich auf keinen Fall!‹«

Zippy war, den Gerüchten nach wegen der Eiergeschichte, aus dem vorzeitigen Ruhestand zurückgekommen, nachdem er zwei Jahre Auszeit vom Markt genommen und sich endlich »selbst gefunden« hatte. Nachdem er gesehen hatte, was die Welt zu bieten hatte, und in regelmäßigen Gruppenmails an den Großteil des Parketts in allen Einzelheiten die Retreats auf seinen Reisen geschildert hatte, war er endlich so weit, zu den Credit Default Swaps zurückzukehren. Einzig sichtbares Überbleibsel seiner Zeit unterwegs war eine Sammlung bunter Perlen, die er mit mehreren buddhistischen Glücksbringern daran um den Hals trug. Die Mails, die er von unterwegs geschrieben hatte, machten immer noch die Runde, alle paar Wochen tauchten sie in Posteingängen in der ganzen Square Mile auf und wurden an die Uneingeweihten weitergeleitet. Jede begann mit einem tiefschürfenden Zitat. Die Erste in der Reihe fing so an:

> *»Als sie das Gold in ihren Händen hatten, brach Lachen aus den Gesichtern der Spanier hervor, ihre Augen funkelten vor Vergnügen, sie waren entzückt. Wie Affen griffen sie nach dem Gold und befingerten es, sie waren hingerissen vor Freude, auch ihre Herzen waren angesteckt von den Strahlen des Goldes. Nur nach Gold hungerten und dürsteten sie, es ist wahr! Sie schwollen an vor Gier und Verlangen nach Gold. Gefräßig wurden*

sie in ihrem Hunger nach Gold, sie wühlten wie hungrige Schweine nach Gold.«
(Text von Ureinwohnern)

Liebe Freunde,
erfüllt von tiefer Traurigkeit schreibe ich denjenigen, die es vielleicht noch nicht wissen, dass mich die endlose Jagd nach dem Traum (im Augenblick) nicht länger lockt, und ich beschlossen habe, einige Zeit freizunehmen, um zu reisen und dabei hoffentlich mehr über mich und über die Welt herauszufinden. Sicher, vielleicht gibt es nichts zu entdecken, aber ist nicht die Entdeckung, dass es nichts zu entdecken gibt, selbst schon eine Entdeckung? Ich sage adieu und hoffe, dass die Märkte euch in meiner Abwesenheit geneigt sind.

Seit dem schicksalhaften Eierzwischenfall bei einem Skiwochenende mit Brokern redete man auf dem Parkett über Zippy, der nahtlos von einer seltsamen Sexgeschichte in die nächste stolperte. Wie sich zeigte, bildeten baumelnde Eier zusammen mit existentialistischem Gefasel eine erfolgreiche Kombination in der City, und Zippy war zu einer Art Held aufgestiegen – die spinnerte spirituelle Stimme der Square Mile. Monate bevor ich Zippy traf, hatte der Perverse ihn mit seinen perfekten Imitationen als Figur zum Leben erweckt. Der echte Zippy war lange nicht so lustig wie die Version des Perversen.

Neben seinen Imitationen war der Perverse auch der Meister der angepirschten Arschbombe – dabei wird ein Trader oder Broker auserkoren und von so vielen Leuten wie möglich über die externe Telefonleitung angerufen; dann wartet man, bis er oder sie abnimmt, ruft »Arschloch« und legt sofort wieder auf. Je ruhiger es am Markt zugeht, desto länger zündet die Arschbombe. An einem Nachmittag kurz nach meinem ersten Trade landete die Arschbombe dank des Perversen bei mir. Eine gute halbe Stunde lang brüllte mir bei jedem Anruf jemand anders »Arschloch« entgegen.

Die meisten wussten nicht mal, wen sie da anriefen; sie bekamen nur die Nummer von demjenigen, der die Sache gezündet hatte, und sollten sofort anrufen. Dieses Spielchen wurde nie langweilig, und es war perfekt für ruhige Nachmittage. Allerdings fanden es nicht alle witzig. Es kamen Beschwerden, wenn es am Markt gerade hektisch zuging, jemand trotzdem eine Arschbombe hochgehen ließ und damit alle Telefonleitungen eines unseligen Traders blockierte, der dann im entscheidenden Moment weder für sein Sales-Team noch für seine Kunden erreichbar war. Der Trader durfte dann seinem Boss oder Kunden erklären, dass er nicht traden konnte und riesige Summen verloren hatte, weil seine Leitungen von Leuten blockiert waren, die ihn als Arschloch bezeichnen wollten.

Als ich gegen Mitternacht nach Hause kam, sah Mark vom Bett aus fern. Er wollte etwas über das Spiel hören, aber ich hatte schon vergessen, wer Tore geschossen hatte; durch meinen Kopf schwirrten die Geschichten des Perversen, die nicht lustig wirkten, als ich sie nacherzählen wollte. Alles, was an der City lustig oder interessant war, funktionierte offenbar nur im Kontext. Sobald ich zu Hause war, konnte ich nichts davon rüberbringen.

Unsere Beziehung veränderte sich, uns gingen die Themen aus. Er verstand mein neues Leben nicht; die Leute, mit denen ich arbeitete, und die Geschichten, die ich erzählte, interessierten ihn nur wenig. Unsere Bezugspunkte hatten sich völlig verschoben, und jetzt bestand unsere einzige Gemeinsamkeit darin, dass wir ein Bett teilten und gelegentlich miteinander schliefen; trotzdem war ich zu erschöpft, um Schluss zu machen. Es war zu leicht, nach einem Abend mit Kunden nach Hause zu kommen und zu ihm ins Bett zu steigen. Er verlangte nie etwas von mir und passte immer auf, dass ich meinen Wecker hörte und aufstand, aber verglichen mit meinem restlichen Leben und seinem erschreckenden Tempo wirkte alles an Mark langsam. Jedes Mal, wenn ich meine Wohnungstür öffnete, kam es mir vor, als würde ich gegen eine Wand laufen. Ich fragte mich, ob das immer passierte, wenn eine Beziehung die anfängliche Leidenschaft verloren hatte; ob die meisten Leute nachts im Bett lagen und wussten, dass der Mensch neben ihnen nicht mehr das Beste war, was ihnen je passiert war, sondern einfach etwas, das überhaupt irgendwann passiert war, und das jetzt ebenso unheilbar wie unausweichlich war – wie chronische Müdigkeit.

Calypso. Viertel vor sechs. Ich hörte Mark alle paar Minuten »Baby« sagen. Ich wollte die Hand ausstrecken und auf Schlummer stellen, aber ich konnte den Arm nicht bewegen. Mark wurde lauter und knuffte mich stöhnend gegen die Schulter, dann beugte er sich über mich, nahm mein BlackBerry und drückte es mir in die Hand. Deshalb brauchte ich ihn in meinem Leben. Er sorgte dafür, dass ich zur Arbeit ging. Ohne ihn wäre ich schon vor Monaten gefeuert worden.

Während ich in die Dusche stolperte, versuchte ich mich daran zu erinnern, ob ich am Abend zuvor noch etwas hätte erledigen sollen, bevor wir überstürzt vom Büro zum Fußball gefahren waren, aber mein Kopf war voll von Stadiongesängen und Eiergeschichten. Ich zog mich an, beugte mich zum schnarchenden Mark hinunter, um ihn auf die Lippen zu küssen, und ging.

Stus Kündigung bedeutete unter anderem, dass die Bank der Größenwahnsinnigen (BdG) und ein paar andere Konten zusammen mit Stus gesammelten Vitaminpräparaten zu haben waren. Weil niemand auch nur ansatzweise eine Beziehung zur Amibank hatte, wurde beschlossen, dass ich versuchen sollte, die Leitung dorthin zu übernehmen.

Das riesige Team der Amibank antwortete grundsätzlich nicht. Wenn ich Preise nannte oder Nachrichten über Bloomberg schickte, blieben sie stumm und machten scheinbar alle Geschäfte woanders. Unsere Leitung war gekappt – sie hatten sich nur nicht die Mühe gemacht, uns das zu sagen. Für mich wurde es bald zu einer fixen Idee, irgendeine Reaktion von ihnen zu bekommen, und die besten Chancen rechnete ich mir aus, wenn ich mich auf einen einzelnen Trader statt auf das gesamte Desk konzentrierte. Und wo sollte ich besser anfangen als bei dem jungen Russen?

Obwohl ich seit der Uni kaum Russisch gesprochen hatte, wurde die Sprache für kurze Zeit zu einem Trumpf, als ich ihn auf Russisch über die Telefonanlage rief und ihm russische Bloomies schickte. Er las meine Nachrichten nicht nur (bei Bloomberg kann man es sehen, wenn jemand eine Nachricht gelesen und wenn er geantwortet hat), sondern er antwortete auch auf Russisch.

Ich konnte kaum auf Englisch Anleihen traden und war nicht sicher, ob es eine gute Idee war, in einer anderen Sprache Geschäfte abzuwickeln, deshalb blieb ich beim Plaudern – was er am Wochenende gemacht hatte, ob er viel zu tun hatte und was gerade gut lief. Ein paar Wochen lang machte ich scheinbar Fortschritte, und er nannte mir einige Preise zu den illiquiden Positionen, die er tradete. Aber als ich gerade dabei war, eine Beziehung zu ihm zu entwickeln, baute ich Scheiße.

Ich rief einen Preis über die Leitungen, ohne mit irgendeiner Antwort zu rechnen, bekam aber sofort einen Hit. Dory dachte gleich, da wäre etwas komisch, weil der Hit von einem Trader kam, der seit Monaten nicht mit uns gesprochen hatte und der wahrscheinlich nur zuschlagen würde, wenn der Preis zu gut war, um wahr zu sein – und so war es. Ich hatte den falschen Preis gerufen, einen halben Punkt zu hoch.

Ich dachte, ich müsste mich übergeben. Das war mein erster schwerer Fehler, der erste dicke Patzer, und er war allein meine Schuld. Ich konnte nicht mal dem Trader die Schuld geben. Das Geschäft war ganz direkt gelaufen: Es hatte kein Gespräch gegeben, nur einen Preis und eine Reaktion. Jetzt musste ich mir die Bänder anhören und sehen, was genau ich gesagt hatte.

Ich hatte schon die ganze Verantwortung übernommen, irgendwie meine Tränen zurückgehalten und mich ausgiebig beim Desk entschuldigt. Ich musste die Bänder nicht erst hören – ich wusste, dass ich Scheiße gebaut hatte –, trotzdem schickte mich Dory zur Sicherheit in die Abteilung für Sprachverbindungen, vielleicht nur, damit ich fünf Minuten vom Desk wegkam.

Ich lief zu den Aufzügen und drückte ungeduldig auf den Knopf; endlich öffneten sich die Türen, und nach einer Fahrt, die mir Stunden zu dauern schien, betrat ich ein paar Etagen höher Neuland. Dutzende Leute, die ich noch nie gesehen hatte, saßen in Arbeitsboxen und Glasbüros – viele von ihnen Frauen. Der Unterschied zum Handelsraum hätte kaum größer sein können. Irgendwann fand ich die Sprachdienstleute, setzte mich neben einen stämmigen Nachrichtentechniker, der mir leutselig riesige Kopfhörer reichte, und wartete, bis er die Aufnahme gefunden hatte, die wir brauchten. Ich war den Tränen nahe und dachte, wahrscheinlich war ich besser hier oben als unten im Büro, wenn ich die Fassung verlor. Ich versuchte mich auf das zu konzentrieren, was ich hörte. Ich hörte mich endlos irgendwelche Zahlen rufen und dachte einen Moment lang, es wäre vielleicht gar nicht passiert oder nicht aufgenommen worden. Dann hörte ich eine Männerstimme, die nur sagte: »An dich.«

Mir war übel, und ich war immer noch fest entschlossen, nicht zu weinen, und so stieg ich in den Aufzug, kehrte an meinen Schreibtisch zurück und bestätigte den Jungs meinen Fehler. Der Trader wusste schon, dass es ein Problem gab, weil ich ihm den falschen Preis im Bestätigungsformular geschickte hatte – dort lag er einen halben Punkt niedriger als bei seinem Hit. Dory hatte versucht, mit ihm zu reden, aber der Trader wartete auf einen Anruf von mir.

»Entscheide dich einfach, was du sagen willst, und dann bleib dabei, Neesh. Schreib es dir notfalls auf. Aber bleib bei deiner verdammten Geschichte und erledige das schnell. Je länger du wartest, desto schlimmer wird es. Das ist wie beim Pflasterabreißen.«

Alle waren stinksauer. Das Geld hätte das Desk wirklich nicht verlieren müssen. Als ich bei Bloomberg die Daten des Traders heraussuchte und ihn über die externe Telefonleitung anrief, hatte ich so viel Angst wie noch nie. Ich dachte, gleich werde ich ohnmächtig.

Meine einzige Chance bestand daran, absolut ehrlich zu ihm zu sein, zu erklären, dass ich neu war und Scheiße gebaut hatte, und zu sehen, ob er den Trade für nichtig erklärte. Wie durch ein Wunder war er bereit, es gut sein zu lassen. Ich wartete nur darauf, dass er mich anbrüllte, aber er meinte, es wäre in Ordnung, ich sollte es vergessen und ihn einfach irgendwann zum Essen einladen.

Jetzt mussten wir noch mit dem Käufer sprechen, der begeistert darüber war, dass er bei einem so niedrigen Preis einen Hit bekommen hatte und jetzt viel günstiger als alle anderen stolzer Besitzer von ein paar Millionen Anleihen geworden war. Er bestand natürlich darauf, dass der Trade lief, und wollte ihn nicht absagen. Also rief ich den Verkäufer noch mal an; er milderte die Sache etwas ab, indem er ein Achtel runterging und damit auf einen Preis kam, zu dem die Trades an einem guten Tag gelaufen wären.

Es hätte schlimmer kommen können. Wir übernahmen die Preisdifferenz, Dory beantwortete den Anruf aus der Risikoabteilung und sagte dann: »Pffft. Dieses Desk hat schon viel, viel schlimmere Verluste erlebt, glaub mir. Das sind Peanuts. Mach einfach weiter deinen Job und hol das Geld zurück.« Dann fügte er kichernd hinzu: »Ist ja nicht so, als hätten wir bei dem Konto was zu verlieren. Die hassen uns eh.«

Ich wusste, dass ich so schnell wie möglich zurück an die Telefone gehen und vergessen musste, was passiert war. Als Broker hat man einfach nicht die Zeit, sich auf die Verluste zu konzentrieren und darüber nachzudenken, was man anders hätte machen können, und es bringt auch nichts. Einen Verlust kann man nur ausbügeln, indem man genug Trades abwickelt, um ihn wettzumachen.

Als Dory sagte, das Desk hätte schon schlimmere Verluste verkraften müssen, wollte er mich damit nicht nur aufmuntern. Ken und Miles, der nicht mehr für die Firma arbeitete, hatten dem Desk innerhalb weniger Tage einen Verlust von über vierhunderttausend Pfund Sterling eingebracht; das war vor ein paar Jahren, als die High Yield Bonds extrem boomten und alles deutlich unbeständiger war als in letzter Zeit. Wenn man bedachte, dass Broker eigentlich keinem Risiko ausgesetzt sein sollten, weil Anleihen reinkommen und sofort wieder rausgehen sollen, war dieser Verlust ziemlich beeindruckend.

Ken hatte bei einem Haufen Anleihen long gestanden, weil ein Trade mit Miles und einem Typen der Aggro-Bank geplatzt war, und sie hatten gedacht, es würde in Ordnung kommen, der Preis der Anleihe würde wieder nach oben gehen und sie könnten am nächsten Tag verkaufen, vielleicht sogar mit Profit – zumindest würden sie auf null kommen. Aber der Preis fiel weiter, und sie fanden einfach kein Gebot. Es wurde Donnerstag, das restliche Desk war weg – Dory war krank, der Ferg und Wayne waren in Ascot und Philippe machte Urlaub. Ken und Miles saßen allein am Schreibtisch, sahen die Preise ins Bodenlose stürzen und fragten sich, wann sie es wohl dem großen Boss erzählen sollten.

Freitagmorgen marschierte Ken schließlich in sein Büro, setzte sich und sagte, es würde ein Problem geben: Das Desk war *long and wrong*, sie hätten eine Menge Geld verloren – ein paar hunderttausend.

»200 000 Dollar? Keine Sorgen, so was passiert. Geh einfach wieder an die Arbeit.«

»Nein, eigentlich sind es 456 000.«

»Dollar?«

»Pfund Sterling.«

Ken erholte sich nie ganz von diesem Fehler, und alle witzelten, er würde der Firma wahrscheinlich noch Tausende schulden, als er schließlich Jahre später kündigte, um eine Weltreise zu machen. Ich sprach bei der Arbeit nie wieder Russisch.

Die Geschichten über Fehler anderer Broker machten es mir nicht leichter. Ich konnte nicht fassen, dass ich einen so dummen Fehler begangen hatte, und überprüfte den restlichen Tag über jeden Preis drei Mal, bevor ich ihn aussprach. Ich war offenbar zu locker geworden und hatte nicht damit gerechnet, dass sich etwas tat, weil es am Markt ruhig zuging und weil ich vergessen hatte, dass ruhige Märkte für Broker besonders gefährlich sind, weil immer irgendwer ihre Fehler hört und sie gnadenlos ausnutzt.

Ich wollte den Tag nur noch herumkriegen, damit ich nach Hause zu Mark gehen, Essen bestellen und dann ins Bett fallen konnte. Ich war so verschreckt, dass ich nichts machte, ohne mich vorher beim Amerikaner oder Dory abzusichern. Der Amerikaner wollte mit mir darüber reden, was ich falsch gemacht hatte, damit es nicht noch mal passierte, aber sobald er das Thema anschnitt, stiegen mir Tränen in die Augen, und ich nippte hektisch an meiner Wasserflasche, um seinem Blick auszuweichen. Ich wusste genau, was ich getan hatte: Ich hatte einen beschissenen falschen Preis genannt. Ich musste das nicht noch einmal akribisch durchgehen. Stattdessen musste ich es vergessen und weitermachen. Zum Glück rief sein Gärtner an und verschaffte mir eine Pause. Ich musste nur noch eine halbe Stunde überstehen, ohne ungewollt hysterisch zu werden, dann würde am nächsten Morgen wieder alles gut sein. Im Moment konnte ich einfach nicht mehr ertragen. Ich war wieder ein nervliches Wrack.

Um zwei Minuten vor fünf stand ich auf, zog meine Kostümjacke an und sammelte meine Sachen ein. Der Amerikaner ging sofort, zum Glück ohne nach der Arbeit noch mal über meine allgemeine Unfähigkeit sprechen zu wollen. Ich lief, so schnell ich konnte, durch das Einkaufszentrum zur U-Bahn, sprang in einen überfüllten Wagen und stand dann leise weinend da, bis ich mich bei Green Park langsam beruhigte.

An meiner Haltestelle angekommen, war ich erleichtert, dass ich nur noch fünf Minuten laufen musste, um Mark zu sehen, aber als ich von der Rolltreppe steigen wollte, blieb einer meiner Prada-Schuhe in der Stufe stecken. Ich verlor das Gleichgewicht und lag plötzlich bäuchlings auf dem Boden, während Pendler über mich hinwegkletterten. Offenbar hatte ich mich in die wachsende Gruppe der Menschen eingereiht, die jedes Jahr Unfälle auf Rolltreppen haben, wie die Poster mit Ken Livingstone uns früher erklärten. Ich hatte mich gefragt, wie man auf einer Rolltreppe einen Unfall haben kann; jetzt wusste ich es.

Mein Pfennigabsatz steckte in den Rolltreppenstufen fest, aber der restliche Schuh lag neben meinem Fuß, nachdem jemand ihn losgetreten hatte. Der nackte Metallabsatz, von dem der Lederüberzug abgerissen war, schlug Funken und ließ sich nicht herausziehen. Jedes Mal, wenn ich ihn packen wollte, kam jemand am oberen Ende an und drängte mich kopfschüttelnd zur Seite. Irgendwann hielt die Rolltreppe dann an, und ich sah einem Wachmann der Londoner Verkehrsbetriebe dabei zu, wie er den Absatz mit einem Hammer befreite. Als er ihn mir gab, sagte er, es sei unverantwortlich von mir, so dünne Absätze zu tragen. Offenbar hätte ich die Rolltreppe beschädigen können. Ich wusste nicht, was ich sagen sollte, und humpelte stumm davon.

Ich hoppelte mit meinem Schuh ohne Absatz nach Hause, ging in die Wohnung und brach im Schlafzimmer zu einem schluchzenden, hysterischen Häufchen Elend zusammen. Dass so ein absurder Weinanfall lächerlich wirkte, war mir selbst dann noch klar, als mir der Schnodder die Nase verstopfte und ich keine Luft mehr bekam, aber ich konnte nicht aufhören. Mark kam aus der Küche herüber, wo er mir einen Tee gemacht hatte, und glaubte, es sei jemand gestorben. Als ich ihm meinen Schuh zeigte, zog er mich vom Boden hoch und brachte mich aufs Bett, dann legte er sich neben mich und ließ sich alles genau erzählen, bis ich mich beruhigt hatte. Erst, als ich ihm von dem ganzen Tag erzählt hatte, fing er an zu kichern. Zum ersten Mal seit Wochen lachten wir richtig. Ich war mit einem Mal froh, dass er hier wohnte, seit sein Mietvertrag ausgelaufen war. Wir hatten es eigentlich nicht so geplant, aber wir dachten, so könnten wir mehr Zeit miteinander verbringen. Mir wurde schnell klar, wie leicht man durch die Arbeit in der City einen Tunnelblick entwickelte, mit dem schon ein schlechter Tag und ein abgebrochener Absatz reichten, um zu kündigen oder sich die Pulsadern aufzuschneiden. Es war wichtig, jemanden zu haben, der einem half, die Nacht zu überstehen.

Am nächsten Tag ging ich zum ersten Mal, seit ich Brokerin war, in flachen Schuhen zur Arbeit. Der Amerikaner war wegen dem Debakel mit der Amibank nicht sauer, nur selbstzufrieden. Er hatte von Anfang an nicht gewollt, dass ich dieses Konto übernehme, und diese Sache hatte ihm recht gegeben: Ich konnte nicht gleichzeitig so viele verschiedene Produkte im Blick behalten. Er wollte, dass ich mich auf Emma, Brad, Ian, die Absurd Bullishe Bank und die Jungs bei den Größenwahnsinnigen konzentrierte. Letzteren hatte ich ein paar Mal über die Telefonanlage geantwortet, und mit ihrem Deskchef hatte ich eine lose Plauderbeziehung aufgebaut. Weil er mich immer wieder über das Radio rief, sollte ich versuchen, seine beiden Trader zu betreuen. Der Anfang lief gut, jeden Morgen kamen Gebote und Angebote rein, und so wurden sie schnell meine besten Kunden, weil sie immer was laufen hatten und auf die meisten Preise, die ich rausrief, sofort reagierten.

Wir verabredeten uns für Mittwoch zum Abendessen im Nobu in der Park Lane, für den späteren Abend buchte ich noch einen Tisch im Cuckoo Club. Clubs mögen es nicht, wenn Männer, besonders welche aus der City, in großen Gruppen kommen, deswegen hatte ich vereinbart, dass sich Lena nach ihrem eigenen Kundenessen noch mit uns traf. Der Amerikaner und ich kamen etwas früher im Nobu an, gingen an die Bar und saßen schweigend da, während er an einer Cola light nippte, ich einen Martini mit Gin hinunterstürzte und wir auf die Größenwahnsinnigen warteten.

Trader klingen in der Regel besser, als sie aussehen. Treffen mit ihnen machen die Illusion zunichte, sie seien alle zwei Meter große, muskelbepackte Ganoven, die jeden Moment auf die nächste Wand eindreschen konnten. Wie Stars aus dem Fernsehen sind sie in echt meist kleiner, dünner und viel uninteressanter. Auch diese Regel hat Ausnahmen, und Christian, der Cheftrader der Größenwahnsinnigen, war genauso arrogant und theatralisch, wie er über das Radio klang. Er war groß und trug einen eng geschnittenen, tadellosen Anzug. Seine Körperhaltung glich der eines blonden, deutschen Jungmodels, das etwa zur Zeit von Hedi Slimane aus einer Anzeige für Dior Homme gestolpert war, aber sein Gesicht gehörte einem Deskchef in den Vierzigern. Er war wunderbar tuntig, wie ein Transvestit auf einer Bühne in Soho, aber beim Abendessen kam heraus, dass er verheiratet war und Kinder hatte. Das konnte ich immer schwerer glauben, als er im Laufe des Abends immer mehr zur Diva mutierte und bei jeder Gelegenheit wild mit seinen Essstäbchen herumfuchtelte.

Die Diva, wie ich ihn bei mir nannte, hatte eine Vorliebe für Wein und brach, ohne den Amerikaner zu fragen, den Abend mit einer Flasche weißem Burgunder für vierhundert Pfund an, bevor nahtlos das rote Pendant folgte, als ich für den Amerikaner mehr scharfes Thunfischsushi bestellen sollte.

Das war mein erstes Abendessen, und ich fühlte mich wie unsichtbar. Wenn ich mich am Gespräch beteiligen wollte, ignorierten mich die anderen und sprachen einfach weiter. Ich wusste nicht, warum ich eigentlich hier war; ich hätte mich einfach unter den Tisch rutschen lassen können, und niemand hätte es mitbekommen. Umgangsformen und Höflichkeit wurden bei Brokertreffen scheinbar vergessen, und je höher der Trader stand, desto schlimmer benahm er sich. Als die Kellnerin fragte, ob jemand Nachtisch oder einen Kaffee haben wollte, wurde die Frage für mich mit beantwortet. Die anderen wollten nichts, also wollte ich offenbar auch nichts.

Am Club wurden wir abgewiesen, weil der Amerikaner Chinos und mokassinähnliche Segelschuhe trug, die angeblich zu lässig waren. Lena war nirgends zu sehen, deshalb überwogen in unserer Gruppe zu sehr die Männer. Es wäre mir peinlich gewesen, dass ich uns keinen Zugang zum Club verschaffen konnte (anscheinend meine einzige Aufgabe an diesem Abend, denn wegen meiner Einsichten in den Markt war ich mit Sicherheit nicht dort), wenn ich sie nicht für solche Idioten gehalten hätte. Also sprang ich in ein Taxi und fuhr mit ihnen ins Baglioni Hotel, wo wir uns in die Bar setzten, in der Liberace sich sicher gern hätte beerdigen lassen, und uns durch ihre Weinliste tranken, bis geschlossen wurde.

Die Diva hatte noch eine Flasche Wein bestellt, die beinahe so viel kostete wie meine Monatsmiete. Als der Wein dekantiert und eingeschenkt wurde, hielt er den Ober davon ab, seinem Junior ein Glas zu geben, er durfte nur zum Probieren einmal daran nippen. Ich schnaubte ungläubig, weil ich das für einen Scherz hielt, aber es war keiner. Später hörte ich, dass die Diva bei einem Weihnachtsessen von Brokern ein ähnliches Spielchen durchgezogen hatte; er hatte eine besonders edle Flasche Wein für sich bestellt und den ungenießbaren Hauswein um den restlichen Tisch zu den anderen Gästen, auch Trader anderer Banken, geschickt.

Und als wäre das Konto nicht schon schwer genug zu betreuen, heuerte die Diva in der folgenden Woche auch noch den Wixxer an, der sich seit Jahren am Markt herumtrieb, von Produkt zu Produkt wechselte, von Desk zu Desk und von Bank zu Bank. Er war der Sondermüll des Parketts – er verschwand einfach nicht und zerstörte alles, mit dem er in Berührung kam.

Der Wixxer konnte mich schon seit unseren ersten Trades nicht ausstehen. Er hatte einen großen Batzen Anleihen einer medizintechnischen Firma gekauft, aber in einzelnen kleineren Stücken, weil er sich nicht entscheiden konnte, wie viel er haben wollte. Der Verkäufer hatte mir gesagt, dass der Besitzer für Trades eine Mindestmenge von drei Millionen angesetzt hatte, und ich hatte das an den Wixxer weitergegeben, der anfangs froh über die Warnung war und den Trade mit einem großen statt mit mehreren kleinen Bündeln abwickeln wollte, weil sonst die Bestätigung länger gedauert hätte. Aber dann willigte er ein, zu einem leicht falschen – je nachdem, wie man einen Durchschnitt berechnete – kombinierten Preis zu kaufen. Weil die ersten zwei Millionen zu einem anderen Preis als die nächsten beiden verkauft worden waren und der Preis für den Rest noch mal gestiegen war, musste er einen kombinierten Durchschnittspreis errechnen, um den Trade in einem großen Batzen zu machen. Aber statt das selbst auszurechnen, akzeptierte er den Preis des Verkäufers für die

Gesamtmenge von über sieben Millionen. Ein paar Stunden später meldete er sich wieder über die Telefonanlage, er war überzeugt davon, dass ich ihn mit dem Preis beschissen hatte, überzog mich mit einer zehnminütigen Schimpftirade und sprach nie wieder mit mir.

Als der Amerikaner mich fragte, was passiert sei, konnte ich nicht einmal reden. Ich brachte nur heraus: »Gib mir ein paar Minuten, Moment noch«, und tat so, als würde ich Preise rausschicken. In Wahrheit versuchte ich verzweifelt, nicht in Tränen auszubrechen. Ich wusste, wenn ich dem Amerikaner erklären würde, was der Wixxer gesagt hatte, würde meine Stimme kippen, dann wäre alles gelaufen.

Die Beziehung zwischen mir und der BdG wurde nicht besser, und ein paar Wochen später verlor ich das Konto endgültig, als ich bei einem eigentlich einfachen Swap Mist baute. Ich hatte die Preise für die Opco mit denen für die Holdco – zwei verschiedene Teile der Schuldenstruktur – verwechselt, und ihr dritter Trader war der Ansicht, ich hätte ihn bewusst angelogen, der Swap hätte nie existiert, und kappte mir deshalb die Leitung. Der Amerikaner forderte einen Gefallen ein und brachte einen seiner Kunden dazu, den Trade richtig herum abzuwickeln, wenn wir die Differenz beglichen, aber da wollte die BdG schon nicht mehr mit mir sprechen.

Es war frustrierend, dass ich nicht die Gelegenheit bekam, die Sache in Ordnung zu bringen, obwohl ich es gekonnt hätte. Ich hatte einen dummen Fehler gemacht, eine Art verbalen Vertipper: Ich hatte etwas schnell gesagt und dabei verdreht. Ich wusste, wie herum es richtig gewesen wäre, hatte es aber anders gesagt; daran war nichts Hinterhältiges. So was kam vor. Als ich das Konto übernahm, wusste ich schon, dass sie mir die Leitung wegen irgendeiner Kleinigkeit kappen würden. Die Kerle hatten mich über das Radio gerufen, darum gebeten, dass ich sie betreuen sollte, und dann darauf gewartet, dass ich Mist baute.

Ironisch war daran, dass ich nicht genug Erfahrung besaß, um den Trader absichtlich über den Tisch zu ziehen oder um einen falschen Swap zu erfinden. Selbst wenn ich es gewollt hätte, ich hätte ihn nicht bescheißen können. Das wusste er auch, aber er hatte die Gelegenheit genutzt, um an mir ein Exempel zu statuieren – ein früher Warnschuss für seine anderen Broker. Die Vorstellung, ich hätte die Preise für einen Swap absichtlich verdreht, oder, wie er mich anbrüllte: »Angebote erfunden, die es nie gegeben hatte, oder, du beschissene Lügnerin«, war lächerlich und beleidigend. Ich rief die Diva an in der Hoffnung, er würde mir wegen unserer bisher guten Beziehung die Chance geben, die Sache zu erklären, aber er sagte sofort, meine Leitung sei gekappt, und legte auf.

Es war unmöglich, ihr Konto zu betreuen. Ich gewöhnte mich zwar langsam daran, dass mir einer oder alle von ihnen täglich Täuschung, Stümperei und generell beschissene Arbeit vorwarfen, aber ich war doch erleichtert, als ich mit diesen Arschlöchern nie mehr reden musste und dieser Kelch an einen erfahreneren Broker weitergereicht wurde. Wenn man Tradern und jedem anderen, der zuhörte, den ganzen Tag lang Scheiße erzählte, fiel es nicht schwer, bei irgendeinem Event in der City in Balenciaga aufzutauchen und diese lächerliche Fassade weiter aufrechtzuerhalten. Die ganze City baut auf diesem Bullshit auf.

Eine der großen amerikanischen Banken gab für den Bereich Leveraged Finance ein Fest in einem der Bankettsäle des Außenministeriums, und der Amerikaner hatte mich wie einen der vier apokalyptischen Reiter vorgeschickt. Er sagte, er würde vielleicht auf ein paar Drinks vorbeischauen, aber ich sollte schon mal ohne ihn vorgehen. Ein paar Gäste waren Parketttrader, aber die meisten gehörten zu den Kunden der Bank. Einige Hedgefondsmanager und Leute von Privatkundenbanken, die man nie aufs Parkett gelassen hätte, schlurften durch den Saal und kippten zu den Klängen von Steeldrums Champagner hinunter. Ich hatte selten eine so surreale Situation erlebt.

Ich hatte keine Ahnung von Leveraged Finance und konnte nur von den einzelnen Worten etwas ableiten, trotzdem schaffte ich es irgendwie, mich den ganzen Abend lang mit Fondsmanagern über High Yields und den Sekundärmarkt zu unterhalten (von dem ich als Inter-Dealer-Brokerin ein kleiner Teil war, wie ich ihnen erklärte).

Es war ein wenig so, als würde man sich auf Französisch unterhalten, obwohl man nur »ja, stimmt«, »nein, natürlich« und »auf jeden Fall« sagen konnte und überhaupt nichts verstand. Trotzdem kann man an den Gesichtsausdrücken und Gesten des Gegenübers ablesen, ob jetzt eine positive oder negative Reaktion angebracht ist, und die entsprechenden Laute machen. Wenn sonst nichts funktioniert, zeigt man einfach etwas mehr Ausschnitt und wird plötzlich zum interessantesten Menschen im Raum.

Zum ersten Mal traf ich die Konkurrenz – Broker aus den beiden anderen größten Läden –, die sofort auf den Amerikaner schimpften, mich fragten, wie ich bloß mit ihm arbeiten konnte, ob er sich bald zur Ruhe setzte, und denen ich leidtat, weil ich neben ihm sitzen musste, während er angeblich den ganzen Tag lang die Füße auf dem Schreibtisch hatte und an seinen Zehennägeln herumpulte. Ich wollte sagen, dass ich ihn noch nie barfuß gesehen hatte, aber das interessierte sie scheinbar nicht.

Nach einem hölzernen Gespräch mit dem PR-Typen, der die Party organisiert hatte und der einzige Mensch im Raum war, der noch weniger über Leveraged Finance wusste als ich, und nachdem ich mit einem Glas Champagner in der einen Hand mit der anderen kurz auf einer Steeldrum getrommelt hatte, fand ich, ich sollte mich aus dem Staub machen. Ich ging mit einer Handvoll Visitenkarten und seltsamerweise auch mit einigen Jobangeboten für Sales und Marketing bei Fonds. Die interessantesten Gespräche des Abends hatte ich mit einem Anwalt, der sich genauso fehl am Platze und verwirrt fühlte wie ich, und wie üblich mit dem Taxifahrer auf dem Weg nach Hause. »Pff. Ne Bankparty? Ach, ich weiß nicht, Cityboys. Das sind alles Deppen, Kleine. Machen Sie, dass Sie da wegkommen. Sie sehen doch aus wie ein nettes Mädchen.«

Auftakt zum Juni war ein Abend mit drei Tradern der Aggro-Bank und dem Amerikaner. Wir waren wieder im Nobu, am gleichen Tisch, an dem wir einen Monat zuvor mit den Größenwahnsinnigen gesessen hatten. Offenbar war der Tisch verhext, denn der Abend war grauenhaft. Die Trader waren allesamt Amerikaner, alle unter 1,75 Meter groß und stammten alle aus dem Mittleren Westen, was schon genügte, um einen potentiell netten Abend zu ruinieren. Beim Humor herrschte auf ganzer Linie Fehlanzeige, und das Gespräch drehte sich natürlich nur um amerikanische Sachen, von der Politik der USA zu American Football und Basketball und zurück zur Politik. Ich hätte jederzeit aufstehen und gehen können, ohne dass es jemand gemerkt hätte, und mein Witz über New Orleans war extrem schlecht angekommen. Ich merkte, dass ich entweder dabei war, zu einer gesellschaftlichen Handgranate zu mutieren und eine endlose Reihe unpassender

Witze zu erzählen, und zwar durchgehend, egal, ob die anderen weiterredeten oder nicht, oder dass ich total dicht machen würde; ich bevorzugte die zweite Lösung.

Nach dem Essen mit den Größenwahnsinnigen hatte ich mich an die Vorstellung gewöhnt, weder gesehen noch gehört zu werden – daran, dass man mir keine Fragen stellte, redete, wenn ich etwas zum Gespräch beisteuern wollte, und mich überhaupt ignorierte. Jetzt war es noch schlimmer: Alle tranken nur Cola light. Zum Glück hatte ich mehrere Flaschen Wein bestellt, bevor irgendwem auffiel, dass ich als Einzige trank, und arbeitete mich jetzt stoisch allein von einer zur nächsten, weil ich dachte, wenn ich betrunken genug war, würde der Abend weniger unangenehm sein und ich würde weniger Gefahr laufen, sie zu fragen, warum sie glaubten, ich hätte keine Ahnung von amerikanischer Politik, und warum sie mich so geflissentlich ignorierten.

Mir fiel zufällig ein Bookie von einer anderen Firma auf, der mit seinem CEO und anderen Geschäftsführern zu Abend aß. Ich hatte ihn vor kurzem auf der Dachparty einer deutschen Bank getroffen, und seitdem hatten wir uns alle paar Wochen mal über Bloomberg geschrieben. Er sah klasse aus, aber ich sagte an dem Abend immer wieder, dass ich einen Freund hatte, und gab ihm meine Telefonnummer nicht. Jetzt saßen wir im gleichen Restaurant, und er war meine einzige Hoffnung, meinen schrecklichen Abend zu retten. Sehnsuchtsvoll starrte ich zu ihrem Tisch hinüber – zu ihren vielen Weinflaschen und den Chocolate Bento Boxes. Er blickte auf und zwinkerte mir zu. Als ich sah, dass er Richtung Klo ging, entschuldigte ich mich und ging ihm nach.

Sobald wir im Gang außer Sichtweite waren, küsste er mich herzlich auf beide Wangen, und ich drückte ihn betrunken und kichernd gegen die Wand, bevor ich ihm von meinem schrecklichen Abend erzählte. Es war eine echte Erleichterung, wieder zu reden und gehört zu werden. Nachdem anderthalb Stunden niemand mit mir gesprochen hatte, dachte ich, ich hätte meine Stimme vielleicht für immer verloren. Jetzt bekam ich fünf Minuten Freigang und war wie neu belebt. Als er zurückging, gab er mir einen Klaps auf den Hintern und lud mich an seinen Tisch ein, wo ich, wie er mir versprach, reden dürfte, nicht allein trinken müsste und wo sogar ein Job drin wäre, in dem ich Russisch sprechen konnte, wenn ich wollte.

»Weißt du was, irgendwann muss ich dich noch mit einem Hubschrauber aus diesem Drecksladen retten, wie am Ende von einem schlechten Actionfilm.«

Eine Sekunde lang dachte ich, ich könnte vielleicht damit durchkommen: nicht mit der Luftrettung aus dem Restaurant, aber damit, bei ihnen zu sitzen. Wahrscheinlich würde den Amerikanern nicht einmal auffallen, dass ich weg war – sie würden so sehr damit beschäftigt sein, einen intelligenten Satz über die Clintons zusammenzuzimmern, dass es sie nicht kümmern würde.

Er ging zurück an seinen Tisch, und ich stolperte die Treppe hinunter und versteckte mich noch ein paar Minuten lang in der Damentoilette. Ich klappte den Toilettensitz herunter, hockte mich hin und überlegte, wie lange ich wohl noch bleiben konnte. Bei Gesprächen übergangen zu werden ist noch schlimmer, als angeschrien zu werden. Ich fragte mich, was zum Teufel ich da machte – ich war im Waschraum vom Nobu, beim Abendessen mit drei der unhöflichsten Menschen, denen ich je begegnet war, und konnte nicht gehen, weil das zu meinem Job gehörte. Dazusitzen wie eine hirnlose Barbie und drei Amerikaner dummes Zeug über Obama reden zu hören, gehörte zu meinem Job. Ihre Wassergläser zu füllen und ihre Cola light zu bestellen, gehörte zu meinem beschissenen Job. Genauso, wie mich ignorieren zu lassen. Mit einem Mal fing ich an, ihn zu hassen.

Nach dem Essen mit den Größenwahnsinnigen dachte ich, das wäre egal. Der Wein und das Essen waren gut gewesen, die Gesellschaft schlecht – mit dem Handel konnte ich gut leben. Aber als ich an die Wand der Toilettenkabine starrte, wurde mir langsam klar, dass noch so viel Barolo und Hamachi-Sashimi mit Jalapeños es mir nicht mal ansatzweise schmackhaft machen konnten, mir in meiner Freizeit wertlos vorzukommen. Dafür bekam ich nicht genug Geld.

Ich ging zurück an den Tisch. Obwohl ich nur ein paar Minuten weggewesen war, hatten sie schon ihren entkoffeinierten Kaffee vor sich stehen. Ein Kellner kam und fragte, ob ich etwas wollte. Ich wollte die Karte sehen. Ich wollte einen Nachtisch, einen doppelten Espresso und vielleicht sogar ein paar Petit Fours und einen Armagnac – was alles nicht zur Debatte stand, weil die anderen schon aufstanden und sich die Mäntel anzogen. Arschlöcher. Ich war unsichtbar.

Bis ich unten war und meinen Mantel geholt hatte, waren zwei schon in Taxis gestiegen. Ich verabschiedete mich von dem Amerikaner und ging die Park Lane hinunter. Mit beinahe zwei Flaschen Wein intus wollte ich noch nicht nach Hause gehen; ich wollte tanzen, trotz Pfennigabsätzen und Kostüm.

Die Türsteher in der Bar Salsa kannten mich weder so auftakelt noch so betrunken, und als ich ihre leicht entsetzten Mienen sah, wurde mir kurz klar, dass ich nach Hause gehen sollte, aber dann hörte ich den Rhythmus der Claves und lief hinunter auf die Tanzfläche. Die Bar Salsa war in meiner Unizeit mein zweites Zuhause, hier hatte ich an vier Abenden pro Woche von neun Uhr abends bis zwei Uhr morgens getanzt, während alle anderen in der UCL Union waren. Deshalb konnte ich immer noch zu jeder Zeit abends dort auftauchen und traf genug Bekannte, um ohne Pause Salsa zu tanzen, bis geschlossen wurde. Dort hatte ich Lena und einige andere gute Freunde zum ersten Mal getroffen, dort hatte ich Thomas kennengelernt, der mehr Knöllchen hatte als jeder andere, den ich kannte, und der mir das Herz gebrochen hatte, und dort hatte ein Brasilianer namens Paolo beim Tanzen sowohl meine als auch Lenas Achseln geleckt, was zu einer Reihe von Ereignissen führte, nach denen wir beide aus dem Club geworfen wurden. Meine prägenden ersten Jahre in London hatte ich in dem Club verbracht, er war der perfekte Ort, um meinen schrecklichen Abend zu vergessen. Ich steuerte darauf zu wie eine Brieftaube auf ihren Schlag.

Wie oft ich Salsa tanzen ging, hing immer direkt damit zusammen, wie glücklich ich war. Je deprimierter ich wurde, desto schneller drehte ich mich und desto länger blieb ich aus. Mein drittes Unijahr verbrachten alle in Russland, nur ich war als Außenseiterin in London geblieben, weil ich nicht ein Jahr in einem Land leben wollte, das ich mittlerweile nicht mehr ausstehen konnte. Während ich verzweifelt versuchte, im Russischen auf den gleichen Stand zu kommen, damit ich im September zusammen mit meinem Kurs mein letztes Jahr abschließen konnte, machte ich im Salsa enorme Fortschritte, genauso wie im Poolbillard und im Snooker. Wenn die Bar Salsa schloss, zogen wir alle zum unterirdischen Snookerclub unter dem Centre Point und blieben, bis es draußen hell wurde. In meinem Eskapismus wurde ich zum totalen Nachtmenschen. Jetzt ging ich kaum noch tanzen – nicht, weil ich besonders glücklich war, sondern weil mir die Zeit und die Energie fehlten. Ich überlegte, was mich jetzt davor rettete, mir die Pulsadern aufzuschneiden, wenn es nicht Tanzen und Snooker waren – wahrscheinlich Kaffee und Adrenalin.

In dieser Nacht tanzte ich, bis geschlossen wurde, und als ich nach Hause ging, fühlte ich mich einigermaßen normal. Mich ein paar Stunden lang auf der Tanzfläche zu drehen hatte mich die Trader und die Chocolate Bento Boxes vergessen lassen und mich daran erinnert, dass einem auch andere Dinge als Nachtisch und Alkohol Freude bereiten konnten – ich musste mir nur die Zeit dafür nehmen.

Das Ereignis des nächsten Tages bestand darin, dass Wayne nach einem scheinbar endlosen Morgenmeeting mit Leicester am anderen Ende des Raums kündigte. Wir beobachteten sie, während sie im Büro auf und ab gingen, und spekulierten darüber, was sie wohl sagten. Wayne wollte schon seit Monaten weg, aber weil er stolzer Besitzer unzähliger Anteile war, die ihn als Teil des Loyalitätsprogramms fest an die Firma banden, konnte er nicht gehen. Er gehörte zu den besten Bookies an unserem Desk und hatte eine Zeitlang locker ein paar Millionen pro Jahr verdient. Aber seit ich ihn kennengelernt hatte, hatte er das Interesse verloren, er fand es zunehmend schwierig, mit Philippe und dem Amerikaner zusammenzuarbeiten, kam spät, ging früh, strengte sich nicht an und verschwand wochenlang.

Als ich mich einmal in Schwierigkeiten brachte und der Amerikaner nicht in der Nähe war, wusste er als Einziger schnell genug, wie er mich raushauen konnte. Er war aufgestanden, herübergekommen, hatte sich über meinen Schreibtisch gebeugt und mir genau gesagt, was ich jedem der fünf Käufer und Verkäufer sagen sollte, die mich gleichzeitig anriefen. Innerhalb von ein paar Minuten hatte er mir die höchstmögliche Provision aus den Trades gesichert und es gleichzeitig geschafft, alle glücklich zu machen. Seine Arbeit lag ihm im Blut, er wusste instinktiv, was er sagen musste und wie er es sagen musste. Jetzt kam er aus Leicesters Büro, verabschiedete sich und sammelte seine Sachen ein, und ich wünschte, ich hätte mehr von ihm lernen können. Er war ein Riese am Markt.

»Hab ihnen gesagt, sie können mich mal. Es lohnt sich nicht mal für einen ganzen Berg Anteile, in diesem beschissenen Dreckloch zu bleiben.«

Und dann ging er.

Der Pate

Das Desk löste sich zusehends auf. Als ich eines Morgens zur Arbeit kam, war es buchstäblich verschwunden und am entgegengesetzten Ende des Raums aufgestellt worden, mitsamt unseren Bildschirmen, Stiftehaltern und Saucen.

Philippe war auch verschwunden. Er war »nach oben« gezogen, um ein neues Desk zu gründen und zu tun, was er am besten konnte: Französisch zu sprechen mit Kunden, die mit komplizierten Produkten tradeten und das nur auf Französisch tun wollten. Ich überlegte, ob Wayne wohl geblieben wäre, wenn er gewusst hätte, dass Philippe ging. Wayne hatte ihn noch mehr als den Amerikaner gehasst und ihm die ganze Schuld dafür gegeben, dass das Desk im letzten Jahr weniger Geschäfte gemacht hatte. Ich war mit ihm immer gut klargekommen, wenn man vom endlosen Kampf mit seinen CDS-Tabellen und seinen seltsamen französischen Eigenheiten absah; genau wie beim Amerikaner hatte ich nie verstanden, warum er so gehasst wurde. Jetzt war er ganz verschwunden, und es war egal geworden; man würde ihn sofort vergessen, zusammen mit seinem täglichen *pain au chocolat* und dem *salade niçoise*.

Unser neuer Platz gefiel mir nicht. Er lag Meilen entfernt von den raumhohen Fenstern, durch die wir früher hinaussehen konnten; jetzt waren wir eingeklemmt zwischen dem Desk für Neuemissionen und der Brokergruppe für iTraxx, Tranchen und maßgeschneiderte Produkte, über die Fabrizio die Aufsicht führte. Ihn kannte und mochte ich nicht, aber immerhin trug er schöne Anzüge.

Daneben grenzten wir noch an einen Ableger des CDS-Desks an. Obwohl er klein und neu war, beherbergte er drei der größten Hitter am Markt. Einer von ihnen war der Richter, einer dieser Männer, die man in ganz London wie Hochadel behandelte; besonders Clubtürsteher taten das, sie machten Platz, sobald sie ihn sahen. Alles an ihm war streng: Er war vollkommen kahl, gebaut wie ein Rugbystürmer und sprach selten, eigentlich nur, wenn es unbedingt nötig war. Lediglich sein Lächeln milderte sein einschüchterndes Erscheinungsbild ab. Er war der perfekte Kandidat, um die Größenwahnsinnigen zu betreuen, die vor kurzem wiederaufgetaucht waren, und wir traten sie ihm gern ab. Verkauft ruhig weiter, ihr blöden Säcke. Der Wixxer würde gar nicht wissen, wie ihm geschah.

Der Amerikaner machte sich keine Sorgen wegen des Umzugs oder weil Wayne und Stu gegangen waren, er freute sich nur, dass er jetzt mehr Kunden für sich hatte und näher am Colaautomaten und der Toilette war. Als ich mich setzte, sagte er kein Wort zu unserem neuen Platz und murmelte nur: »Guten Morgen.«

Fabrizio hatte einen neuen Junior eingestellt, den er aus irgendeinem Grund neben mich setzte und der sich von Anfang an als völlig unfähig erwies. Er holte nie für jemanden Frühstück oder Mittagessen, kam meist zu spät und schaffte es nicht, Anrufe für mich anzunehmen, wenn ich beschäftigt war. Er legte schon einen schlechten Start hin, als er zum ersten Mal abends mit uns ausging und am nächsten Morgen erst um elf Uhr hereingeschlendert kam.

Seltsamerweise wurde er nie bestraft; wie sich zeigte, kam das daher, dass er zu Fabrizio gehörte und nur Fabrizio ihn rauswerfen konnte.

Dieses Team war ganz anders als das erste, bei dem ich angeheuert hatte. Ich wusste nicht, was ich mit dem neuen unfähigen Junior anstellen sollte, der offenbar nichts lernen wollte und den ganzen Tag online verplemperte. Dann marschierte ein paar Tage später der Pate herein, und wieder verschob sich alles.

Ich wusste über ihn nur, dass er ein alter Freund von Dory und ein Anhänger der Spurs war, früher zu den höchstrangigen und beliebtesten Leuten in der Firma gehört hatte und einer der Bookies mit der größten Erfahrung war. Irgendwie gelang es ihm, das Desk zu einer Einheit zu machen, und schon Tage später holten wir der Reihe nach um vier Uhr Tee, wenn der Pate seine tägliche Bloomberg-Nachricht (Betreff: »Tick-Tack«) ans Desk schickte. Wie aus dem Nichts tauchten Pastete und Kartoffelbrei auf, andere Broker trieben sich an unserem Desk herum, um mit ihm zu plaudern, und wir schienen plötzlich wieder im Rennen zu sein. Ich lernte eine Menge über die Spurs. Wie durch ein Wunder wurde die Stimmung noch besser, als wir anfingen, zusammen Kuchen und Kekse zu vertilgen. Sogar dem Amerikaner schien die Teerunde zu gefallen, er entwickelte eine Vorliebe für Ingwerkekse und, was noch überraschender war, er dachte ab und zu sogar daran, dass die Reihe an ihm war, für das Desk Getränke zu holen. Zu einem echten Teamplayer würde es bei ihm nie reichen, aber es war ein Anfang.

Der Pate schien dem Desk gutzutun. Nachdem der Ballast – die Leute, die im Grunde gar nicht dort sein wollten – weggefallen war, bildete sich das Desk neu, und eine Zeitlang sah alles so aus, als würde es besser werden. Allerdings war da noch das kleine Problem mit dem neuen Junior. Er wurde immer schlimmer – er benahm sich Tag für Tag arroganter und machte nichts, worum ich ihn bat. Anfangs hatte ich gedacht, ein Junior würde mir das Leben erleichtern, er könnte für mich Preise aktualisieren, Anrufe annehmen, wenn der Amerikaner und ich beschäftigt waren, und Tee und Kaffee holen. Stattdessen hörte er nie auf mich, und ich wollte ihm am liebsten ständig einen stumpfen Gegenstand über den Kopf ziehen.

Er war nicht nur nutzlos, sondern auch ein Spitzel. Als er seine Zeit mal nicht damit vertrödelte, online Möbel für seine neue Wohnung zu kaufen, erwischte ich ihn dabei, wie er in Mails an Fabrizio genau beschrieb, was wir taten. Ich erzählte sofort dem Ferg und dem Amerikaner davon und auch sonst jedem, der mir zuhörte. Dann kam heraus, dass wir zwischen die Fronten eines Machtkampfs zwischen dem gehobenen Management von Cash und CDS geraten waren: Offiziell unterstanden wir Leicester, aber Fabrizio wollte uns unter seine Kontrolle bringen, weil wir zunehmend synthetische Produkte tradeten, und die fielen in seinen Bereich. Leicester genehmigte sich mittags zwar gern mal einen Schluck und genoss keinen großen Respekt, aber man vertraute ihm einigermaßen – soweit überhaupt jemand in einem Handelsraum seinem Chef traute. Niemand vertraute Fabrizio, schon gar nicht Dory oder der Pate, und den beiden galt meine Loyalität. Als herauskam, dass der Junior an Fabrizio Bericht erstattete, kochte das die Sache nur noch höher; irgendwann wurde er weggesetzt, nachdem niemand mehr mit ihm sprach und der Ferg und ich ihn regelmäßig in unsere Bloomberg-Chats einluden, wenn uns langweilig war, nur um ihn fertigzumachen und ihn abwechselnd einen Arsch zu nennen, bis er den Chat verließ.

Den Amerikaner schien das alles nicht zu kümmern. Er arbeitete für niemanden, deshalb machte es kaum einen Unterschied, wessen Gruppe er theoretisch angehörte. Als ich ihn zu einem Meeting rief, um ihm zu sagen, dass sich ein Verräter in unserer Mitte befand, dachte ich, dass er eine solche Entdeckung genießen würde, aber er lachte nur und sagte, ich solle mich auf meinen eigenen Job konzentrieren und mir keine Gedanken über andere Leute machen. Manchmal nahm er alles um sich herum übertrieben entspannt auf, manchmal war er ruhelos und paranoid – ich war nicht sicher, welche Version mir lieber war. Wenn ich die paranoide Version gebraucht hätte, um den Junior zu verscheuchen, tat er nichts; wenn er sich zurückhalten sollte, damit ich auf meine Art mit den Kunden umgehen konnte, ließ er mir keine Ruhe. Er war absolut nicht zu durchschauen, tat aber garantiert immer das Gegenteil von dem, was man von ihm erwartete.

Auch wenn es nicht danach aussah, wusste ich, dass es nur eine Frage der Zeit war, bis der Amerikaner und Fabrizio aufeinander losgingen; beide waren arrogant, aggressiv und selbstgefällig. Aber der Amerikaner arbeitete fröhlich weiter wie bisher und interessierte sich auch jetzt nicht für die Firmenpolitik, während Fabrizio die Stelle als großer Chef oder zumindest als Nummer drei in der Firma angepeilt hatte und jeden vernichten würde, der ihm im Weg stand. Für Fabrizio war der Amerikaner ein Störfaktor. Er beschäftigte sich immer mehr mit synthetischen Produkten, genau wie ich, und mir war klar, dass wir uns bald entscheiden müssten, zu welchem Team wir gehörten. Fabrizio würde nicht zulassen, dass wir potentiell hochlukrative Produkte tradeten, ohne dass er uns kontrollierte und wir seiner eigenen Gruppe etwas einbrachten. Und Geld abzugeben gefiel dem Amerikaner überhaupt nicht.

Ich musste mir derweil um meinen eigenen Kram Sorgen machen. Ich musste Mark loswerden.

»Wenn du nicht Schluss machst, Kleine, komme ich vorbei und übernehme das für dich. Schreib mir, wenn die Tat vollbracht ist.«

Ich wusste, dass der Pate recht hatte. Er hatte mich wochenlang über Mark jammern hören und wunderte sich, warum ich mit jemandem zusammen war, der so offensichtlich nicht zu mir passte. Ich zweifelte keine Sekunde daran, dass er notfalls tatsächlich gekommen und mir beim Schlussmachen geholfen hätte.

Irgendwas leidet immer, wenn man versucht, sich an etwas Unhaltbares zu klammern. Die zerbrechlichen Grundlagen unserer Beziehung bröckelten längst, vielleicht schon seit ich im Chelsea and Westminster Hospital auf ihn gewartet hatte, damit er mich nach Hause brachte. Nachdem ich monatelang gegrübelt hatte, wie ich Schluss machen sollte, endete meine Beziehung zu Mark so leicht, wie sie angefangen hatte. Bei einem Streit über Geld brach schließlich alles zusammen.

Marks »Freund« hatte seine Bankkarte benutzt und sich Geld geliehen, ohne Mark etwas zu sagen. Wie üblich hatte Mark seine Hälfte der Miete noch nicht bezahlt, und jetzt brauchte er zu lange, um die Lage zu klären. Seine lässige Einstellung Geld gegenüber und seine Fähigkeit, von der Hand in den Mund zu leben, ohne etwas anderes zu wollen, widersprach meinem ganzen Wertesystem. Ich begriff nicht, warum er den Typen nicht anrief, die Situation erklärte und sich das Geld zurückholte oder warum er lieber bei seiner Freundin Schulden hatte, als einen Anruf zu machen.

Als ich Freitagabend nach Hause kam, war die Sache immer noch nicht bereinigt; er hatte nichts unternommen, um das Geld zurückzubekommen. Ich sah ihn an und hatte jemanden vor mir, den ich nicht mehr respektierte, so als würde ich ihn durch mein bloßes Dasein kastrieren. Mir war klar, dass ich über das Geld nicht mehr vernünftig reden konnte, aber mit Vernunft hatte ich es schon versucht und damit überhaupt nichts bewirkt.

»Weil du zu stolz bist, deinen beschissenen sogenannten Freund anzurufen und dir das Geld zurückzuholen, das er dir schuldet, machst du unsere Beziehung kaputt. Ich komme damit nicht klar. Das ist absolut lächerlich. Weißt du, was die Jungs bei der Arbeit dazu gesagt haben, dass du mir Geld schuldest? Sie waren entsetzt. Sie würden lieber sterben, als ihren Freundinnen Geld zu schulden. Aber für dich ist diese Scheiße völlig in Ordnung.«

»Baby, beruhig dich erst mal. Ich wollte das ja regeln, aber auf meine Art und zum richtigen Zeitpunkt. Ich mache das schon noch.«

»Wieso glaubst du, du hättest Zeit? Wenn ich nicht so viel verdienen würde, wären wir diesen Monat mit der Miete in Verzug geraten und vielleicht rausgeflogen. Du verlässt dich darauf, dass ich die beschissenen Probleme in Ordnung bringe. Ach Scheiße, ich bin selbst schuld. Ich habe es dir einfach zu leicht gemacht.«

Ich hämmerte mit der Faust gegen die Kleiderschranktür. Das war das erste Mal, dass ich gegen etwas geschlagen hatte. Ein solches Gespräch hätte ich mir nie vorstellen können, und meine eigenen Worte klangen für mich fremd. Die Rolle, in die ich gedrängt worden war, wütend und mit verquollenen Augen, war unnatürlich, und ich wusste, dass ich aus dieser Situation herauskommen musste, bevor es noch schlimmer wurde und ich anfing, Sachen kaputt zu machen. Natürlich hätte ich den Streit nutzen sollen, um die Beziehung zu beenden, aber als ich losbrüllte und mit den Schranktüren knallte, gab er so schnell und leicht klein bei und bat mich um Verzeihung, dass ich es nicht konnte.

Wir verbrachten ein unbehagliches Wochenende, distanziert und wie Fremde. Als ich spät nach Hause kam und er schon schlief, weckte ich ihn nicht. Montag ging ich zur Arbeit und war froh darüber, von ihm wegzukommen. Ich hoffte, er würde nicht zu Hause sein, wenn ich zurückkam, aber ich wusste schon, dass er da sein würde, und am Ende vertrugen wir uns wieder, weil ich ihn nicht bitten konnte auszuziehen.

Es sind immer die scheinbar unbedeutenden Entscheidungen – die Textnachrichten, die man abschickt, ohne nachzudenken, die leisen Lügen und die Anrufe, die man nicht beantwortet –, die Beziehungen unwiderruflich verändern. In dieser Woche hatte ich bei Corney and Barrow einen Umtrunk zum Abschied eines Kollegen besucht. Danach sollte ich mit Mark zur Verlobungsfeier seiner Freunde gehen; das stand seit Monaten in meinem Kalender, und ich hatte ihm versprochen, dass ich mitkomme. Aber nach ein paar Drinks mit Giles und den Jungs wollte ich nicht gehen. Ich schrieb Mark in einer SMS, ich müsste mich unerwartet mit ein paar Kunden treffen und würde später nachkommen. Er ging ohne mich vor, während Giles und ich zum Essen das Gaucho ansteuerten – wir nahmen das Restaurant in der Broadgate, weil das in Canary Wharf voll war. Giles lief die Straße hinauf, um ein Taxi heranzuwinken, während ich mich verabschiedete. Als ich ihm nachrannte und mit einem beschwipsten Lachen auf den Rücksitz des Taxis sprang, wusste ich, dass es mit Mark zu Ende war. Ich hatte gelogen, es gab kein Zurück mehr. Ich fühlte mich nicht zu Giles hingezogen, aber wenn ich Zeit mit ihm verbrachte, erinnerte es mich ständig daran, dass ich nicht mehr mit Mark zusammen sein wollte. Abgesehen von den Geldproblemen war mir einfach langweilig, und bei dem Gedanken, ihn beim Heimkommen mit einem liebevollen Lächeln im Bett zu finden, wollte ich die ganze Nacht ausbleiben.

Ich brauchte noch ein paar Wochen, zahlreiche späte Treffen mit Giles zum Steakessen und ein letztes Wort vom Paten, um Schluss zu machen. Es war ein Freitagabend Ende Juli. Ich war lange im Büro geblieben, um Karten für das Cartier Polo zu besorgen, das am Sonntag stattfand – Giles und ich luden Allen und seine Freundin ein. Als ich das Büro verließ, war ich ganz aufgekratzt und so weit, endlich einen Schlussstrich zu ziehen. Es gab nichts mehr zu retten.

Es folgte die klassische Trennungsszene. Ich sagte Mark, ich müsste allein sein, ich wäre zu jung, um mich so fest zu binden, und es wäre ihm gegenüber nicht fair, er bräuchte mehr, als ich ihm geben könnte. Ich packte so viele klischeehafte Gründe wie möglich aus, bevor er einen Ton sagen konnte, und zum Glück sträubte er sich nicht. Aber es flossen viele Tränen. Mark saß mit dem Kopf in die Hände gestützt da, er wusste, dass er nichts tun oder sagen konnte, um mich umzustimmen. Dann ging er hinaus, drückte sich im Wohnzimmer herum, kam schließlich zurück ins Schlafzimmer, warf ein paar Sachen in eine Tasche und zog zu einem Freund. Das alles spielte sich innerhalb einer Stunde ab. Es war schwer zu begreifen, dass etwas, das man über Monate hinweg aufgebaut hatte, so schnell auseinanderfallen konnte. Weinend rief ich Giles an; als er anbot, rüberzukommen, wollte ich ja sagen, aber weil ich wusste, dass das keine gute Idee wäre, schaffte ich es irgendwie, abzulehnen.

An diesem Wochenende trennten sich zwei Welten endgültig. Mark war das letzte Überbleibsel meines alten Lebens vor der Zeit als Brokerin. Jetzt war er gegangen, und ich machte mir nur Gedanken darüber, welche Schuhe ich anziehen sollte für einen Tag im Guards Polo Club mit einem Trader der Aggro-Bank und einem Kollegen, den ich schon bei einigen Gelegenheiten fast geküsst hätte. Der Flügelschlag eines Schmetterlings. Ohne Mark würde niemand mehr bemerken, wann ich nach Hause kam oder ob ich es aus dem Kostüm und ins Bett schaffte, und niemand würde morgens um fünf das statische Rauschen ausschalten, das bald ständig meinen benommenen Schlaf untermalte.

Am Sonntagmorgen stand Giles um halb elf in einem weißen Leinenanzug vor der Tür, bereit für einen Tag Polo. Wir holten Allen und seine Freundin ab und fuhren dann zu viert über Land, um einen typisch britischen Ausflug zu genießen. In den letzten vierundzwanzig Stunden hatte ich vor allem geweint, aber als ich jetzt mit Giles im Fond einer Großraumlimousine von Addison Lee lachte, wirkte das alles unwichtig. Ich zog keine Vergleiche mehr zwischen Mark und Giles und sah mir auch nicht mehr die Beziehung von Allen und seiner Freundin an, um mir dann zu wünschen, ich wäre auch mit einem Trader der Aggro-Bank statt mit dem erfolglosen Sänger einer Rockband zusammen. Ich war erleichtert. Mark hatte mich als Einziges noch davon abgehalten, mich vollends in das Leben in der City zu stürzen, und jetzt konnte ich alles genießen, was es zu bieten hatte, ohne im Hinterkopf zu haben, dass zu Hause im Bett knappe einsneunzig Ballast warteten. Die einzige Spur, die Mark hinterlassen hatte, war der Fettfleck an der Wand auf seiner Bettseite, wo er den Kopf angelehnt hatte, wenn er den halben Tag im Bett gelegen hatte, während ich auf der Arbeit meinen Kater bekämpfte.

Es hatte wirklich nichts mit Giles zu tun. Mein Umfeld hatte sich unwiderruflich geändert, und Mark gehörte schlicht nicht mehr dazu. Die Tage und mehrere Abende pro Woche verbrachte ich mit Männern, die sich in allen Bereichen ihres Lebens so deutlich maskulin gaben, dass ich Mark kaum ansehen konnte, ohne dass mir übel wurde. Die Verliebtheit war vorbei, und ich fand plötzlich alles an ihm ein wenig abstoßend – seinen Geruch, sogar die Stelle an seinem Hals, an der ich beim Einschlafen das Gesicht vergraben hatte, als wollte ich mir den Raum irgendwie mit ihm teilen. Mit der Zeit hatte alles schal gerochen und geschmeckt. Wenn ich neben ihm gelegen hatte, war ich mir immer total voll vorgekommen. Wir hatten seit Monaten nicht miteinander geschlafen; jedes Mal, wenn er etwas anfangen wollte, hatte ich nur noch den Wunsch im Kopf, ins Bad zu laufen und mich zu übergeben. So nah stand ich noch nie vor einer Bulimie.

Draußen im Sonnenschein, mitten in Windsor, verschwand meine Übelkeit endlich. Wir trafen uns mit Lena, dann setzten wir uns ins Gras, flirteten, tranken Champagner und beschmierten uns die Gesichter mit Senf und Mayonnaise, als wir in argentinische Steaks und Baguettes mit Chorizo bissen. Allen und Cecelia waren ideale Begleiter – positiv eingestellt und offen auf diese typisch amerikanische Art, die auf jeden in ihrer Umgebung sofort entspannend wirkte. Ohne Giles hätte ich mir Sorgen gemacht, ob sie sich denn auch amüsierten, ob sie noch etwas zu essen oder trinken brauchten oder vielleicht Sonnencreme, aber seine Gegenwart machte es leichter, die Kunden zu unterhalten. Endlich hatte ich einen Verbündeten – jemanden, der mir bei den Champagnerkübeln half und mit mir dafür sorgte, dass ich alle bis zwei Uhr morgens wieder sicher nach London schaffte. Mir war gar nicht klar gewesen, wie einsam der Job manchmal sein konnte, und mit Giles in der Nähe konnte ich alles besser ertragen.

Aber nicht einmal er konnte unser Auto finden, als wir morgens um eins im Dunkeln durch den Windsor Park trotteten. Cecelia hatte am nächsten Morgen ihren ersten Tag in einem neuen Job, und Allen musste als jüngster Trader an seinem Desk um halb sieben dort sein, trotzdem hatten alle überraschend gute Laune, wohl auch wegen der Wodka Red Bulls und des Champagners. Weil man in unserer Zeltecke nicht gläserweise bestellen konnte, hatten wir am Ende wenigstens sechs Flaschen Wodka geleert, was ziemlich übertrieben wirkte, als wir so betrunken durch die Nacht torkelten und mit Mühe dem entgegenkommenden Verkehr auswichen; den Weg konnten wir nur im gelegentlichen Scheinwerferlicht sehen.

Ein wenig leid tat mir nur das kurze Gespräch mit den Tradern von der BdG, die immer noch nicht auf meine Versuche reagierten, meine Leitung wiederzubekommen. Ich hatte die Diva entdeckt, die an einem Tisch im Chinawhite-Zelt Hof hielt, und mich mit Cecelia dorthin durchgeschlängelt, um ihnen zu sagen, dass ich mit der Aggro-Bank dort war. Es fehlten nur ein paar Gläser Tequila, dann hätte ich hinzugefügt: »Also könnt ihr mich mal.«

Die Diva hatte mich ihrer Frau vorgestellt, die zierlich, blond und süß war, und anschließend dem Wixxer, meinem Erzfeind.

»Hi, schön, dich kennenzulernen.«

Er sah mich ausdruckslos an, als könnte er sich nicht daran erinnern, dass er mich mal als Fotze beschimpft hatte. Er hatte keine Ahnung, wer ich war.

Er war kleiner, als ich erwartet hatte, und auch jünger, aber genauso arrogant, und sagte nur: »Ja, ich glaube, ich erinnere mich vage daran, dass wir ein paar Mal miteinander gesprochen haben.«

Ich wusste nicht, was bei gesellschaftlichen Anlässen zum guten Ton gehörte, wenn es um frühere Kunden ging – ob erwartet wurde, dass ich höflich mit ihnen plauderte, als hätten wir noch ständig Kontakt, ob ich so tun sollte, als wüsste ich kaum noch, wer er war, oder ob das nicht eine gute Gelegenheit war, um ihn daran zu erinnern, wie scheußlich er sich bei mehreren Gesprächen mir gegenüber verhalten hatte, und dann zu fragen, ob ich meine Leitung zurückbekomme. Dabei wollte ich sie überhaupt nicht zurück. Bei ihrer Leitung graute mir als Einziger noch davor, etwas über sie zu hören, und es fiel mir immer schwerer, auch nur halbwegs professionell zu bleiben und meine Verachtung für sie vor anderen Kunden zu verbergen. Und es ging nicht nur mir so: Der Wixxer hatte die meisten am Markt irgendwann geärgert, und er war einer von wenigen recht aktiven Tradern auf dem Parkett, mit dem niemand reden wollte. Nach ein paar Minuten entschuldigte ich mich, schnappte mir Cecelia, die sich mit der Frau der Diva unterhalten hatte, und steuerte wieder die Bar an.

Lena hatte nichts getrunken, weil sie allein hergefahren war. Sie hatte bei dem Gelage schon vor Stunden die Reißleine gezogen und würde es wahrscheinlich als Einzige um sieben ins Büro schaffen. Sie vertrug keinen Alkohol, und weil sie sich in ihrer Zeit an der Cambridge University einmal sturzbetrunken am Flussufer wiedergefunden hatte, morgens um sechs und nur mit einem halterlosen BH bekleidet, während die Rudermannschaft vorbeiglitt, gehörte sie zu den wenigen Tradern am Markt, die nicht tranken. Deshalb musste sie dabei sein, wenn ich ausging, und ich konnte mich immer darauf verlassen, dass sie mich in ein

Taxi verfrachtete, bevor ich Chaos verbreitete. Als wir jetzt scheinbar meilenweit über das Gras liefen, wünschte ich mir sehnlichst, sie und ihr albernes Elektroauto über den Horizont kriechen zu sehen.

Sobald wir in den Fond des Wagens getappt waren, schlief ich an Giles' Schulter ein. In der Nähe von South Kensington wurde ich wieder wach. Alle waren ruhig und schliefen immer wieder ein, auf den Straßen herrschte kaum Verkehr. Es war diese seltsame Zeit zwischen Sonntagnacht und Montagmorgen, in der London endlich schlief. Ich war froh, dass ich für meinen Kopf eine Schulter zum Anlehnen hatte – die noch dazu jemandem gehörte, der auch in weniger als vier Stunden an seinem Schreibtisch sitzen musste. Damit war ich wenigstens nicht allein erschöpft.

Es ist nie klug, mit drei Stunden Schlaf in die Woche zu starten. So wenig kann man sich wirklich nur nach Mittwoch leisten, trotzdem ging Giles an diesem Abend schon wieder mit Kunden aus. Er hatte offenbar die Fähigkeit entwickelt, mit nur vier Stunden Schlaf pro Nacht zu funktionieren, und saß jeden Morgen um sieben an seinem Schreibtisch, wo er Mariendisteltabletten und Berocca einwarf. Ich war noch Anfängerin und der Montagmorgen eine Qual. Der Amerikaner löcherte mich mit Fragen über Allen, zu dem ich unbedingt eine gute Beziehung aufbauen sollte, weil er wusste, dass Allen bald zu den aktivsten Tradern am Markt gehören würde.

Wenn der Amerikaner beschlossen hatte, jemand sei wichtig, war ihm egal, wie viel Spesen für ihn ausgegeben wurden. Er hatte nicht einmal etwas dagegen, dass ich spät ins Büro kam, wenn ich mit einem der großen Tiere aus gewesen war, denn wenn es am Markt ruhig zuging, verbrachte ich meine Zeit oft sinnvoller damit, mich mit den Kunden in Clubs zu betrinken. Als ich nach meinem Krankenhausaufenthalt wiederaufgetaucht war, hatte er mich zu einem Abendessen bei der Aggro-Bank eingeladen und gesagt, ich könne mir ruhig den nächsten Vormittag freinehmen, wenn ich mich erholen müsste. Als ich erklären wollte, dass Ausruhen nach dem Krankenhaus nicht bedeutete, abends mit den Kunden eines Kollegen feiern zu gehen, auch nicht, wenn ich den nächsten Tag freinahm, hatte er nur gehustet. Ich hatte mich gefragt, ob er mich hätte zwingen wollen, ins Scalini's zu gehen.

Es war nicht leicht, zuerst an meine Gesundheit zu denken. Das Brokerleben ist nicht gesund; die Arbeitszeiten, der wenige Schlaf, das Essen und Trinken tragen allesamt zu einem ständig schlechten Gesundheitszustand bei. Wenn mein Hausarzt fragte, wie viele Einheiten Alkohol ich in der Woche zu mir nahm, log ich immer, vor allem, weil ich mich wirklich nicht mehr erinnern konnte. Mir war klar, dass ich wahrscheinlich kurz davorstand, Alkoholikerin zu werden.

Die größte Nebenwirkung meiner Trennung von Mark bestand darin, dass ich mehr trank und aß – warum sollte ich auch nach Hause gehen und kochen, wenn ich im Gaucho mit Giles Steak essen konnte? Wenn ich nicht mit Kunden unterwegs war, trank ich im Schnitt wenigstens eine Flasche Wein am Tag, oft begleitet von einem Martini oder einem Armagnac, und aß an fünf Abenden in der Woche Sachen, die auf schnellstem Weg zu einem Herzleiden führten. So viel Foie gras und rohes Fleisch tun niemandem gut, nicht mal, wenn man sie mit einem Barolo voller Antioxidantien runterspült.

Bei den meisten Gesprächen mit meiner Mutter ging es irgendwann auch um die Gesundheit meiner Leber, und dann erzählte sie gerne, was sie vor kurzem in einer Dokumentation über Leberschäden bei jungen Frauen gesehen hatte. Dabei wollte ich gar nicht darüber nachdenken, welchen bleibenden Schaden ich verursachte, oder zusammenrechnen, auf wie viele Einheiten Alkohol ich kam. Ich wusste, dass ich viel Wein, viel Gin und viel Kaffee trank, aber daran konnte ich nicht viel ändern, wenn ich nicht gerade kündigte.

Die Tage überstand ich nur, wenn ich stündlich Espressos in mich hineinkippte, und die langweiligen oder völlig außer Kontrolle geratenen Abendessen hielt ich nur mit reichlich Drinks aus, nach denen mir gerade war. Ich konnte nur hoffen, dass Mariendisteln wirklich halfen. Manchmal hatte ich den Eindruck, als würde ich wochenlang meinen Alkoholpegel immer wieder steigern, ohne irgendwann richtig nüchtern zu werden. Mein Körper schien sich an den ständigen Rausch zu gewöhnen; ab und zu spürte ich zwar meine Leber, aber das tat ich als leichte Rückenschmerzen ab.

Ich umgab mich mit Menschen, die genauso schauderhaft gestrickt waren – mit anderen Brokern, Tradern und Sales-Leuten. Dabei wusste ich, dass ich zu weit abgedriftet war, dass ich Mühe hatte, noch mit meinen alten Freunden zu reden, wenn ich sie überhaupt mal traf. Wichtig war mir Geld: ihm hinterherzujagen, das Leben, das es mir ermöglichte, und das Gefühl, es zu verdienen. Dass sich meine Prioritäten so verlagert hatten, konnte ich vor den Menschen, die mich am längsten kannten, nicht verbergen. Mags, eine der wenigen Freundinnen, die mir noch aus der Schule geblieben waren, sagte mir ein paar Wochen nach der Trennung von Mark bei einem Abendessen, sie würde sich Sorgen um mich machen. Sie sah mir an, dass ich in mein neues City-Leben voll eingestiegen war, und zuckte jedes Mal zusammen, wenn ich die Kellner anblaffte und mich darüber ausließ, ich würde einen Mann brauchen, der mehr verdiente als ich.

»Aber V, so bist du doch gar nicht. Du wolltest doch mal Schriftstellerin werden, was ist damit? Das passiert alles so schnell. Wir haben uns ja eine Weile nicht gesehen, aber ich hätte nicht gedacht, dass du dich so verändert hast.«

»Tja, vielleicht wusste ich früher nur nicht, was ich machen wollte, und habe es jetzt gefunden. Ich war noch nie so glücklich. Wirklich. Na gut, ich bin ständig erschöpft, aber der Job ist verdammt klasse. Wenn du mal einen Tag im Handelsraum wärst, würdest du es verstehen. Und ich mache das auch nur ein paar Jahre – höchstens fünf –, dann höre ich auf, bestimmt, und vielleicht schreibe ich dann. Es ist nur so weit weg von dem, was du machst, dass du nicht verstehen kannst, wie man gerne in der City arbeiten kann.«

Es ärgerte mich, dass sie es nicht begriff. Sie war eine meiner ältesten Freundinnen, und ich verstand nicht, warum sie mich nicht einfach unterstützen konnte.

»So eine Scheiße, wo bleibt mein verdammtes Essen? Warum dauert das hier so lange?«

Sie überging meine Entgleisung und kehrte wieder zu unserem Thema zurück. »Daran liegt es nicht. Aber wie du darüber redest. Nobu, Chanel, die Weine, die du getrunken hast, das Poloturnier, Ascot – das ist doch alles verrückt. Und was zum Teufel war mit Mark? Ich fand ihn großartig.«

»Es hat einfach nicht geklappt, das weißt du verdammt gut. Für uns ging es in verschiedene Richtungen.«

»Wie? Für dich ins Nobu und für ihn ins Pub? Das ist wohl kaum seine Schuld, V.«

»Ach komm, lass die Scheiße.«

»Kannst du mal aufhören, ständig zu fluchen? Die Leute gucken schon.«

»Willst du mich verarschen? So rede ich nun mal. Schon gut, ich verstehe. Du kannst meinen Job nicht leiden, du kannst nicht leiden, dass ich fluche. Kannst du überhaupt noch was an mir leiden?«

»Früher hast du nie so viel geflucht. V, ich hab dich wirklich gern, aber lass uns über was anderes reden. Du willst jetzt in der City Karriere machen. Ich verstehe das nicht, aber lassen wir's einfach dabei.«

Der restliche Abend verlief unangenehm. Ich hatte ihre Bedenken natürlich sofort weggewischt, wie ein Abhängiger, der von einem Familienmitglied zur Rede gestellt wird. Ich sagte mir, sie würde es nicht verstehen. Sie arbeitete für eine Wohlfahrtsorganisation und würde meine Art zu leben nie gutheißen, also hatte es auch keinen Sinn, sie ihr zu erklären; vielleicht hatte sie mich nie richtig gekannt. Wenn ich mir selbst etwas vormachte, dann in der Form von Chanel-Handtaschen und unzähligen Flaschen Barolo. Ich verkaufte meine Seele. Die Lösung bestand darin, mich mit Menschen zu umgeben, die an meiner neuen Lebensweise nichts verwerflich fanden, und das an einem Ort, an dem ich vor den prüfenden Blicken meiner alten Freunde sicher war.

Ich war nicht mehr als Stuck, der an einem Kartenhaus klebt. Mein recht anständiger Erfolg als Brokerin hatte keine konkrete Grundlage, etwa fundierte Kenntnisse des Finanzmarkts. Es war eine bessere Version von Malen nach Zahlen. Ich hatte bei Veranstaltungen stundenlang über High Yield Bonds und Leveraged Finance diskutiert, ohne Ahnung von Wirtschaft zu haben. Ich hatte Trader beschwatzt, Finanzinstrumente zu kaufen oder zu verkaufen, und dabei nicht gewusst, was die Zahlen bedeuteten, die ich ihnen nannte. Alles war nur gespielt – eine Rolle, in die ich mit Pauken und Trompeten geschlüpft war – und bedeutete 'n Scheiß.

Hilfe, ich habe meine Micky Mäuse verloren

»Entschuldigung, würde es Ihnen etwas ausmachen, nicht so viel zu fluchen? Ich möchte mit meiner Frau ruhig zu Abend essen, und Sie stören uns.«

Das Paar am Nebentisch hatte aufgehört zu essen und musterte uns mit einer Mischung aus Abscheu und Ärger. Sie sahen aus, als hätte ihnen ein ungehobelter Citytrader – mein Begleiter an diesem Abend – das Essen verdorben, weil er die sanfte, friedliche Geräuschkulisse in einem netten Restaurant in Mayfair gestört hatte.

Nach Mos fünftem Gang zur Toilette, während wir noch bei unserer Vorspeise waren, war jedes zweite Wort von ihm »Scheiß«, »beschissen« oder »Wichser«. Je mehr er kokste, desto schlimmer redete er, und desto unverständlicher wurden seine hitzigen Schimpftiraden. Den Versuch, von ihm zu erfahren, wo ich im Vergleich zu seinen anderen Brokern stand, welche Entwicklungen am Markt er für die nächsten Wochen voraussagte oder in welchen Größenordnungen getradet wurde, hatte ich schon aufgegeben, als er jeden Gesprächsansatz mit einem existentialistischen Gefasel darüber beantwortete, wie sinnlos doch Broker seien, der Markt, High Yield Bonds, das Traden und überhaupt die ganze City. Er hatte es geschafft, von drei Flaschen Barolo das meiste allein zu kippen, nachdem wir an der Bar schon zwei Flaschen Champagner geleert hatten. Die Bitte, er solle weniger fluchen, war auf vollgekokste, betrunkene Ohren gestoßen, und so machte er einfach weiter.

In den letzten Sommerwochen hatte ich versucht, Mo auf einen Termin zu einem Abendessen festzunageln; er hatte drei Mal abgesagt, und obwohl er mir manchmal vereinzelte Preise für obskure Anleihen nannte, bekam man ihn sonst nicht zu fassen. Niemand vom Orderdesk war je mit ihm ausgegangen oder hatte auch nur eine lockere Beziehung zu ihm aufbauen können, deshalb wusste ich, als er das Restaurant endlich durch die Schwingtüren betrat, dass ich das Beste aus den paar Stunden herausholen musste, in denen ich seine Aufmerksamkeit besaß. Jetzt saß ich ihm beim Abendessen gegenüber und hörte ihn nuscheln, er würde nur sniefen, um die Wirkung des Alkohols aufzuheben. Ich bestellte noch eine Flasche Wein und trank meinen Martini aus.

Ein Martini mit Gin war immer mein erster Drink, wenn ich mich abends mit neuen Kunden traf. Ein deftiger Schluck beinahe eiskalten Gins wirkte beruhigend auf einen leeren Magen. Ich trank immer nur harte Sachen; bei reinem Alkohol konnte ich viel leichter die Kontrolle darüber behalten, wie viel ich trank. Die berühmten Pink Mojitos im Zuma hatten mich in meinem ersten Monat überrumpelt, als ich einmal mit zu vielen Bookies und zu wenigen Kunden aus war; sie hatten so unschuldig rosa ausgesehen wie Hustensaft. Bis wir – sechs Bookies (einer kam aus einem anderen Laden, war aber ein Freund vom Ferg) und ein Kunde – uns zum Essen hinsetzten, hatte der Geschäftsführer schon ein paar Worte über den Ferg verlieren müssen, der mit einem Mojito in der Hand am Robata-

Grill herumtaumelte und ein paar junge Frauen belästigte. Als er an den Tisch kam, fing er an, händeweise Butterkrebse nach seinem Kunden zu werfen. Wir fünf verbrachten das restliche Essen damit, ihn auf seinem Stuhl zu halten.

Ich bestellte noch einen Martini: Miller's Westbourne Strength. 15:1. Von Wermut wurde ich immer nervös. Ich konnte nie einfach einen trockenen Martini oder Manhattan bestellen, weil sie durchweg nicht trocken genug waren und ich sie deswegen zurückgehen lassen musste. Weil das für alle Beteiligten ärgerlich war, gab ich als Hilfestellung für den armen Trottel, der das Pech hatte, hinter der Theke zu stehen, ein Mischungsverhältnis an.

»Ja, den kenne ich. Hat wohl auf den besten Preis gehofft, was? Pfff. Der ist früher immer in Clubs aufgetaucht und hat uns um ein paar Lines angebettelt. Für ein bisschen Schnee hätte er alles gemacht, aber er hat sich nie selbst welches besorgt, weil er Angst hatte, es könnte jemand mitbekommen. Sniefendes Wrack. Trau ihm nicht. Er ist ein Wichser. Jetzt ist er zwar ein Wichser in einem teuren Anzug, aber immer noch ein Wichser.« Ich hatte den Wixxer erwähnt, und Mo war mir sofort ins Wort gefallen. Die City vergisst nie, und sie mag es auch nicht, wenn sich jemand neu erfindet. Einmal ein Wichser, der um Koks bettelte, immer ein Wichser, der um Koks bettelte.

Gegen zehn Uhr wollte Mo tanzen gehen. Der Gedanke kam ihm, als er sich auf eine weitere Pilgertour zum Klo machte. Er rief mir das über die Schulter zu und wich dabei nur knapp einem entgegenkommenden Essenstablett aus. Zwanzig Minuten später war Mo immer noch nicht zurück am Tisch. Der Oberkellner schlängelte sich zu mir durch: »Verzeihen Sie, dass ich Sie darum bitten muss, aber könnten Sie bitte Ihren Freund unter Kontrolle bringen? Er belästigt einige unserer Gäste an der Bar, und einer hat sich gerade beschwert.«

Wenn ich kein Betäubungsgewehr für Pferde und eine Hunderollleine auftreiben konnte, war ich am Arsch. Ich konnte seinen Kopf hinter der Austernbar auf und ab wippen sehen, gelegentlich ruderte er ausdrucksvoll mit den Armen. Die ganze Szene war seltsam. Mir wurde klar, dass ich nichts tun konnte. Einen betrunkenen, marodierenden Mittvierziger mit einem Kokainproblem unter Kontrolle zu bringen fiel nicht in meinen Aufgabenbereich. Ich konnte nur hoffen, dass er die Sache mit dem Tanzen vergessen hatte und ich ihn mit Hilfe des Türstehers in ein Taxi packen und nach Hause schicken konnte.

Die Grenzen akzeptablen Benehmens sind in Restaurants in Mayfair eng gesteckt. Leute verdrehen die Augen, beschweren sich, und ruhige Abendessen sind allzu schnell verdorben. Wenn man aufsteht, flucht oder übertrieben lacht oder auch länger nicht an seinem Tisch ist, fällt es sofort jemandem auf, meist dem Oberkellner oder dem Bereichsmanager, und dann kommen die Fragen:

»Sollen wir mit dem Servieren des Hauptgerichts auf den Herrn warten?«

»Kommt der Herr zurück?«

»Möchte der Herr einen Nachtisch bestellen?«

»Wird der Herr noch lange brauchen? Sollen wir seinen Nachtisch warmstellen?«

Ich wusste nie, was ich antworten sollte, nur, dass es irgendwann nicht mehr peinlich war und ich nicht mehr den Drang hatte, mich für die endlose Reihe ungehobelter Begleiter zu entschuldigen, egal, ob sie Kunden oder Kollegen waren. Ein betrunkener Kokser ist immer noch besser als ein Cola-light-trinkender, angelsächsischer Oberschichtamerikaner.

»Da drüben ist eine mitten in diesem beschissenen Restaurant am Stillen. Was ist denn abstoßender: Mein Fluchen oder die fette, alte Tussi, die ihre Titte auf den Tisch geklatscht hat? Manche Leute wollen hier essen. Arschlöcher.«

Mo hatte offenbar noch eine Warnung wegen seiner Ausdrucksweise bekommen und kehrte jetzt an unseren relativ sicheren Tisch zurück. »Nee. Das war's. Ich kriege diesen beschissenen Panna cotta jetzt nicht runter. Es ist vorbei. Nichts zu machen. Wir müssen gehen. Als dein Kunde sage ich dir, dass wir gehen müssen. Wir müssen hier raus. Gesäugt. Überall wird gesäugt. Bekacktes Säugen. Sau.« Sein Blick wurde wild. Er drehte krampfhaft seine Serviette zusammen, summte dabei und murmelte ab und zu »Säugen«.

Ich hatte mittlerweile genug Gin intus, um ausreichend benebelt zu sein. Nachdem ich gezahlt hatte, schafften wir es ohne weitere Zwischenfälle bis zur Garderobe, nur beim Gehen sagte Mo noch zum Oberkellner: »Da drüben sitzt eine säugende Sau in einem Kleid, und ich darf nicht Wichser sagen!« Die gute Nachricht lautete, dass er jetzt sicherer auf den Beinen stand und das Sniefen ihn scheinbar tatsächlich etwas nüchterner gemacht hatte. Die schlechte Nachricht lautete, dass er jetzt unbedingt tanzen wollte und ich betrunken auf zehn Zentimeter hohen Manolos herumwankte.

Mo hing am Telefon. Er wollte zu ein paar Freunden in ihren Club. Er sagte mir den Namen, und weil ich noch nie davon gehört hatte, stiegen wir in ein Taxi. Zum Glück kannte der Fahrer den Laden. Als wir durch Mayfair rasten, rutschte Mo auf dem Rücksitz herum und quetschte mich in jeder Kurve gegen das Fenster. Ich kam mir vor wie mit einem großen Kind auf der Kirmes.

Irgendwann hielten wir in Soho an, inmitten von Neonlichtern, Hotdogständen und Huren, und da kam heraus, dass er gar nicht tanzen gehen, sondern einen Lapdance haben wollte – natürlich. Mir blieb keine Zeit, das zu verdauen, ich folgte Mo einfach zum Eingang, wo uns der Türsteher misstrauisch musterte. Mo bezahlte galant für mich den Eintritt; das hätte mich gerührt, wenn ich nicht vollends damit beschäftigt gewesen wäre, die pechschwarze Treppe zur Garderobe herunterzukommen. Auf der letzten Stufe knickte ich um und merkte, dass ich im Stehen noch als leicht angesäuselt durchgehen konnte, aber der Versuch, mit Stilettos vom klebrigen Teppich eines Stripclubs aufzustehen, brachte den ganzen Schaden zutage, den acht Martinis und die komplette Auswahl venezianischer Weine des Restaurants angerichtet hatten. Mo war vielleicht ein Kokser, aber in diesem Moment hielt er sich besser auf den Füßen als ich. Als er mich hochzog, war ich dankbar, dass er einen nüchternen Augenblick hatte.

Im Club war es zu ruhig. An der Bar drückten sich mindestens fünfzehn splitternackte Mädchen herum, denen zu langweilig war, um sich miteinander zu unterhalten. Ein paar drehten sich um und sahen uns erwartungsvoll an, wie Hunde auf der Suche nach einem neuen Zuhause. Wir gingen zu Mos Hedgefonds-Freunden, die schon ein paar Mädchen, Candy und Lola, an ihren Tisch geholt hatten. Die beiden waren Stammgäste.

Bis auf einen einsamen Kerl mittleren Alters am anderen Ende des Raums waren wir die einzigen Gäste im Club. Mos Freunde, Charlie und Jeremy, gehörten zu dem Typ Internatsschüler, die ich von der Uni kannte und die man in jeder Investmentbank, jedem Hedgefonds- und Private-Equity-Laden fand, und anscheinend auch in Sohos eher fragwürdigen Etablissements.

Nachdem Mo die Jungs beruhigt hatte – »sie ist in Ordnung, sie ist mein Bookie; die haben alles schon mal gesehen« –, tauschten wir Höflichkeiten aus, als säßen wir an einem Sonntagnachmittag in einem Pub in Fulham. Als mir einer der Jungs ein Foto von seinen Kindern zeigte, konnte ich für ein paar Minuten fast vergessen, dass zwei nackte Mädchen bei uns saßen, und dass ich meinen angeschwollenen Knöchel nicht richtig bewegen konnte.

Frauen benehmen sich in Stripclubs seltsam. Sie überkompensieren und tun so, als würden sie sich für die Lebensgeschichte von einem der Mädchen interessieren – was sie studierte, woher sie kam, ob ihr der Job gefiel. Mein Interesse war nie besonders groß, trotzdem stellte ich alle passenden Fragen. Damit hatte ich etwas anderes zu tun, als aus einer der halben Dutzend Flaschen schauderhaften Weißwein zu trinken, die irgendwie auf unserem Tisch gelandet waren. Stripclubs sind nicht gerade für ihre Weinkarten berühmt.

»Will man da nicht einfach einen Berg Schnee von ihren Titten sniefen?«

Mo flüsterte mir so nah ins Ohr, dass ich bei jedem besonders betonten Wort seine Nase spürte, die so feucht war wie bei einem Hund. Er hatte mir eine Hand auf das Bein gelegt, aber eher, um sich abzustützen, wenn er sich näher beugte, als um irgendwas zu versuchen. Dafür interessierte er sich viel zu sehr für die nackten Brustwarzen vor seiner Nase.

Ich war nicht sicher, ob eine Antwort angebracht war, und warf stattdessen ein paar Tramadol ein, die nach einer fetten Migräne vor ein paar Wochen übrig geblieben waren und sich auf dem Boden meiner Handtasche versteckt hatten. Mo sah mich die Tabletten nehmen und bot mir mit einem Zwinkern Ketamin an. Als ich den Kopf schüttelte, holte er ein paar Temazepam hervor: »Mazzies, meine Lieblingsbenzos, entspannen die Muskeln, genau richtig für deinen Knöchel – außer natürlich, du bist schwanger. Das hat mir mal jemand erzählt. Aber vielleicht war das auch was anderes.« Ich lehnte ab, und er wirkte kurz gekränkt, dann zuckte er mit den Schultern und spülte von allem ein wenig mit einem Schluck Pinot Grigio herunter, bevor er übertrieben zusammenzuckte. Mir war schleierhaft, wie er mit einem so bizarren Drogencocktail intus bei Bewusstsein blieb, aber offenbar konnte ihn nichts umwerfen. Dann wurde alles ein bisschen verschwommen, ich weiß noch, dass ich irgendwie außer Gefecht gesetzt war und die Arme nicht heben konnte, als ich einen Lapdance bekam; wahrscheinlich kam das vom Tramadol. Den ganzen Tanz über versuchte ich mich mit Mo zu unterhalten, ich wandte ihm durchgehend den Kopf zu. Wenn man von jemandem einen Lapdance bezahlt bekommt, ist es unhöflich, ihn abzulehnen, aber man muss nicht direkt hinsehen.

Der ganze Club war leicht klebrig: der Tisch, die Nischen, der Teppich, der Lipgloss der Mädchen, der bis zum Kinn verschmiert war, die klobigen Gläser, die genauso geformt und so schwer wie die im Cipriani waren, allerdings mit einem zusätzlichen Schmutzfilm. Die Mädchen, eingeschmiert mit einer Mischung aus Bräunungsmittel, Feuchtigkeitscreme und Talkum, wirkten weich, ihre Konturen verschwommen; sie glitten unaufdringlich durch den Raum und blieben gelegentlich bei Hockern, Handläufen oder anderen Mädchen stehen und drehten sich. Nachdem wir alle unseren Lapdance bekommen und irgendwie den suspekten Pinot Grigio geleert hatten, stolperten wir hinaus in die grellen Lichter Sohos. Die Jungs wollten unbedingt in eine Kellerkneipe um die Ecke an der Rupert Street, aber als wir die Treppe hinunterstiegen, vorbei an

Werbung für »Models«, die mit Neontextmarkern auf Din-A4-Papier geschrieben war, hatte ich meine Zweifel, dass es hier einen Absacker geben würde.

In einer Art Eingangsbereich mit schummrigem Licht warteten schon ein paar Männer. Einer trug einen ramponierten Anzug, er hatte die Augen geschlossen, den Kopf in die Hände gestützt, auf seinem Knie lag sein BlackBerry; ein anderer, ein junger Mann mit Jeans und einer Bomberjacke aus Leder, telefonierte in einer nicht identifizierbaren Sprache mit dem Handy. Zwischen seinen Füßen lag ein Pornoheft, in dem er beim Reden blätterte. Niemand blickte auf, als wir hereintaumelten. Bis auf eine Flasche Evian an einer Wand gab es nichts zu trinken. Sie stand neben einem CD-Player, aus dem Duran Duran dröhnte. Hier würde ich keinen Martini bekommen. Es herrschte die gleiche frustrierte Langweile wie in einem Ärztewartezimmer. Ein Mädchen kam durch eine Sperrholztür und sprach mit Charlie. Sie hatte einen breiten osteuropäischen Akzent, aber sie hätte von überall stammen können. Ich verabschiedete mich von Mo und ging wieder nach oben.

Kurz nach fünf Uhr morgens kam ich zu Hause an – das sagte mir mein Pförtner, als ich auf dem Weg zur Arbeit wieder nach draußen stürzte. Ich hatte beschlossen, lieber anderthalb Stunden lang zu schlafen als gar nicht, aber als mein Wecksignal losging, kam ich mir vor wie im Koma, was wahrscheinlich von dem Cocktail aus Tramadol und Gin kam. Wie durch ein Wunder schien mein Knöchel doch nicht gebrochen zu sein und machte bis auf die etwas seltsame gelbliche Färbung einen guten Eindruck. Ich griff nach meinem BlackBerry und sah, dass Mo mir um sechs Uhr eine Nachricht geschrieben hatte:

»Veneeshh. Über gestern Abend keine Mails. Halte dich dran. Bin total am Arsch.«

Als der Amerikaner mich eine Stunde später fragte, wie mein Abend mit Mo gelaufen war, holte ich tief Luft, versuchte, so verständlich wie möglich zu klingen, obwohl es sich anfühlte, als würde mir die Zunge die Luftröhre versperren, und erzählte ihm, was er hören wollte: Wir hatten ruhig zu Abend gegessen, Mo wickelte seine meisten Geschäfte über FHP, ein anderes Brokerhaus, ab, würde aber nach Möglichkeit einsteigen, wenn ich ihm Preise schickte. Er würde über uns nichts anstoßen, weil er seinen Kumpeln bei FHP gern die Preise gab, aber einsteigen würde er. Mo glaubte, der Markt würde in den nächsten Wochen anziehen, in den kommenden sechs Monaten würden mehr CDS als Cash getradet, und FHP stünden bei ihm am besten, weil sie einen besseren Screen hatten als wir und er sich bei ihnen sicherer fühlte.

»Klasse, wussten wir zwar alles schon, war aber trotzdem gut, dass du mit ihm aus warst. Bleib da am Ball. Man weiß nie, wann jemand plötzlich Gewinn bringt.«

Dabei war in dieser Richtung nicht mehr passiert, als dass Mo in einem kurzen, klaren Moment gesagt hatte, Irina, die ihm und seinen Jungs unseren Screen zeigen und sie zu unserer Tradingplattform überreden sollte, hätte ihm gefallen, ihr Arsch auch, und mit dem hätte er einiges anstellen wollen. Den Screen an sich fand er unbrauchbar, aber er meinte, wenn wir Irina öfter zu ihm schicken würden, würde er ihn vielleicht nutzen.

Viele Produkte wurden mittlerweile auf elektronischen Plattformen getradet; dort konnte sich der Trader einloggen und Preise eingeben, sie jederzeit herausnehmen, wenn er wollte, oder eine Zeitspanne eingeben, nach der die Preise automatisch erloschen. Unsere Konkurrenten hatten deutlich bessere Screens; sie hatten den Sprung zu den elektronischen Plattformen vor uns gemacht, und jetzt versuchten wir aufzuholen, indem wir ein engagiertes Team schöner, junger Vertreterinnen mit Muffins und Kaffee zu allen Tradern schickten, um ihnen unseren Screen zu erklären. Bis jetzt kamen die Frauen und die Muffins besser an als der Screen, und nur sehr wenige Kunden wollten ihn installieren lassen, weil sie schon drei andere beobachten und noch dazu Preise einstellen mussten. Auf lange Sicht würden die elektronischen Plattformen theoretisch das Ende des telefonischen Handels bedeuten. Als sie am Markt aufkamen, hatte es viel Gerede gegeben, das würde Arbeitsplätze kosten und die Maschinen würden alles übernehmen, aber am Ende würden manche Trader immer lieber mit jemandem reden, als über einen Screen zu gehen.

Der Ferg grinste mir über den Schreibtisch hinweg ironisch zu. Nach dem ersten Blick auf mich hatte er gewusst, dass unser Abendessen nicht ruhig verlaufen war. Es war halb acht, und Mos Status bei Bloomberg stand immer noch auf Rot. Ich schätzte, er würde es nicht vor zehn schaffen. Ich hätte nur zu gerne Lena über IB geschrieben und ihr sofort alles erzählt, aber keine Mails hieß keine Mails, wenn es um Stripperinnen, Huren, verschreibungspflichtige Medikamente, hochgestellte Trader und Fondsmanager ging, also hielt ich mein Wort, weil ich außer meinem Wort im Moment nichts besaß. Ich erzählte dem Amerikaner zwar nicht gerne solchen Mist, aber ich hatte ihn auch nicht direkt angelogen; ich hatte meinen Kunden geschützt, und das war immerhin im Broking die wichtigste Regel.

Ich bekam noch eine Nachricht von Mo: »Neesh, habe ich dir gestern eine Tüte mit MDMA gegeben? Kann den Scheiß nicht finden.«

»Nein, sorry. Wo bist du? Gehst du heute früh arbeiten?«

»Wenn ich die bekackten Micky Mäuse finde, Süße.«

Ich war schon froh, dass er noch lebte. Eine Woche später erzählte Mo mir bei unserem zweiten Ausflug – den der Amerikaner als besonders gutes Zeichen betrachtete – unter grölendem, kehligem Lachen bei einem Drink, dass er spät zur Arbeit gekommen war, weil er es zwar gar nicht nach Hause geschafft, sich aber erstaunlicherweise noch daran erinnert hatte, dass er um zehn Uhr bei der Fußpflege sein sollte. Dort war er immer noch völlig zugedröhnt angekommen, nur um hinauseskortiert zu werden, nachdem er die falsche Socke ausgezogen hatte und dann etwas abgedreht war, weil er dachte, seine Warze wäre wie durch ein Wunder verschwunden. Jetzt stand er short bei Fußpflegern und long bei seiner Warze, die immer noch genau dort saß, wo sie immer gesessen hatte – an seinem anderen Fuß. Das war zwar kein echtes Marktgespräch, aber immerhin.

Was an diesem ersten Abend gelaufen war, wurde nie wieder erwähnt, aber Mo versorgte mich laufend mit Preisen. Wenn ich ihm auf Partys über den Weg lief, herrschte eine Art Einverständnis darüber, dass wir zusammen etwas Krasses erlebt hatten, und er versuchte immer, mir seine aktuellen Mittelchen in die Hand zu drücken. Einmal fand ich ein Döschen Adderall, ein Amphetamin, in meiner Handtasche, und konnte nur vermuten, dass es ein Geschenk von Mo war. Niemand sonst wusste, dass ich so auf willkürliche verschreibungspflichtige Medikamente stand.

Nach einem solchen Abend schien es kaum noch nötig zu sein, sich regelmäßig in Restaurants zu treffen. Er sagte mir, dafür hätte er einfach keinen Nerv; er ließ sich nicht gern groß zum Essen ausführen. Wenn ich Zeit mit ihm verbringen wollte, müsste es schon ein Casino oder ein Stripclub sein, weil er sich bei den wenigen Gelegenheiten, zu denen er sich von Arbeit und Frau freimachen konnte, so am liebsten vergnügte – aber so oder so hatte er kein großes Interesse. Wenig später verschwand er auf ein höheres Treppchen und stand damit eigentlich zu weit oben, um zu traden, trotzdem bekam ich noch ab und zu eine Antwort auf die Preise, die ich ihm weiterhin schickte.

Der Charity Day, der Jahrestag des 11. September, war der Tag im Jahr, an dem die Trader so viele Geschäfte wie möglich mit uns abschließen sollten – uns ständig mit Preisen anrufen, auf alles doppelte und dreifache Provision zahlen und alles, was sie traden konnten, über uns laufen lassen, weil der gesamte Verdienst direkt an verschiedene Wohltätigkeitsorganisationen ging.

Dutzende Promis aus Fernsehen, Politik und Sport trieben sich dann im Handelsraum herum, und Trader bekamen die Chance, bei ihrem Lieblingspromi zu kaufen oder zu verkaufen. Wir mussten dabei Rugbyhemden mit den Logos von Wohltätigkeitsorganisationen tragen oder uns verkleiden. Der Charity Day 2007 fiel allerdings genau in die Kreditklemme, und es stand zu bezweifeln, dass irgendwem besonders wohltätig zumute war. Für die meisten Broker ist es ihr Lieblingstag im ganzen Jahr. Niemand muss richtig arbeiten, weil die Geschäfte einem in den Schoß fallen, überall stapeln sich Pizzen, und die Broker dürfen neben Fußballspielern und Mädchen von der Seite 3 sitzen und sich mit Alex Ferguson fotografieren lassen. Trotzdem war es immer noch der 11. September, und den Nachhall dieses Datums konnten auch Sportlegenden und riesige Brüste nicht dämpfen.

Ich begriff die Idee, die hinter dem Charity Day stand – zu versuchen, etwas Grauenhaftes in etwas Gutes zu verwandeln, das auf der ganzen Welt Millionen für verschiedene wohltätige Zwecke einbrachte, und so den Schaden irgendwie auszugleichen –, aber 2001 konnte man einfach nicht vergessen. Die Broker, die in ihren Londoner Büros an den Leitungen zu den New Yorker Desks gesessen hatten, die noch offen waren, als die Flugzeuge einschlugen, würden das nie vergessen. Sie würden auch den Tradern nie verzeihen, die am nächsten Tag angerufen und erwartet hatten, dass ihre Handel abgewickelt waren oder noch standen, obwohl der Bookie in New York, der den Käufer betreut hatte, mitten im Trade getötet worden war und man unmöglich wissen konnte, ob er vorher noch eine Bestätigung rausgeschickt hatte. Und wahrscheinlich würden sich die Deskchefs, die eine Woche vorher junge Bookies zum Traden nach New York geschickt hatten, ewig für ihren Tod die Schuld geben. Aber jetzt hieß der 11. September Charity Day, und alle mischten bei Spaß und Spielen mit, als wäre er der beste Tag im Arbeitsjahr, und ignorierten nach Kräften die Männer, die vereinzelt stumm dasaßen, den Kopf in die Hände gestützt, bis sie um fünf Uhr endlich gehen und versuchen konnten, alles für ein weiteres Jahr zu vergessen.

Wenige Tage danach erlebten wir den ersten Bankenrun seit hundertfünfzig Jahren, bei dem die Northern Rock die Bank of England um einen milliardenschweren Notfallkredit bat, um nicht unterzugehen; zuvor war herausgekommen, dass sie keine weiteren Gelder mehr beschaffen konnte, weil die anderen Banken ihr nichts mehr liehen. Früher hätten solche Nachrichten die Preise von High Yield Bonds oder Anleihen auf dem Kreditmarkt nicht beeinflusst, und nur die Aktienkurse hätten nachgegeben. Aber da Hedgefonds, Rentenfonds und Banken jetzt mit einem so breiten Produktspektrum handeln – und das im Fall der Fonds oft unreguliert –, ist automatisch alles betroffen. Ein Problem lässt sich nicht isolieren, weil alle miteinander verknüpft sind und am gleichen Faden hängen, nur manche tiefer und andere höher.

Wir warteten ab, was geschah. Der Crossover (der High-Yield-Index) machte wilde Sprünge, wurde breiter, verengte sich unerwartet und klaffte dann wieder auseinander. Beim Cash war es unheimlich ruhig. Niemand wollte Gebote zeigen, die meisten Trader hatten sich zurückgelehnt und warteten darauf, dass jemand anders den ersten Zug machte. Dann verkauften ein paar Fonds ab, weil sie ihre Bücher verschlanken mussten, und plötzlich wurde das Parkett überflutet. Meine erste Bloomberg-Nachricht an diesem Tag lautete nur: »Schnall dich an.«

Es herrschte Chaos. Manches sah billig aus, aber niemand wusste, wo die Untergrenze lag, oder wollte den Wert durch billige Trades noch weiter runterziehen. Bei einem solchen Markt konnte man es sich nicht leisten einzusteigen, weil man Gefahr lief, sein ganzes Desk zu ruinieren, wenn irgendwas plötzlich grundlos drei Viertel seines Wertes verlor. Alle starrten auf ihre Bildschirme und vermieden plötzliche Bewegungen, damit die Decke über ihnen nicht zusammenbrach. So etwas hatte es noch nicht gegeben. Essen stand unangetastet auf den Tischen, es war vor Stunden geliefert und dann vergessen worden. Manchmal kam an diesem oder jenem Desk Hektik auf, es wurde gerufen und geschrien, aber niemand wollte sich umdrehen, um nachzusehen. Wir waren zu sehr damit beschäftigt, die wild blinkenden, roten Lichtchen auf unseren Bloomberg-Terminals zu beobachten, als die Kurse abstürzten. Plötzlich stand der September nicht nur für den Charity Day.

Im Zweifelsfall immer glattstellen

»Ja, wir nehmen zwölf Crack Babies und eine Flasche Dom.«

Auch wenn einige Banken und Fonds untergegangen waren, musste die Show weitergehen, und die Kunden wollten unterhalten werden. Es war wie ein ganz normaler Donnerstag – wieder ein Kunde, wieder ein Tablett mit ungenießbaren Shots und einer Flasche Champagner, das uns von einer spärlich bekleideten Osteuropäerin an den Tisch gebracht wurde. Der Abend hatte mit einem gesitteten Essen im Daphne in South Kensington angefangen, wo ich beim Hauptgang ständig meine neuen, goldenen Louboutins an Giles' Knöcheln gerieben hatte, wie eine Grille, während wir mit Cecelia und Allen über die wohl drohende Kreditklemme sprachen. Wir müssen ausgesehen haben wie zwei Pärchen bei einem perfekten Viererdate.

Ein paar Stunden später stiegen wir die Treppe ins Boujis hinab, wo wir an einen diskreten Tisch in einer Ecke fernab der Tanzfläche geführt wurden. Bevor wir auch nur unsere Mäntel ausgezogen hatten, bestellte Giles, den der Manager aus irgendeinem Grund ständig Mr. Goldstein nannte, mehrere Runden Shots, und sofort erschien ein Tablett mit kleinen Gläsern in Knallorange mit Schaum darauf und dazu eine Flasche Champagner.

»Warum sagt er ständig Mr. Goldstein zu dir?«

»Keine Ahnung. Er hält mich wohl für jemand viel Wichtigeren.«

Je betrunkener wir wurden, desto schwerer fiel es mir, vor Cecelia und Allen zu verbergen, dass sich gerade etwas anbahnte. Ich merkte, dass ich immer wieder instinktiv nach Giles' Hand griff; dann musste ich mich bremsen und mir sagen, dass ich mit einem Kunden aus war – mit einem Kunden, der zum Freund geworden war, aber immer noch mit einem Kunden.

Nach dem dritten Tablett Crack Babies und der vierten Flasche Dom, von der das meiste aus der Flasche direkt in meinen Mund geflossen war, während ich ausgestreckt auf den Sitzen lag, bekam für mich alles Schlagseite: Die Tanzfläche, die Straße – der Gehweg war näher, als mir lieb war. Ich wachte im Bett auf, an die Wand gelehnt, immer noch in meiner Kostümjacke, sonst allerdings nackt, und konnte mich nicht erinnern, wie ich nach Hause gekommen war. Meine Kissen hatte ich heruntergeworfen, offenbar hatte ich die kalte Wand gemütlicher gefunden als Gänsefedern. Und ich konnte den Hals nicht bewegen. So mussten sich Babys fühlen, die den Kopf nicht heben können. Ich hörte das Calypso-Wecksignal, konnte aber nicht herausfinden, woher es kam. Wenigstens hatte ich mein BlackBerry nicht verloren.

Zu meiner Überraschung schien alles in Ordnung zu sein. Der Inhalt meiner Handtasche war durcheinander, aber es war alles vorhanden; die Schuhe hatte ich ausgezogen, bevor ich ins Bett gefallen war, und ich hatte es irgendwie geschafft, die Augen halbwegs abzuschminken. Dann öffnete ich die Badezimmertür und sah die knallorangefarbenen Überreste der Passionsfrucht aus den Crack Babies in Spritzern an der Wand kleben und erinnerte mich daran, dass ich mich heftig übergeben hatte. Ich hoffte bloß, dass ich Giles nicht vollgespuckt hatte.

Im Dunkeln konnte ich nicht sehen, was ich tat, und warf die Tabletten ein, die ich als Einzige auf dem Boden meiner Handtasche fand. Dann kletterte ich in die Dusche – der nächste Schritt in der mittlerweile vertrauten Prozedur, es nach einem Abend unterwegs morgens zur Arbeit zu schaffen. Die Abende schienen immer heftiger, betrunkener und länger zu werden und die Kater immer schwieriger zu verpacken, aber am Weckruf um Viertel vor sechs änderte sich nichts. Das war das Problem. Ich bekam langsam immer weniger Schlaf und konnte mich auch an immer weniger Einzelheiten vom letzten Abend erinnern, was wahrscheinlich ganz gut war. Vergesslichkeit war meine einzige Rettung. Woran ich mich nicht erinnern konnte, war auch nicht passiert. Außerdem war er schuld, weil er die Shots bestellt hatte.

Ich fühlte mich seltsam wackelig auf den Beinen, erschöpft und so weit, sofort wieder ins Bett zu gehen. Als ich mir die Packung näher ansah, stellte sich heraus, dass ich zwei starke Tabletten gegen Seekrankheit genommen hatte, die in Kombination mit dem Alkohol in meinem Körper genauso gut Rohypnol hätten sein können. Scheiße. So konnte das nicht weitergehen. Ich musste besser auf meine Drogen achten.

»Weißt du eigentlich, dass ich dich praktisch aus dem Taxi in deine Wohnung tragen musste? Du warst völlig durch den Wind. Aber Cecelia auch, ist also halb so wild. Ihr könnt echt nichts vertragen. Und warum siehst du aus, als hättest du gerade eine Valium eingeworfen?«

Die Nachricht öffnete sich auf meinem Bildschirm. Sie

stammte von Giles, der offenbar seit halb sieben an seinem Schreibtisch saß und erstaunlich gut aussah.

»Wir können nichts vertragen? Was hast du dir dabei gedacht, ständig Shots zu bestellen? Sollte man nie machen. Und das liegt an den Tabletten gegen Seekrankheit. Frag nicht.«

Ich hätte es bestimmt noch gewusst, wenn mich jemand getragen hätte, aber offenbar war Giles derjenige, der mir die Schuhe ausgezogen und mich ins Bett gesteckt hatte. Bei jemand anderem wäre es mir wohl peinlich gewesen.

»Hast du mich nackt gesehen?«

»Ich konnte kaum anders. Du hast sofort alles ausgezogen, als wäre ich gar nicht da, auch deine beiden Slips – von denen der eine wohl deine Strumpfhose oben halten sollte; das war das einzig Zusammenhängende, was du gesagt hast – und dann bist du sofort eingeschlafen. Also habe ich dich aufrecht hingesetzt, damit du nicht erstickst, dir deine Jacke umgelegt und bin gegangen. Bin froh, dass du heute Morgen noch lebst und komplett angezogen bist, du Schwachkopf.«

Sich auszuziehen, ohne darauf zu achten, wer sich sonst noch im Zimmer befand, war immer ein Zeichen für einen guten Abend.

> *»9 und drei Viertel geboten für 3 Prosie Opco. Ich verkaufe immer noch Ineos b/c, habe aber nur noch 2 Mille, und wo steht BAA zurzeit?«*
> *»Bei X spreizt sich der Spread. Da draußen tut sich ganz schön was, Leute.«*
> *»Lösch mein Gebot für Thames Water.«*

Ich konnte nicht lange nachgrübeln, was es bedeutete, dass Giles mich nackt gesehen hatte, weil ich plötzlich mit Angeboten überschwemmt wurde. Panik lag in der Luft. Das Parkett war verschreckt. Mir machten immer noch die Pillen gegen Seekrankheit und der Alkohol zu schaffen, sie setzten mich ziemlich außer Gefecht. Einige der größeren Banken hatten offenbar die Nachricht bekommen, überladene Orderbücher glattzustellen, sprich: auszumisten. Die Neuigkeiten sickerten langsam durch die Führungsetagen, und jetzt verkauften auch die kleinen Fische die Bröckchen, die sie in den letzten Monaten zögernd angesammelt hatten. Selbst die Absurd Bullishe Bank stand bei allem auf »angeboten«. Im Zweifelsfall immer glattstellen.

Ich wusste, dass die BdG in allem long stand. Sie hatten in rasender Geschwindigkeit Geldmarktinstrumente gekauft, um die Größten auf dem Parkett zu werden, und konnten diese Mengen unmöglich länger halten. Aber sie redeten immer noch nicht mit mir, weil sie ja meine Leitung gekappt hatten, und wickelten ihre Geschäfte wahrscheinlich woanders ab.

Natürlich gab es immer Trader, die auf niedrige Preise ansprangen. Einige Banken gaben gerne niedrige Gebote ab und bekamen sofort Hits von Läden wie der Aggro-Bank, und schon waren sie stolze Besitzer von Geldmarktinstrumenten, die sie eine Woche vorher mit fünf Punkten höher besessen hatten. Sie glaubten, dadurch bekämen sie einen niedrigeren Durchschnittspreis – die Logik hinter dieser Theorie habe ich nie ganz verstanden, weil sie unterm Strich nur mehr von einem Kredit oder einer Anleihe besaßen, die alle anderen loswerden wollten. Es war egal, dass das Produkt billig war; niemand wollte es haben. Sie mussten darauf hoffen, dass sich nach dem Wechsel von High Yield zu notleidend, den diese unbeliebten Instrumente oft vollzogen, eine neue Käuferschicht erschloss – der Markt für notleidende Papiere.

Manche Sachen sind sogar für diesen Markt zu kaputt, etwa der Batzen Bankkredite einer deutschen Hardwarefirma, die wir zu 86 verkauft hatten und die eine Woche später bei einem einstelligen Gebot mit einer 9 vorne standen. Der Typ, der zu 86 gekauft hatte, war nicht besonders glücklich, weil der Kredit mittlerweile derart notleidend war, dass sich nicht einmal die spezialisierten Hedgefonds für ihn interessierten. Schlimmer als der Preissturz war, dass der Käufer davon überzeugt war, der Verkäufer hätte schon vor dem Handel gewusst, dass die Firma nicht mehr handlungsfähig war – dabei hätte er diese Informationen nur bekommen können, wenn er sich auf die andere Seite der Chinese Wall innerhalb seiner Bank gewagt hätte. Die Sache wurde heikel, und wir standen wie üblich zwischen den Fronten. Der Käufer rief ständig an, um mit dem Amerikaner zu reden, der aber telefonierte auf der anderen Leitung und zeigte mir kopfschüttelnd mit Gesten, er würde zurückrufen. Mich mit einem wütenden Trader herumzuschlagen, der gerade zum stolzen Besitzer von Anteilen an einer mittlerweile kaputten Firma wurde, und gleichzeitig mit meinen anderen Kunden und meinem grauenhaften Kater fertig zu werden, überstieg allmählich meine Kräfte.

»VERDAMMTE SCHEISSE, DORY, KANNST DU NICHT EINMAL DAS MAUL HALTEN?«

Dory und der Amerikaner waren in Streit geraten. Ich war so damit beschäftigt gewesen, meine Gebote zu löschen, dass ich den Anfang nicht mitbekommen hatte, aber jetzt war der Amerikaner aufgestanden, wedelte mit den Armen und überzog Dory mit wirren Beleidigungen. Sekunden später war Dory auch auf den Füßen, und der Pate streckte den Arm aus, während er weiter Zeitung las, damit die beiden nicht näher aufeinander losgingen. Die anderen auf der Etage stachelten sie noch an, und ich wartete nur darauf, dass wie auf dem Spielplatz das vertraute »kämpft, kämpft, kämpft« irgendwo erklang. Alle wurden sofort ganz aufgeregt, wenn die Möglichkeit bestand, der Amerikaner könnte Prügel beziehen. Am Sterlingdesk hatten die Jungs ihren Erkennungssong, »You make me feel like dancing« von Leo Sayer, voll aufgedreht. Die Ähnlichkeit war schon unheimlich.

Plötzlich krachte es. Der Amerikaner hatte seine Bloomberg-Tastatur hochgenommen und nach Dory geworfen, aber weil sie mit einem dicken Kabel an seinem Monitor hing, kam sie zu ihm zurückgeflogen, die Tasten hüpften über den Schreibtisch, und nur die Leertaste schaffte es in Dorys Nähe. Dann schnappte er sich seinen Mantel, knallte seinen Stuhl gegen den Schreibtisch und stürmte hinaus, wobei er den Rucksack hinter sich herschleifte. An einem weniger hektischen Tag hätte das nichts gemacht, aber jetzt musste ich sowohl die Kunden des Amerikaners als auch meine betreuen, und wenn jemand nach ihm fragte, noch dazu erklären, er sei krank geworden und hätte gehen müssen.

Das Telefon klingelte.

»Ja, Venetia? Ruf beim Helpdesk an und sorg dafür, dass ich morgen früh eine neue Tastatur habe.«

Dann legte er auf.

»War er das? Blöder Sack.«

Der Amerikaner hatte mir das in genau dem gleichen Ton gesagt, in dem er um eine Tasse Tee gebeten hätte; er klang, als würde ihn die Sache überhaupt nicht kratzen. Bei Dory wusste ich nicht, ob es ihn mehr ärgerte, dass der Amerikaner eine Tastatur nach ihm geworfen hatte, dass er gegangen war oder dass er die Frechheit besessen hatte anzurufen, um mich eine neue Tastatur besorgen zu lassen, als wäre die alte nach einer Fehlfunktion einfach von alleine über den Schreibtisch gehüpft.

Sobald es einen Zwischenfall mit dem Amerikaner gab, verbreiteten der Ferg und Wayne am Markt, er wäre gestorben oder im Krankenhaus gelandet. Eine ganze Reihe Broker erzählte mir die gleichen legendären Geschichten unter hysterischem Gelächter. Einmal war der Ferg bei ihm völlig ausgerastet und versuchte, ihn zu erwürgen, bis man ihn schließlich wegzog; auf Bloomberg kursierten darauf Nachrichten, der Ferg hätte ihn in die Notaufnahme geschickt. Ein anderes Mal hatte Wayne den Amerikaner in den Schwitzkasten genommen, ihn von seinem Stuhl gezogen und unter dem Desk auf den Boden gedrückt, dass er mit den Beinen in der Luft strampelte.

Offenbar war es immer nur eine Frage der Zeit, bis der Amerikaner jemanden zum Ausflippen brachte – sogar bei ruhigen, lockeren Brokern wie dem Ferg konnte der Amerikaner es jederzeit zu weit treiben, weil er sich oft einfach nicht an die Regeln hielt. Seiner Meinung nach war es das Beste, Ergebnisse zu erzielen und alles so einfach wie möglich zu halten. Wenn er sich nur um seine eigenen Kunden kümmerte, konnte er ständig die Kontrolle behalten. Sobald irgendwelche Variablen auftraten, wenn die Kunden eines anderen Brokers in seinem perfekten Plan mitmischten, bekam er Panik.

Es dauerte nicht lange, bis Giles mich wieder nackt sah. Dieses Mal war ich nüchtern und er betrunken. Nachdem wir eine Woche lang immer wieder in irgendwelchen Gassen in der ganzen City wild geknutscht und Anspielungen gemacht hatten, wir sollten uns ein Hotelzimmer besorgen, öffnete ich schließlich in einer Freitagnacht meine Wohnungstür, und er schmiss sich sofort an mich ran. Ich kam mir vor, als würde sich ein übereifriger Rugbyspieler auf mich stürzen. Er hatte mit ein paar Kunden und einem anderen Typen von seinem Desk einen Club besucht, kam aber später als geplant, weil man sie im Büro des Managers eingesperrt hatte, nachdem sein schwachsinniger Kollege die PIN für seine Kreditkarte vergessen hatte und die Rechnung nicht bezahlen konnte. Giles war irgendwann getürmt und hatte seinen Kollegen im Club gelassen, um eine andere Karte aufzutreiben, und nun fiel er morgens um zwei durch meine Tür. Ausziehen, herumstolpern und einschlafen gab es genau wie beim letzten Mal, als er mich nach unserem Abend im Boujis ins Bett gebracht hatte, dieses Mal allerdings mit ein paar erfolglosen, nicht weiter erwähnenswerten Beckenbewegungen zwischen dem Fummeln und Umhertaumeln.

Es war vorbei, bevor es richtig angefangen hatte. Die Erwartung war zu hoch gewesen. Wir hatten viel zu lange geflirtet und uns zusammen betrunken, und jetzt war unsere Beziehung zum Scheitern verurteilt. Unsere Verbindung funktionierte wunderbar im Handelsraum und in Clubs und Restaurants mit Kunden, aber über diese Grenzen hinaus schien sie nicht zu laufen.

Wir waren außerhalb der Arbeit im Grunde nicht die gleichen Menschen, und ohne unsere Kleidung und unseren gemeinsamen Lebensstil in der City besaßen wir nicht viel, worauf wir eine Beziehung aufbauen konnten. Mir war das wahrscheinlich klargeworden, als ich Giles ins Ronnie Scott's zu einem Auftritt von Avishai Cohen mitgenommen hatte. In unserer Freizeitkleidung, ohne Kunden, meilenweit von der City und Canary Wharf entfernt in einem Jazzclub in Soho, waren wir uns fremd, und er schlief schon nach ein paar Minuten ein. Er war klein, trug violette Cordhosen und seltsame, ausgefallene Schuhe.

Ich war geföhnt und groß und trug Manolo Blahniks aus Leder. Er mochte Indie Rock Bands und Musikfestivals und hätte gut eine von diesen schwarzen Kordelketten mit einem Anhänger von Reisen daran tragen können; ich mochte Chanel und unbekannte israelische Kontrabassisten und hatte ein einziges Mal mit sechzehn ein Festival besucht.

Im Taxi hatten wir zum ersten Mal, seit wir uns kannten, verlegen aufrecht dagesessen. Ich hing nicht betrunken an seiner Schulter oder hatte mich angelehnt und ihm eine Hand auf den Arm gelegt; wir hielten Händchen wie Teenies im Kino. Bald verfielen wir in unsere angenehme Standardbeschäftigung, über die Leute bei der Arbeit zu reden und über den Amerikaner, Fabrizio und unsere Kunden zu jammern, weil wir uns sonst nicht viel zu sagen hatten. Aber das hätten wir beide nie zugegeben, also zogen wir die Sache einfach weiter durch bis zu ihrem natürlichen Ende, was hieß, wir lagen verlegen im Dunkeln und fragten uns, was wir da machten.

Ich versuchte, mich an seine Schulter zu schmiegen, aber sie hatte die falsche Form. Er drückte mir einen Kuss auf die Stirn und sagte, es sei Samstag, er wolle zum Frühstück ins Wolseley gehen. Im ersten Moment dachte ich, ein Brunch könnte uns retten – wenn wir es aus dem Bett und in ein Restaurant schafften, pochierte Eier aßen und Lapsang Souchong tranken, wäre alles in Ordnung, und wir wären wieder auf dem richtigen Weg zu einer perfekten Beziehung. Trotzdem fühlte sich alles falsch an: seine Schulter, der Kuss, der Sex. Am nächsten Morgen, das wusste ich schon, würde ich mir wünschen, dass er geht. Es war aus, aber ich war nicht sicher, wie ich ihm das sagen sollte.

Ich hatte vergessen, den Wecker auszustellen, und er sprang um Viertel vor sechs an. Ich wachte auf, langte über den schlafenden Körper neben mir und tastete nach meinem BlackBerry, aber weil ich aus Versehen die Schlummertaste drückte, ging der Wecker zehn Minuten später wieder an. Giles rührte sich nicht.

Es kam mir seltsam unnatürlich vor, nüchtern zu sein, aber schlecht war mir immer noch. Ich stand auf und stapfte missmutig durch die Wohnung, weil ich mein Bett zurückhaben wollte. Mir graute davor, auf Distanz zu gehen und ihm erklären zu müssen, dass ich keine Lust auf Brunch hatte, sondern wollte, dass er geht und wir nur Freunde sind. Dabei war ich diejenige gewesen, die auf eine Beziehung gedrängt und gesagt hatte, ich wollte nichts mit ihm anfangen, wenn wir es nicht richtig versuchen würden, was auch immer das heißen mochte. Keine Ahnung, wie ich das so vermasselt hatte. Ich kochte eine Tasse Tee, hievte mich auf die Arbeitsplatte und wartete.

Ich teilte mein Bett nicht gerne. Wahrscheinlich stammte das daher, dass ich einmal morgens um vier im Flur vor meinem Wohnheimzimmer in der UCL sitzen musste, mit einem vergessenen Medizinlehrbuch als einzigem Trost, weil ein Franzose, mit dem ich ausging, mein Einzelbett besetzt hielt. Ich hatte es für eine gute Idee gehalten, dass er bei mir übernachtet, bis er mich aus dem Bett schubste und ich auf den Flur flüchtete. Seitdem war ich sehr eigen mit meinem Schlafplatz. Sogar Mark hatte sich einmal beschwert, als wir frisch zusammen waren, dass ich nachts versucht hatte, ihn aus dem Bett zu werfen. Eigentlich hatte Giles nie eine Chance.

Ich räumte systematisch die Spülmaschine aus und kochte noch eine Tasse Tee. Zum ersten Mal seit Monaten hatte ich Lust aufzuräumen. Halb acht. Ich schlich mich zurück ins Schlafzimmer, legte mich im Dunkeln hin und beobachtete die Schatten an der Decke. Giles lag mit dem

Gesicht nach unten da und schnarchte. Es gibt nichts Schlimmeres, als jemanden neben sich im Bett liegen zu haben, den man nicht dahaben will, der Platz wegnimmt und ungewohnte Geräusche macht. Als ich aufwachte, lag sein rechter Arm schwer und klamm quer über meiner Brust. Ich wollte mich aufsetzen, aber er zog mich näher.

Ich musste aufstehen.

Ich hatte Sachen zu erledigen.

Ich hatte keine Zeit für einen Brunch.

Diese drei Sätze wiederholte ich immer wieder in verschiedenen Varianten und Stimmen. Langsam bekam ich so was wie einen Panikanfall. Er stellte mir zu viele Fragen, schläfrig und vergesslich, und ich wurde immer ungehaltener, versuchte aber nett zu klingen. Meine Mutter hatte mir immer gesagt, man sollte nett sein. Ich weiß nicht, ob sie dabei an solche Umstände gedacht hatte, aber jetzt konnte ich das genauso gut mal ausprobieren.

Sei nett. Ich wusste, dass der Brunch nur ein paar Stunden dauern und den letzten vierundzwanzig Stunden ein deutlich weniger abruptes Ende verleihen würde, aber je mehr er mich dazu überreden wollte, den Vormittag mit ihm zu verbringen, desto mehr wollte ich aus dem Haus und so schnell wie möglich die Straße runter rennen. Und ich wusste, dass es nur noch schlimmer werden würde. Zum Glück merkte er, dass ich nicht in der Stimmung für pochierte Eier war, erfand eine Entschuldigung und ging.

Ich war nicht sicher, ob es Regeln dafür gab, Kollegen zu vögeln, aber es wäre gut gewesen, und ich hätte sie lieber beachten sollen. Regeln bestehen aus guten Gründen: in diesem Fall, um zu verhindern, dass einem monatelang Verlegenheit, passiv-aggressive Bloomberg-Nachrichten und Wutausbrüche bei der Arbeit in die Quere kommen.

Vor dem Wochenende hatte ich meine ganze Zeit mit Giles verbringen wollen, danach fand ich alles, was er tat, abstoßend, lästig, frustrierend und einfach ärgerlich. Wenn ich nur seine Mimik quer durch den Raum beobachtete, wollte ich ihm eine knallen. Wenn ich ihn Preise rufen hörte, zuckte ich zusammen. Ich fand seine Art zu gehen schrecklich. Natürlich hatte ich ihm nicht gesagt, wie ich empfand, sondern ging nicht auf ihn ein, war passiv-aggressiv und ging ihm so oft wie möglich aus dem Weg. Ich fragte mich, ob es so Männern ging, die mit einer Frau schliefen und sofort danach das Interesse verloren.

Im Laufe der kommenden Wochen drangen mein Frust und meine Wut bis zu unserer Arbeitsbeziehung durch. Ich hatte ihm irgendwann gesagt, dass ich die Sache zwischen uns nicht weiter vertiefen wollte, und eine Zeitlang schafften wir es, wieder Freunde zu sein, aber dann fing ich an, ihn anzugreifen und es bei jeder Gelegenheit weiter kaputtzumachen.

Es wurde immer schlimmer, als ich anfing, Fitz zu betreuen, einen neuen Kunden, der sowohl meine als auch Giles' Produkte tradete. Weil Fitz alle Trades über mich abwickeln wollte, war ich gezwungen, regelmäßig mit Giles und den anderen Jungs zu reden. Wir hatten noch nie zusammengearbeitet, nur zusammen Kunden ausgeführt, und mir gefiel nicht, wie Giles die Dinge anging.

Sein Desk arbeitete über Screens und benutzte nur ganz selten die Telefone, und Giles' ganze Technik als Broker lief allem zuwider, was der Amerikaner mir eingetrichtert hatte. Er telefonierte offenbar nie. Wenn ich von Fitz, der unseren Screen unbrauchbar fand und seine Preise deshalb dort nicht eingestellt haben wollte, Märkte für ihn bekam, musste Giles sich Mühe geben, um mir einen Gegenpart zu besorgen. Wenn er dazu einen engeren Markt bekam, nannte er mir den besseren Preis nicht, damit ich hätte sehen können, ob Fitz noch nachbessern wollte, sondern zeigte die Preise einfach herum, oft ohne sie auch nur auszurufen. Das war nachlässig und leichtsinnig.

14:29:46 GILES SMITH: können wir denn noch 94.75 / 95.25 herumzeigen?
14:29:50 VENETIA THOMPSON: lekk mich
14:30:08 GILES SMITH: wir würden es wissen wenn es auf dem Screen wäre
14:30:20 VENETIA THOMPSON: Nein, wir würden es wissen wenn du einen Gegenpart hättest. Ich aktualisiere nicht, bevor ihr Shwachköpfe was bringt. Er hat den Anfang gemacht, ich werde ihn nicht alle fünf Sekunden nerven, wenn wir ihm nicht mal was zeigen können. Und zum letzten Mal, verdammt, er will den Screen nicht benutzen. Der Screen ist sheiße.
14:33:23 VENETIA THOMPSON: das kannst du doch sicher rumzeigen, wenn du sagst »ich war das, willst du unter den Umständen« usw
14:33:36 VENETIA THOMPSON: werde ihn nicht alle 5 min fragen wegen nem Sheiß
14:33:48 GILES SMITH: ok Superstar
14:34:11 VENETIA THOMPSON: wieso stellt mir das credit swapt desk oder was zum Teufel ihr seid heute so viele besheuerte Fragen
14:34:54 GILES SMITH: du wirst grundlos gestresst und aggressiv
14:35:32 VENETIA THOMPSON: hahaha nein, ich bin genervt, wenn man mich blöde Sachen fragt
14:36:26 VENETIA THOMPSON: und wenn ihr vergesst wer das erste Gebot hat usw wie heute Morgen

14:36:56 VENETIA THOMPSON: es ist nicht live auf dem Screen, also muss es nicht alle 5 min aktualisiert werden

14:37:04 VENETIA THOMPSON: das kannst du doch bestimmt rumzeigen

14:37:16 VENETIA THOMPSON: ohne einen Markt live setzen zu müssen

14:37:37 GILES SMITH: okay, du hast wie immer recht

14:37:43 GILES SMITH: erinnere mich ruhig daran

14:37:54 GILES SMITH: manchmal vergesse ich das

14: 38:12 VENETIA THOMPSON: klar, hast du vergessen, wie man telefoniert?

14:39:20: GILES SMITH: du hast überhaupt nicht recht, aber ich verstehe, dass du das nicht weißt, weil du mit diesen Produkten nichts zu tun hast

14:45:14 VENETIA THOMPSON: und du hast so viel Ahnung dass du nicht mal einen Gegenpart zu dem Markt von mir findest, ich trade diese Sheiße nicht mal, ich habe einen Typen mit Interesse und habe von ihm einen Preis bekommen was mehr ist, als ihr Typen habt und ihr könnt mich nur mit euren blöden Fragen nerven. Als würde ich mit Shwachköpfen arbeiten.

Ich hatte den ganzen Chat kopiert und Lena als Kopie geschickt. Was das Broking anging, gab sie mir recht, aber sie meinte, sie würde sich wirklich nie meinen Zorn zuziehen wollen.

Ich wusste nicht, warum ich so wütend war. Am Telefon und auch sonst war ich viel aggressiver als früher, aber ich trug auch größere Verantwortung und musste mich um schwierigere Kunden kümmern. Ich musste aggressiv sein, um meinen Job zu schaffen. Es machte mir keinen Spaß, Giles ständig anzublaffen, aber ich konnte nicht damit aufhören. Mittlerweile war es so weit, dass ich anders gar nicht mit ihm reden konnte, und ich fand es schrecklich, aber ich konnte einfach nicht mehr nett sein.

15:24:40 LENA KLEIN: hab mich grad selbst bei 16 M Anleihen gehedgt, Kunde wollte Gebot doch, habe 4 Ticks bei 20 M Bund verloren
15:25:01 LENA KLEIN: für nichts
15:26:20 VENETIA THOMPSON: sheiße. Fällts vielleicht nicht auf? Unser Zeug schwankt wild, Sachen, die vor ein paar Monaten in den oberen 90ern waren, traden jetzt unter 90. Irre. Kann Markham dir nicht helfen?
15:26:50 LENA KLEIN: nee, der ist heute nicht da. Murphys Gesetz. Er hätte eh nichts machen können. Erschieß mich.

Lena und ich überlegten mittlerweile pausenlos, wie wir aus unseren Jobs rauskommen könnten. Wir waren gleich unglücklich, aber bei ihr kam noch hinzu, dass ihre Tradingpositionen sie Hunderttausende kosteten, ohne dass ein Ende der Talfahrt in Sicht war. Wir sehnten uns nach einem einfachen Achtstundenjob, gerne als Verkäuferin in einem Geschäft für Käse oder Wein, aber auch bei Starbucks Kaffee zu kochen wirkte immer reizvoller – darüber müssten wir nicht die ganze Nacht lang nachgrübeln und morgen um Viertel vor sechs beim Aufwachen mit Grauen daran denken.

Ich vermisste das Fischrestaurant, in dem ich während meines zweiten Unijahrs gekellnert hatte. Ich war hingegangen, sechs oder sieben Stunden rumgelaufen, wurde bei jedem Besuch in der Küche mit Austern gefüttert, und wenn wir schlossen, setzte ich mich und trank ein Glas von dem Wein, der gerade offen war, bevor ich nach Hause und ins Bett ging. Nichts daran war kompliziert – man wurde nicht als Arschloch beschimpft und musste sich auch nicht den ganzen Tag lang Sorgen machen, ob irgendein Amitrader noch mit einem sprach.

Das Problem beim Traden war, dass man jedes Mal, wenn man alles hinschmeißen wollte, wenn man Jobs in Käsegeschäften suchte und sogar Bewerbungen rausschickte, einen guten Tag erwischte und monatelanges Unglücklichsein sofort aus dem Gedächtnis strich. Für solche seltenen Tage lebte man: Wenn man erst nachmittags um halb fünf daran dachte, etwas zu essen oder zur Toilette zu gehen, wenn man ständig aufsprang und neue Preise ausrief, sobald man den Hörer aufgelegt hatte, und dann sofort seinen nächsten Trade abschloss. Wenn dann noch ein perfekter Abend mit Essen und Trinken in einem der besten Restaurants Londons folgte, war der Gedanke, für einen Mindestlohn Kaffee zu kochen, schnell vergessen, weil man den ganzen Abend lang dachte, man hätte den besten Job der Welt.

Wiedersehen mit Sashimi

Im Nobu Berkeley Street hatte ich im Januar 2007 an meinem allerersten Abendessen mit Kunden teilgenommen, als mich ein Broker von einem anderen Desk zusammen mit zwei Kunden dorthin eingeladen hatte. An diesem Abend lernte ich Cristal-Champagner kennen, Kobe-Rind, die Chocolate Bento Box und eine sehr alte Flasche Amarone. Das Restaurant war eine beliebte Anlaufstelle für Broker; an diesem Abend entdeckte ich vier Gruppen von Jungs aus unserer Firma, von denen zwei ohne Kunden dort waren.

Danach landeten wir alle im Chinawhite, einem Club, den eigentlich niemand mehr besuchte, der aber donnerstags vor Brokern nur so wimmelte. Ich räkelte mich den Großteil des Abends über auf den riesigen Kissen, umklammerte eine Flasche Grey Goose und fragte mich, wie ich nach den Unmengen Sake, Rotwein, Champagner und nun Wodka wieder aufstehen sollte. Erstaunlicherweise war ich schon um Mitternacht zu Hause, nachdem ich mir an der Garderobe flache Schuhe angezogen und ein Taxi genommen hatte. Das war einer der wenigen Abende, an denen ich es vor zwei Uhr aus einem Club geschafft oder so vernünftig gewesen war, mir andere Schuhe anzuziehen.

Jetzt, neun Monate später, saß ich an einem Mittwochabend in dem gleichen Restaurant und arbeitete mich mit dem Amerikaner, dem Ferg und einer Reihe Trader von der Big Bad Bank durch die ganze Karte. Vor dem Ferg stand plötzlich eine Flasche Château Rothschild 2005, und ich sah zu, wie sie dekantiert und herumgereicht wurde. Der Amerikaner bekam zum Glück von der sechshundert Pfund teuren Flasche Wein am anderen Tischende nichts mit, er war in ein Gespräch mit einem anderen Amerikaner versunken und stopfte sich dabei scharfes Thunfischsushi in den Mund. Die beiden waren die Einzigen, die so etwas wie eine anständige Unterhaltung über den Markt führten, während nur ein paar Schritte weiter gerufen wurde: »ICH WILL 'NE NUTTE« und ständig irgendwer den Amerikaner nachahmte.

Früher hatte es mich überrascht, wie schnell sich eine Gruppe von Männern in den Dreißigern und Vierzigern mitten in einem Restaurant zu Kindern beim Schulausflug zurückentwickelte, aber mittlerweile kannte ich das. Wenn erst einmal der erste Drink umgestoßen wurde, versank das Abendessen bald im Chaos: Man spielte mit verbundenen Augen »errate das Sashimi«, kippte endlose Gläser Sake und bekam ungeheure Mengen Essen aufgetischt. Man konnte nur noch darauf hoffen, dass alle sitzen blieben und niemand hinausgeworfen wurde. Aber an dem Krabben-Tempura, das gerade auf dem Boden der Karaffe schwamm, konnte niemand etwas machen. Wir mussten einfach warten, bis jemand das große Los zog und es in seinem Glas fand.

Das Abendessen war irgendwann vorüber, dafür wurde im Cuckoo Club weitergetrunken. Dabei verloren wir den Ferg, der, wie ich später mitbekam, unterwegs einen Umweg zu einem guten Freund genommen hatte, einem Broker bei einer anderen Firma. Der Freund hatte im Savoy ein paar ruhige Drinks nach dem Abendessen genossen, bis der Ferg hereinstürmte, beim Barkeeper offenbar ein Twix und einen *Evening Standard* bestellte und über einen Barhocker stolperte; daraufhin bat man ihn zu gehen. Gegen Mitternacht kam er schließlich nach, und nachdem er sich kurz am Breakdance versucht hatte, blieb er für den Rest des Abends in unserer Nische hocken und trank abwechselnd aus einer Flasche Grey Goose in der einen Hand und einer Dose Red Bull in der anderen.

Der Amerikaner hatte sich schon vor Stunden leise verabschiedet, aber alle anderen waren noch gut auf der Tanzfläche unterwegs. Ich ging kurz nach eins. Als ich aus dem Club auf die Swallow Street stolperte, lief ich direkt Mo in die Arme, der offenbar auf einen Wagen wartete. Er wurde von Jeremy begleitet, und beide waren völlig zugedröhnt. Als Mo fragte, ob ich mit ihnen was trinken gehen wollte, dachte ich, es wäre unhöflich abzulehnen, und als Jeremys Auto, ein Range Rover mit getönten Scheiben, um die Ecke kroch, stieg ich hinten ein. Jeremy hörte bei seinem Fonds auf und wechselte nächste Woche für das doppelte Gehalt nach Genf. Heute war sein letzter Abend mit Mo, und die beiden waren durch ihre ganzen Lieblingsläden gezogen.

Mo hatte keinen Grund, nach Hause zu gehen; seine Frau hatte ihn verlassen, weil sie meinte, er hätte ein Koksproblem und würde nichts dagegen unternehmen wollen. Er vögelte schon eine Fünfundzwanzigjährige aus der Sales-Abteilung und schien sich nicht allzu viel daraus zu machen, dass sich seine Ehe in Luft aufgelöst hatte. »Die geht total ab. Wieso habe ich eigentlich gedacht, die Ehe wäre was für mich?«

Während wir durch Mayfair rasten, saß er neben mir, einen Ellbogen auf die Armlehne gestützt, und sniefte ein paar Lines von einer Ausgabe von *Country Life*, die Jeremy aus seiner Aktentasche gezogen hatte. »Kannst du nicht warten, bis wir bei mir sind? Zwei Minuten noch, du Penner. Verteil den Scheiß nicht auf dem ganzen Boden. Ich muss das Ding hier nächste Woche in die Schweiz kriegen, und wenn überall Koks klebt, komme ich damit nirgendwohin. Ich will nicht, dass Bruno alles vom Boden aufleckt.« Hoffentlich war Bruno ein Hund.

Mo hob den Kopf. Er wiederholte ein paar Mal, er würde seinen Job verlieren, der Kreditmarkt wäre am Ende und er genauso. »Jetzt kannst du dich nur noch volldröhnen, Neesh. Im Ernst. Verschwinde vom Markt, solange du es noch kannst. In ein paar Monaten geht der Saustall den Bach runter, und zwar richtig, das kannst du mir glauben – warte nur ab.« Wenn sie zugedröhnt waren, dachten immer alle, der Kreditmarkt wäre am Ende. Sicher, wir hatten ein paar plötzliche Ausverkäufe erlebt, und einige Banken hatten große Batzen ihrer Portfolios verkauft, aber der Markt wirkte immer noch stark.

Irgendwann hielten wir in Knightsbridge vor Jeremys Wohnung. In jedem Zimmer, selbst im Gästebad, standen Flachbildschirme, aber sonst wirkte sie beinahe unbewohnt. Der Kühlschrank war leer, abgesehen von einem Viertelliter Milch und sechs Flaschen Champagner – einer Mischung aus Cristal und Dom Pérignon. Er reichte mir drei Gläser. Mo zappte wie wahnsinnig durch die SKY-Sender, bis er endlich bei News 24 anhielt und bald gebannt davor saß. Schweigend saßen wir da und tranken, bis ich merkte, dass es drei Uhr war und ich nach Hause gehen sollte. Jeremy warf mir die Schlüssel zu seinem Bentley GT zu. »Fahr einfach zu dir, ich hole ihn morgen ab. Ist viel netter als ein Taxi, und die Vorstellung, dass du ihn fährst, macht mich an.«

Zum letzten Mal war ich vor etwa fünf Jahren Auto gefahren. Ich hatte in Devon meinen Führerschein gemacht, war direkt danach nach London an die Uni gegangen und hatte seitdem nicht mehr hinter dem Steuer gesessen, aber ich hatte so viel Alkohol intus, dass ich dachte, ich könnte auch einen Panzer fahren, also nahm ich die Schlüssel und bedankte mich, bevor ich loszog. Der Wagen parkte um die Ecke, und ich ging langsam darauf zu, als würde ich mich einem nervösen Pferd von hinten nähern. Als ich die Fahrertür erreichte, entriegelte der Wagen sich plötzlich von selbst, und ich stieg ein. Ich dachte, wenn ich einen Moment lang dort saß, würde mir schon wieder einfallen, wie man fuhr, aber ich konnte nirgends die Zündung sehen, und der Schlüssel in meiner Hand sah auch nicht so aus, als könnte man ihn irgendwo hineinstecken. Dafür war das Auto extrem gemütlich, und ich lehnte mich zurück, schloss für ein paar Minuten die Augen und überlegte, ob ich die Nacht dort verbringen sollte.

Ich war noch nie in London Auto gefahren, und ich war nicht sicher, ob ich unbedingt allein hinter dem Steuer eines riesigen Wagens, dessen Versicherung mich als Fahrerin wahrscheinlich nicht einschloss, damit anfangen sollte, also stieg ich aus und brachte Jeremy die Schlüssel zurück, und er rief mir ein Taxi. Das dürfte eine meiner wenigen guten Entscheidungen in diesem Monat gewesen sein. Wenn ich betrunken Bentley gefahren wäre, wäre vielleicht alles zu spät gewesen.

»Was zum Teufel war letzte Nacht mit dir? Wann bist du gegangen?«

Es war Viertel nach sieben am nächsten Morgen, und als ich mich gerade bei Bloomberg eingeloggt hatte, rief mich schon jemand über das Radio. Es war einer der Trader, die ich im Cuckoo Club hatte sitzenlassen, bevor ich Mo über den Weg gelaufen war.

»Gegen zwei, glaube ich. Ich war fertig. Ich musste da raus. Was ist passiert, als ich weg war?«

»Sagen wir mal so: Ich war nicht zu Hause, kann meine Auto- und Hausschlüssel nicht finden und habe kein Handy. Klasse Abend. Den Ferg wirst du wohl vor Mittag nicht sehen. Wir haben ihn in ein Taxi Richtung Southend gesetzt, aber ich habe keine Ahnung, ob er es geschafft hat.«

Der Vormittag verstrich. Niemand tradete, die Angebote blieben stehen, ohne ein einziges Gebot in Sicht, und dann gingen alle in die Mittagspause. Gegen zwei Uhr kam endlich Bewegung in den Markt, aber mir wurde langsam schlecht – in mir stieg diese reine, unmöglich zu ignorierende Übelkeit auf, die sich nur in eine Richtung entwickeln konnte. Mein Magen krampfte sich zusammen, und ich schwitzte plötzlich stark. Aber das Telefon klingelte weiter, alle paar Sekunden kamen Preise rein, und es dauerte nicht lange, bis ich bei einer Handvoll Anleihen und Krediten kurz vor dem Traden stand. Die Kunden des Amerikaners verhielten sich ruhig, alle Käufer und Verkäufer waren bei mir. Ich konnte meinen Platz nicht verlassen, vor allem nicht, weil der Amerikaner keine Ahnung hatte, was gerade los war, nachdem er mit einer Ausgabe der *Sun* zwanzig Minuten auf der Toilette verbracht hatte.

Als ich gerade fünf Millionen von einem Bankkredit irgendeiner Chemiefirma verkaufen wollte, begann ich unkontrollierbar zu würgen. Ich konnte noch schlucken und ruhig sagen: »Tut mir leid, ich übergebe mich gleich. Ich rufe zurück.« Dann warf ich den Hörer hin und rannte zur Toilette, ich hatte die Schultern hochgezogen und versuchte gegen das anzukämpfen, was da von meinem Magen hochkam. Ich übergab mich, sobald ich die Kabine erreichte, dann rannte ich zurück zum Desk und schloss den Trade ab. Ich dachte, danach würde es mir bessergehen, aber bald lief ich regelmäßig zur Toilette, dabei begleiteten mich Rufe wie: »Da rennt sie wieder los! Gleich spuckt sie! Immer schön weiter!«

Alle paar Minuten lief ein Trade, und ich konnte an niemanden übergeben, weil niemand sonst meine Märkte kannte. Es war über eine Stunde vergangen. Ich hatte mich im Zehn-Minuten-Takt übergeben, und einige winzige Äderchen in meinen Augen waren geplatzt. Der Pate wollte mich nach Hause schicken, aber zum einen hätte ich nicht eine Stunde lang in einem Auto sitzen können, ohne mich auf dem ganzen Weg zu übergeben, und zum anderen tradete ich heute Nachmittag so viel wie sonst kaum je – also blieb ich, wo ich war, und wartete darauf, dass es vorüberging.

Um fünf Uhr war mein Haar verklebt, ich zitterte unkontrollierbar, und meine Augen waren komplett blutunterlaufen. Mir war noch nie so lange derart schlecht gewesen, nicht einmal, als ich auf einem Tragflächenboot den Golf von Neapel überquert hatte und dabei ordentlich seekrank geworden war.

17:02:45 GILES SMITH: alles klar? Du siehst schrecklich aus. Geh nach Hause.

17:03:30 VENETIA THOMPSON: kann nicht. spucke immer noch jede halbe Stunde und bin lieber hier als in der U-Bahn oder in einem Taxi. Das hört bestimmt irgendwann auf. Muss es doch, oder? Es kann doch keinem so lange so schlecht sein. Das war bestimmt die Seezunge. Sonst hat sie keiner gegessen, und ich wusste doch, dass sie komisch schmeckt.

17:03:50 GILES SMITH: wenn ich dich nachher nach Hause bringen soll, sag Bescheid. Du siehst nicht gut aus.

Irgendwann zwischen dem Vögeln, Streiten und Hassen hatten Giles und ich zu unserer Freundschaft zurückgefunden. Ich wusste, dass ich Scheiße gebaut hatte. Ich hätte ihn nie so behandeln dürfen, und dass ich in seiner Gegenwart nicht steuern konnte, wie ich mich benahm, machte mir Sorgen. So gemein war ich lange zu niemandem mehr gewesen – wenn überhaupt mal. Ich wusste nicht, ob der Job Seiten von mir zum Vorschein brachte, die mir nicht gefielen, oder ob ich nur die ganze Situation schlecht angegangen war. Ich wollte nicht so weit kommen, dass ich den langen Arbeitszeiten und meinem Lebensstil die Schuld daran gab, mich anderen gegenüber mies zu benehmen. Giles war einer meiner besten Freunde, aber ich bezweifelte, dass wir uns noch einmal so nahestehen würden wie früher.

Der Amerikaner war den ganzen Nachmittag über ruhig gewesen und hatte das Chaos auf meiner Seite des Schreibtisches ignoriert, aber dann kontrollierte er die Rechnung vom letzten Abend und entdeckte dabei mitten auf der Quittung die Flasche Rothschild. Er wollte herausbekommen, wer sie bestellt und warum er nichts abbekommen hatte, aber ich war zu sehr damit beschäftigt, zur Toilette und wieder zurück zu rennen, um die Inquisition zu verfolgen. Er würde nie herausfinden, wer dafür verantwortlich war. Ich wusste, wer den Wein bestellt hatte, der Ferg auch, aber bei aller Loyalität dem Amerikaner gegenüber konnte ich es auf keinen Fall sagen. Er ging, ohne sich zu verabschieden. Danach saß ich allein am Desk und betete, die Telefone würden aufhören zu klingeln und ich würde es irgendwie nach Hause schaffen.

Der Chef der Eventabteilung brachte mir als Kotztüten einen Vorrat Geschenktüten von Crème de la Mer, die vom Ladies' Day in Ascot übrig geblieben waren. Wir hatten allen Traderinnen und einer Reihe Frauen und Freundinnen von Tradern Handcreme und Lippenbalsam von Crème de la Mer geschenkt. Und zum ersten Mal hatte die Firma beschlossen, ihre ganze Loge am Ladies' Day für Frauen zu reservieren.

Ich hatte ursprünglich mehrere Traderinnen eingeladen, zu denen das Desk Kontakt hatte, aber als der Termin näher rückte, sagten bis auf Emma alle ab. Am Ende saß sie an diesem Tag als einzige Traderin dort; alle anderen waren entweder die Ehefrau von jemandem aus der Chefetage oder die Freundin eines wichtigen Firmenkunden. Wir bekamen unseren eigenen Tippgeber und mussten unsere behagliche Loge inklusive endlos Champagner Rosé und Gourmetessen den ganzen Tag über nicht verlassen.

Ich hätte nicht gedacht, dass ich diese Geschenktäschchen in einem solchen Zusammenhang wiedersehen würde, aber als ich es endlich in ein Taxi geschafft hatte, wäre ich ohne sie nicht ausgekommen. Ich übergab mich den ganzen Limehouse-Tunnel hindurch, legte eine Pause ein, als wir am Embankment entlangkrochen, und machte an der Hyde Park Corner weiter. Der Taxifahrer gab sich höflich Mühe, mich zu ignorieren, aber ich rechnete jeden Moment damit, dass er mich bitten würde auszusteigen, und wich seinem Blick im Rückspiegel aus. Das Taxi war schon vorher bezahlt, der Fahrer hatte also im Grunde keinen Anreiz, mich wirklich nach Hause zu bringen, aber er fuhr weiter, trotz des Stöhnens und Pladderns vom Rücksitz.

Als wir Chelsea erreichten, konnte ich kaum noch aussteigen. Ich hatte seit dem Frühstück nichts gegessen, das Traden und Würgen hatte mich meine gesamte Energie gekostet, und jetzt konnte ich die Beine nicht mehr bewegen. Mein ganzer Körper schien von Giftstoffen übernommen worden zu sein. Der Taxifahrer half mir aus dem Wagen, reichte mir den Arm und brachte mich durch die Eingangstür. Er witzelte, so was würde er sonst morgens um drei machen, nicht am frühen Abend, aber ich hatte nicht genug Kraft, um ihm zu erklären, dass ich stocknüchtern war und nur krank.

Zum ersten Mal seit Monaten meldete ich mich am nächsten Morgen um sieben krank, weil ich wusste, dass ich ein verlängertes Wochenende im Bett brauchte, um mich zu erholen. Meine Mutter wollte, dass ich nach Hause nach Devon komme. Sie hatte Angst, ich würde nicht auf mich achtgeben, was auch stimmte, aber daran konnte ich nicht viel ändern. Und eigentlich gab es da auch kein richtiges Ziel für mich – nicht mehr seit der Scheidung. Zuhause besaß nicht mehr die gleiche heilende Wirkung wie früher. Also versprach ich ihr, ich würde zum Arzt gehen, wenn ich mich in ein paar Stunden nicht besser fühlen würde, legte mich ins Bett, bewaffnet mit mehreren Eimern und einer Flasche Wasser, und quälte mich durch.

Um halb zehn am nächsten Montagabend saß ich wackelig in der Bar vom Sanderson Hotel. Ich wartete seit acht Uhr auf einen Trader aus New York, den Schlaflosen, der nur einen Abend in der Stadt verbrachte. Wir nannten ihn den Schlaflosen, weil er es irgendwie schaffte, in allen Zeitzonen zu traden. Ich hatte keine Ahnung, wann er schlief – er schien die ganze Nacht lang auf Bloomberg-Nachrichten zu antworten. Nur wenn er von der Arbeit zum Büro pendelte, konnten wir ihn nicht erreichen, weil er dann irgendwann unter dem Hudson abtauchen musste. Weil ich ihn noch nie getroffen hatte, dachte ich, eine Verabredung mit ihm auf einen Drink könnte sich lohnen, bevor er wieder in die Staaten zurückflog, aber er hatte mir schon mehrere

Nachrichten geschickt, dass er später kommen würde, und gerade war noch eine gekommen, in der er schrieb, es täte ihm sehr leid, aber er würde noch eine halbe Stunde brauchen. Die Uhrzeit war kein Problem, aber dass ich seit halb sechs auf war und seit acht heute Abend Cocktails trank, schon. Es war unwahrscheinlich, dass ich noch länger als zehn Minuten halbwegs nüchtern oder auch nur wach bleiben würde. Einen tollen ersten Eindruck würde ich nicht machen. Ich sah aus wie eine betrunkene, verzweifelte Hure, die sich an der Theke einen hinter die Binde kippte; die Versuche, mit dem süßen kolumbianischen Barkeeper zu plaudern, hatte ich längst aufgegeben. Wenn man allein an einer Hotelbar etwas trinkt, wirkt man zwangsläufig wie eine Prostituierte. Daran konnte ich nichts ändern, aber ich konnte zumindest versuchen, wach zu bleiben und etwas nüchterner zu werden.

Früher war ich in der Long Bar im Sanderson Stammgast gewesen. Als ich in der Newman Street wohnte, schaffte ich es von meinem Wohnzimmer bis auf einen ihrer Barhocker in weniger als drei Minuten. Dort hatten sich im Laufe der Jahre so einige Verabredungen, Katastrophen und Begegnungen abgespielt, und es war seltsam, jetzt hier auf einen Kunden zu warten. Als ich mich zur Tür umdrehte, um nach Josh, dem Schlaflosen, Ausschau zu halten, entdeckte ich am Ende der Bar einen vertrauten kahlen Schädel. Richard. Ich war nicht sicher, ob er mich gesehen hatte, aber für den Fall der Fälle hielt ich den Kopf unten, glitt von meinem Hocker und lief zur Toilette. Was genau ich tun wollte, wenn ich den sicheren Waschraum erreicht hatte, wusste ich nicht. Ich konnte mich nicht den ganzen Abend hier verstecken, ich musste mich mit einem Kunden treffen. Aber das war Richard, der Richard, mit dem ich eine Weile zusammen gewesen war und der dann spurlos verschwunden war; Richard, der verdammte Lone Ranger. Jetzt war er hier und stand an genau der gleichen Stelle wie damals, als er mich bei unserem ersten Treffen angestarrt hatte. Ich rief Lena an.

»Richard ist hier. Im verdammten Sanderson.«

»Was? Wer ist Richard?«

»Du weißt schon, Richard – sieht aus wie eine Mischung aus Vin Diesel und Billy Zane. Ich weiß nicht. Der Typ, mit dem ich zusammen war und der dann ohne Erklärung die Fliege gemacht hat. Wir dachten, er wäre tot. Du weißt schon, Richard. So ein Scheiß, ich verstecke mich auf dem Klo. Was soll ich machen? Ich bin allein und betrunken in der Bar.«

»Geh einfach raus, setz dich hin und warte ab, ob er dich sieht, und wenn ja, dann sei höflich. Er ist verschwunden, nicht du, also was soll's? Beruhig dich einfach, V, du klingst total fertig. Trink etwas Wasser.«

Ich beschloss, zurück zu meinem Barhocker zu gehen, während Lena in der Leitung blieb. Ich hatte das Gefühl, mit dem Handy am Ohr würde ich weniger auffallen, aber als ich um die Ecke bog, um den letzten Treppenabsatz zwischen den limettengrünen Wänden hinunterzugehen, rutschte ich aus und fiel die restlichen Stufen hinunter. Ich verlor beide Schuhe und ließ mein BlackBerry fallen, das erstaunlicherweise immer noch die Verbindung hielt.

»Hallo? V? Was ist los? Hallo?«

Ich suchte schnell meine Schuhe und mein BlackBerry zusammen.

»Bin nur gerade eine beschissene Treppe runtergefallen. Ich hätte doch in der Toilette bleiben sollen. Ein Blick auf den Mann, und ich kann nicht mal aufrecht stehen. Kannst du herkommen?«

»Nein, sei nicht albern. Steh einfach auf und geh an die Bar. Du hast ständig mit einschüchternden Männern zu tun. Das ist doch nichts anderes. Reiß dich zusammen.«

Ich rappelte mich auf, ging um eine Ecke und kam damit in Sichtweite der Bar. Wenigstens hatte man meinen Fall nicht sehen können. Ich schob mich wieder auf meinen Hocker und bestellte einen doppelten Espresso und eine Flasche Mineralwasser in dem Versuch, die Drinks der letzten anderthalb Stunden zu verdünnen, dann rief ich Giles an, der in der Nähe mit Kunden aus war. Ich brauchte Verstärkung.

Als ich auflegte, tauchte ein Martini vor mir auf. »Von dem Herrn am Ende der Bar.«

Scheiß drauf. Ich trank einen Schluck.

»Sagen Sie ihm von mir danke.«

Ich suchte einen Mittelweg zwischen Höflichkeit und Selbsterhaltung. Einen perfekten Martini konnte ich nie ablehnen, aber ich durfte keinen Blickkontakt mit ihm aufnehmen, sonst würde ich mit Sicherheit wieder auf dem Boden landen. Bis jetzt blieb Richard auf Abstand, trotzdem konnte ich ihm nicht entkommen. Sogar der Martini müffelte nach ihm und hatte es genauso in sich.

»Was ist denn mit dir los? Siehst du fertig aus! Hast du hier stundenlang allein gesessen und getrunken?«

Giles lehnte neben mir an der Bar. Gott sei Dank. Endlich wurde ich ruhiger, weil ich wusste, dass Richard nie herüberkommen würde, wenn ein anderer Mann bei mir war.

»Wenn du mich betrunken und panisch anrufst, sind wir wohl wieder Freunde.«

»Wir waren nie was anderes. Ich wusste nur nicht, wie ich mich in deiner Nähe verhalten sollte. Aber natürlich sind wir wieder Freunde.«

»Freut mich. Vielleicht bist du dann jetzt ein bisschen weniger schizo zu mir. Ich wusste gar nicht, dass du so eine Zicke sein kannst.«

»Hm. Ich weiß. Ich habe mich ja auch schon entschuldigt. Aber du warst eine Zeitlang ganz schön selbstgefällig und nervig.«

»Können wir bitte einfach aufpassen, dass sich das nicht wiederholt? Was gibt's eigentlich Neues? Glaubst du, Josh kommt heute wirklich? Übrigens musst du was essen; du bist total betrunken.«

Wir bestellten ein Clubsandwich.

»Ja, er kommt. Er hängt bei einem Essen oder so was fest. Und es gibt nichts Neues. Ich vermittle immer noch zwischen dem Amerikaner und dem restlichen Desk; er treibt immer noch alle in den Wahnsinn. So ist das bei diesem Job: Im Grunde ändert sich nichts.«

Josh tauchte schließlich noch auf, blieb auf einen Drink und verschwand dann in seinem Zimmer, nachdem er über seinen Jetlag geklagt hatte. Abgesehen davon, dass er deutlich kleiner war, als ich ihn mir vorgestellt hatte, und dass er sich bald zur Ruhe setzen wollte, hatte ich nichts halbwegs Hilfreiches herausfinden können und saß nun wieder betrunken in einer Hotelbar. Aber wenigstens saß Giles neben mir, und Richard war gegangen. Wir ackerten uns aus lauter Gewohnheit durch noch ein paar Runden und erzählten uns alles, was wir verpasst hatten, als wir nicht miteinander sprachen. Als ich schließlich kurz vor Mitternacht zu Hause ankam, ärgerte ich mich darüber, dass ich schon wieder betrunken war, und das an einem Montagabend.

Brokerbulimie

Es fiel mir immer schwerer, mich morgens aus dem Bett zu hieven. Ich stand im Dunkeln auf, ging im Dunkeln zur U-Bahn und kam auch im Dunkeln wieder nach Hause. Tageslicht sah ich nur, wenn ich in der Mittagspause nach draußen ging.

Anfang November traf ich mich mit den Jungs von der Absurd Bullishen Bank zum Mittagessen im Coq d'Argent. Dort war mal ein Banker vom Dach gesprungen, und für die City war es so was wie eine Sehenswürdigkeit. Seit wir an einem Donnerstagnachmittag im April auf der Terrasse vom Corney and Barrow Krug gebechert hatten, gehörten sie zu meinen Lieblingskonten. Jetzt sprachen wir zehn Mal am Tag miteinander. Marco, ihr Haupttrader, gab mir zu allem, was sie hatten, Preise, und wickelte sehr selten Trades woanders ab. Einige Monate später gingen wir also wieder aus, und Dale, sein Chef, hatte sich zu uns gesellt. Wir leerten mehrere Flaschen Wein, die Dale aussuchte und die alle unter fünfzig Pfund lagen – weit entfernt von dem sechshundert Pfund teuren Barolo, den der Deskchef der Größenwahnsinnigen bestellt hatte. Als Dale zurück ins Büro ging, tranken Marco und ich weiter, nach dem restlichen Rotwein gingen wir zu Champagner Rosé und schließlich zu verschiedenen Brandys über.

Um Viertel vor fünf war ich zurück in Canary Wharf und

lief im Aufzug Fabrizio in die Arme. Er war der Letzte, den ich in diesem Zustand sehen wollte. Er stellte mir komplizierte Fragen zu einem Produkt, das wir gerade neu tradeten. Die Schmerzen über meiner rechten Schläfe hatten sich bis hinter meinen Tränenkanal ausgebreitet, mit dem rechten Auge konnte ich kaum etwas sehen. Schwarze Flecken versperrten mir den Blick auf Fabrizios dunkelhäutiges Gesicht, und es kostete mich meine ganze Konzentration, nicht an der Wand hinabzugleiten. Ich wusste, dass ich von Weißwein und mehr als nur ein paar Gläsern Champagner eine Migräne bekam, aber dieses Detail schien ich jedes Mal zu vergessen, wenn mir jemand ein Glas reichte. Ich musste mir so was wie eine Hundemarke umhängen, auf der stand, dass man mir auf keinen Fall Champagner oder mehr als ein Glas Weißwein geben durfte.

Ich weiß nicht mehr, was ich auf Fabrizios Fragerunde antwortete, nur, dass ich es in der richtigen Etage nicht aus dem Aufzug schaffte und mich gegen alle Knöpfe lehnte, wonach der Aufzug alle paar Sekunden anhielt, und dass er mich fragte, ob es mir gutginge. Er stieg irgendwann aus, aber weil ich nicht riskieren wollte, dass er mich durch das Büro taumeln sah, fuhr ich weiter nach oben, ging durch den Notausgang auf die Treppe, lief eine Etage nach unten und versuchte leise und unauffällig an meinen Schreibtisch zu kommen.

»ZIEH DAS AUS!«

»BESORG MIR 'NE NUTTE!«

»SCHÖN, DASS DU AUCH SCHON KOMMST!«

»FERG, FEEERRRG! FERG!«

»DU WILLST UNS WOHL VERARSCHEN, AIRBAGS! WO ZUM TEUFEL WARST DU?«

Hinter mir ging ein Kopiergerätetechniker her, und natürlich verdoppelten sich die Rufe und das Gejohle aus dem ganzen Büro. Der Mann lief schnell weiter, als ich zu meinem Schreibtisch abbog, und es flogen weiter Beleidigungen. Er war schwarz, und die Standardreaktion, sobald ein Schwarzer oder jemand gemischter Abstammung bei *Sky News* auf dem Bildschirm auftauchte oder durch unser Büro lief, bestand darin, so laut wie möglich zu rufen: »Guckt mal, der Ferg.«

»Du weißt, dass wir uns um sechs mit Jack im Zuma treffen, oder?« Der Amerikaner. Das hatte ich natürlich völlig vergessen. Jack war ein neuer Trader von einer kleinen europäischen Bank, und wir hatten uns schon vor Wochen auf einen Drink verabredet, um uns ordentlich vorzustellen.

»Da musst du allein vorgehen. Ich muss hier erst ein paar Sachen erledigen. Ich komme gegen sieben nach. Mach dich ruhig schon auf den Weg.«

Ich stieg wieder in den Aufzug und ging zu Boots, wo ich etwas Migraleve und ein Kombi-Schmerzmittel kaufte. Nach guten fünf Minuten Wühlen in meiner Handtasche, während der es mir immer schlechter ging, fand ich endlich meine Kreditkarte. Natürlich war es zu spät; wenn ich nicht beim ersten Anzeichen eines Migräneanfalls Tabletten nahm, würde ich mich in weniger als einer Stunde heftig übergeben und dazu nicht richtig sehen oder das Gleichgewicht halten können. Dass ich auch noch betrunken war, war nicht besonders hilfreich.

In der U-Bahn schloss ich die Augen vor den aufblitzenden Lichtern und treibenden dunklen Flecken, die mir die Sicht versperrten. Vielleicht wurde ich blind. Mir wurde auch zunehmend übel, und ich schwitzte stark. Als sich die Türen bei der Haltestelle London Bridge öffneten, sprang ich auf den Bahnsteig, weil ich dachte, ich müsste mich gleich übergeben. Ich lehnte mich für ein paar Minuten an die Wand, um die Übelkeit zu überstehen, die auch schließlich verschwand, und fuhr mit der nächsten Bahn weiter.

Als ich im Zuma ankam, war es Viertel vor sechs. Mir blieben fünfzehn Minuten, um einen Teil des Alkohols aus meinem Körper zu treiben, meine Migräne zu überwinden und irgendwie wieder halbwegs zu mir zu kommen. Ich sah mich zufällig im Spiegel; ich sah aus, als hätte ich gerade einen schwachen Schlaganfall erlitten. Ich bestellte zwei Flaschen Wasser, um nüchterner zu werden, einen doppelten Espresso gegen die Müdigkeit und Eis, das ich in eine Serviette wickelte und gegen mein Auge drückte, während ich wartete. Ich atmete immer wieder tief durch und hielt mein anderes Auge halb geschlossen.

Die Frau am Nebentisch beugte sich zu mir herüber und fragte, ob alles in Ordnung sei. Das war kein gutes Zeichen; ich kam zwar einigermaßen zurecht, auch wenn es mir schlechtging, aber wenn ich dabei auch krank aussah, schaffte ich auf keinen Fall allein ein Kundentreffen. Ich packte das Eis weg, das nur mein Augen-Make-up verschmiert hatte, ohne den Schmerz im Geringsten zu lindern. Wahrscheinlich hatte ich mir jetzt auch noch Frostbeulen geholt.

»Venetia?«

Natürlich kam er ein wenig zu früh. Ich stand auf, um ihm die Hand zu schütteln. Mir war leicht schwindlig und übel, und ich schwitzte immer noch heftig. Wir setzten uns und redeten über seinen Umzug von New York nach London und über seine Familie. Dann wurde noch eine Flasche Wasser gebracht. Er bestellte einen Mojito, und ich schloss mich ihm an – mittlerweile konnte der Alkohol die Lage auch nicht mehr verschlimmern. Ich war betrunken, mir war kotzübel, und ich hatte eine Migräne. Der Rum war eine willkommene Bereicherung zum Cocktail aus Schmerzmitteln, Rotwein und Weißwein, der bereits in meinem Magen umherschwappte.

Die Drinks kamen, und ich stand noch einige Minuten Geplapper über seine Kinder und vage Anspielungen auf den Markt durch. Als er gerade über seinen Hintergrund in M&A (Mergers and Acquisitions, Fusionen und Übernahmen) redete und erzählte, wie ihm klargeworden war, das sei einfach nichts für ihn, musste ich würgen. Zum Glück sah er gerade in die andere Richtung, weil er von einem Kellner abgelenkt wurde, der am Nebentisch einen großen Teller Sushi servierte, dabei ein paar Gläser umgestoßen und ihm Sake auf das Bein gespritzt hatte.

Ich schaffte es irgendwie, mich zu entschuldigen, schnappte mir meine Handtasche und ging so gelassen wie möglich zur Toilette, während ich mit meinem Magen einen Machtkampf ausfocht. Mein einziger Gedanke war, dass ich auf keinen Fall im Zuma auf den Boden kotzen durfte. Die nächsten gefühlt zwanzig Minuten übergab ich mich heftigst. Am Ende kniete ich in der Kabine auf dem Boden, weil ich mich kaum noch auf den Beinen halten konnte und meine Bauchmuskeln die gebückte Haltung über der Toilette nicht mehr mitmachten. Verdammter Champagner. Verdammte Migräne. Meine Augen waren blutunterlaufen, meine Wimperntusche hatte auf beiden Wangen Schlieren gezogen. Ich zerrte meine Haare wieder zu einem Pferdeschwanz zusammen und versuchte rasch, die Überreste meines Make-ups zu retten – mehr Eyeliner, mehr Wimperntusche, mehr Rouge.

Als ich wieder zum Tisch kam, war der Amerikaner schon dort; solange ich ihn kannte, war ich noch nie so froh gewesen, ihn zu sehen. »Venetia, wir wollten gerade etwas zu essen ordern – kannst du ein paar scharfe Thunfischsushi bestellen und dazu, was du meinst?« Er streckte mir eine Karte entgegen und widmete sich wieder dem Gespräch mit Jack; dass ich mich übergeben hatte, war offenbar gar nicht aufgefallen. Es war eine einfache Aufgabe, die ich gewohnt war, aber ich konnte mich nur mit Mühe auf die Wörter vor meinen Augen konzentrieren. Es gibt kaum etwas Schlimmeres, als eine Karte mit rohem Fisch durchzugehen, wenn man sich gerade die Seele aus dem Leib gekotzt hatte. Jedes Organ in meinem Körper zitterte oder zog sich vor Abscheu zusammen, wenn ich nur an rohen Aal oder frittierte Butterkrebse dachte.

Ich schaffte es zu bestellen, indem ich auf die ungefährlichsten Gerichte zeigte, dann lehnte ich mich zurück und versuchte, dem Monolog des Amerikaners zu folgen, der sich und seine Rolle als Inter-Dealer-Broker der Stars auf dem Parkett beschrieb, seine Vorliebe für maßgeschneiderte Lösungen und seine Fähigkeit, an Informationen zu kommen, die kein anderer Broker hatte. Seine Stimme hatte auf meine Sinne die gleiche Wirkung wie der Gedanke an rohen Aal. Ich starrte auf das grüne Gemisch aus Minze und Zucker am Boden meines Mojitos, überlegte, ob ich mich gleich wieder übergeben müsste, und merkte, dass es vielleicht doch keine so tolle Idee gewesen war, auch noch Rum zu trinken. Immerhin hatte meine Migräne nachgelassen und ich war ein wenig nüchterner geworden, aber dafür war alles nur noch schwerer zu ertragen.

Das Essen wurde serviert, und nach kurzem Zögern spürte ich etwas Vertrautes – einen Anflug von Hunger. Wider Erwarten bekam ich wieder Aufwind. Ich hatte Brokerbulimie. Das Mittagessen aus Foie gras, Steak und Schokobombe wurde man los, dann ging es wieder frisch ans Werk. Die Felsengarnelen-Tempura schmeckten so gut wie noch nie, und ich sprach plötzlich mit neuer Begeisterung über den Markt für notleidende Kredite.

»Hab grad im Zuma total gekotzt und bin jetzt wieder voll dabei. Hardcore, oder? x«

Ich schrieb Giles, weil ich wusste, dass er sich darüber amüsieren würde. Versteckt im Hinterkopf war ich mir vage bewusst, dass man auf so etwas nicht stolz sein sollte, und die meisten meiner Freunde wären entsetzt gewesen, dass ich mein Reiern als Auszeichnung vor mir hertrug, aber das machte mich im Moment nur noch zufriedener.

Ich war froh, dass mich zu Hause eine leere Wohnung erwartete. Ich kletterte unter die Dusche und aalte mich in dem warmen Gefühl, Migräne und Übelkeit überstanden zu haben, während Reste von Schmerzmittel, Champagner und Rum noch durch mein zentrales Nervensystem schwirrten. Das war eine abgeschwächte Version des sicheren Morphiumschlummers nach einer Operation. Man hat vielleicht überall Schläuche hängen, aber nach einer Morphiumspritze in den Hintern weiß man, dass man bald in einen tiefen, geborgenen Schlaf abgleitet, wo einem niemand etwas anhaben kann. Danke, Schwester.

»Ich finde, es ist mit Jack wirklich gut gelaufen. Er ist ein netter Kerl. Und er ist klug.«

Es war der nächste Morgen. Der Amerikaner hatte nach unserem offenbar erfolgreichen Abend mit seinem neuen Projekt Jack gute Laune. Er sprach schon über ein nächstes Abendessen. Ein Teil von mir wollte gerne einwerfen, dass ich an dem Abend unter anderem mein Mittagessen wieder ausgespuckt hatte und mich an nichts erinnern konnte, was Jack und ich geredet hatten, bevor der Amerikaner gekommen war. Ich hoffte bloß, dass es nichts Unpassendes war und ich einigermaßen beim Thema geblieben war.

»RM ist wohl gerade auf 92,5 rauf, haben wir Verkäufer?«
»Nee, erst bei 94, und da ist kein Spielraum mehr.«
»Wo liegt das Gebot? Haben wir überhaupt ein verdammtes Gebot?«
»Ich habe nur ein Gebot zu 90. Scheiße, ist grade für 93 getradet worden.«
»Wo zum Teufel ist der Verkäufer?«

Anleihen und Kredite machten wilde Sprünge. Es hatte Neuigkeiten gegeben. Jemand hatte gute Zahlen veröffentlicht, aber ohne Verkäufer konnten wir nichts anderes tun, als zuzusehen, wie die Trades über andere Läden liefen. Wenn sich die Preise schnell bewegen, zeigen Trader ihr Gebot oder Angebot normalerweise nur einem Laden, damit sie nicht gleichzeitig bei zwei verschiedenen Bookies einen Hit oder ein Lift bekamen, es sei denn, sie wollen eine größere Menge verkaufen und können es sich leisten, zwei Millionen und dann noch mal zwei Millionen oder sogar ein Sixpack (drei Packen zu zwei Millionen) loszuwerden.

»Ich bekomme gleich einen Hit bei 91. Konto 10 zieht ihn weiter nach unten.«
»Geht um 1 tiefer, Gebot zu 89 bleibt.«
»Scheiße, bekomme schon wieder einen Hit. Runter auf 89. Damit ist mein Käufer raus.«

Einem der Big Swinging Dicks war offenbar langweilig geworden. Der Lift bei hohen 92,5 war nicht gut angekommen, und er hatte mindestens vier Millionen umgeschichtet, dabei hatte er einmal ein Gebot von 91 und dann eines von 89 angenommen und über andere Läden noch mehr verkauft, was den Preis weiter drückte.

Es gab geteilte Meinungen darüber, wie gut die Preise der Firma waren und ob das bei diesem Markt überhaupt etwas ausmachte. Manche Trader reagierten auf bestimmte Namen negativ, sie mochten sie einfach nicht, egal, welche Neuigkeiten es gab, und wenn ihr Orderbuch groß genug war, konnten sie den Markt manipulieren, indem sie die Anleihen oder Kredite zu niedrigen Preisen verkauften und so versuchten, ihren Wert auf dem Parkett zu drücken. Weil überhaupt keine Transparenz herrschte, wurde Trader leicht paranoid. Wenn ohne Erklärung günstige Trades laufen, glauben sie oft, jemand wüsste etwas, das sie nicht wissen, und starten manchmal Panikverkäufe. Auf dem Markt für Leveraged Loans, der nichtöffentlich ist, war das besonders weit verbreitet. Nur Gläubiger der Kredite haben Zugriff auf Informationen, und niemand weiß sicher, was los ist.

Wenn der Markt zusammenbricht, bleibt nur noch eines übrig: feiern. Also beschloss der Amerikaner, es sei an der Zeit für eine weitere Party im Nobu, aber dieses Mal durften auch die anderen Kollegen vom Desk ihre Kunden einladen. Obwohl er mit dem Privatsaal vom letzten Mal nicht zufrieden war, entschied er sich dafür, ihn wieder zu buchen, weil er sonst auf das Mint Leaf hätte ausweichen müssen, und das besaß nicht das gleiche Prestige, außerdem schmeckte ihm das Thunfischsushi im Nobu.

Obwohl weder die Deutschen kamen, die immer noch nicht auf unsere Anrufe reagierten, noch die Größenwahnsinnigen, die zwar dem Richter Preise schickten, sich aber nicht weiter mit uns abgeben wollten, war das Event gut besucht; sogar einige der Trader, die man sonst kaum zu fassen bekam, schauten auf einen Drink vorbei. Alle waren viel betrunkener als auf der letzten Party, und niemand erwähnte die Arbeit. Das war auch nicht nötig: Jeder verlor Geld. Niemand wusste, ob und wann die Preise ihre Talfahrt beenden würden und wer im Januar noch einen Job hätte. Das war unser letztes Abendmahl. Wahrscheinlich waren wir alle verdammt.

Irgendwie landete ich im Trader Vic's im Untergeschoss des Hilton Park Lane, zusammen mit einem bunten Haufen: Emma, ihr Boss Brian, Shaun, der an Giles' Desk arbeitete, und irgendein Sales-Typ, der wie aus dem Nichts aufgetaucht war. Wir tranken mit dreißig Zentimeter langen Strohhalmen etwas aus einer riesigen Schatzkiste, das wie Cherryade mit Alkohol schmeckte. Ich hatte keine Ahnung, wo mein restliches Desk abgeblieben war, warum Emmas Chef betrunkener war als jeder andere oder woher das Strohröckchen und die Kokosschalen gekommen waren. Den Sales-Typen kannte niemand, aber alle waren so betrunken, dass es egal war, und je mehr Cherryade ich schlürfte, desto besser sah er aus.

Die Kunden, von denen man es am wenigsten erwarten würde, waren immer genau die, die sich bei der ersten Gelegenheit hoffnungslos betranken, und Brian bewies meine Theorie absolut. Er bekam plötzlich die fixe Idee, einen Club besuchen zu wollen, und rief mir auf eine nette, ältliche Art zu: »Komm schon, Venetia, du bist meine Brokerin; du müsstest doch die Schlüssel zur ganzen Stadt haben. Lass uns bitte losziehen. Zeig mir jeden Club, den du kennst. Ich will tanzen und mich zudröhnen, bevor wir alle in einer Rauchwolke verschwinden.«

Emma versuchte, ihn zu beruhigen und nach Hause zu schicken, weil sie ein Auge auf Shaun geworfen hatte, und mit Brian im Schlepptau kam sie nicht recht zum Zuge. Ich wollte sehen, dass ich dort rauskam, bevor ich noch in einem verdrehten flotten Vierer endete. Ich setzte Brian in ein Taxi, ließ Emma und Shaun, beide mit dem Gesicht in einer Schatzkiste, allein, sprang selbst in ein Taxi und rief den Salsero an, einen meiner liebsten Tanzpartner.

»Wo bist du?«

»Komme gerade aus der Bar Salsa. Wieso?«

»Willst du noch was trinken? Ich bin direkt um die Ecke.«

Wir verabredeten uns in der Freedom Bar in Soho. Sie hatte lange geöffnet, und mit ihm war es ziemlich egal, wo wir tranken. Ich kippte schon an der Bar einen Rum, als er hereinkam, eingepackt in mehrere Lagen Wolle und einen riesigen Dufflecoat. Er mochte die Kälte nicht und zitterte, als er mich vom Barhocker zog und in der gleichen Bewegung meine Arme um seinen Hals legte. Er bestellte einen Jack Daniels ohne Eis, dann standen wir aneinandergeschmiegt da und tranken stumm unsere Drinks. Er war noch nie besonders gesprächig gewesen, sicher auch, weil er nicht allzu viel Englisch sprach. Manchmal fragte ich mich, ob er auf Portugiesisch intelligenter war, aber das wurde auf der Tanzfläche vollkommen unwichtig. Wenn man den ganzen Abend lang über Leveraged Loans gesprochen hatte, war das eine willkommene Abwechslung.

Wir landeten schließlich in seiner Wohnung in Clapton; ich glaube, weiter östlich hatte ich es noch nie geschafft, wenn man von ein paar Fahrten nach Stratford absah, wo ein Armeeoffizier, mit dem ich mal zusammen war, ein Haus besaß. Ich hatte fest vor, ihn flachzulegen, sobald wir durch die Tür waren; ich zog mich sofort bis auf Strumpfhose und BH aus, aber als ich in die Waagerechte kam, machte sich die Kombination aus frühem Aufstehen und den enormen Alkoholmengen, die ich in den letzten Stunden zu mir genommen hatte, bemerkbar und ließen mich offenbar einschlafen, denn als Nächstes hörte ich schon den gefürchteten Calypso-Weckton.

Ich rollte mich herum. Er schlief noch in einem weißen T-Shirt und Boxershorts, ich trug immer noch Strumpfhose und BH. Ich war den ganzen Weg ins Scheiß-Clapton rausgekommen, und das nur für eine unschuldige Übernachtung. Wenigstens war ich schon mal in East London, auch wenn ich keine Ahnung hatte, wo ich war oder wo ich die nächste U-Bahn-Haltestelle fand. Ich krabbelte aus dem Bett und zog mich so schnell und leise wie möglich an, bevor ich mich zu ihm hinunterbeugte und ihm einen Abschiedskuss gab. Er war noch schläfrig, ich wollte ihn nicht wecken, damit er mir den Weg beschrieb. Ich brauchte einen Moment, bis ich die Vordertür aufbekam, dann ging ich im Dunkeln hinaus, ohne zu wissen, in welche Richtung ich gehen sollte. Ich musste ein Straßenschild finden, dann konnte ich die Google-Maps-Applikation auf meinem BlackBerry nutzen; bis jetzt hatte sie mich immer nur im Kreis herum oder über die längstmögliche Strecke geführt, aber sie war meine einzige Chance. Clapton. Gab es in Clapton überhaupt eine U-Bahn-Haltestelle? Fuck, fuck, fuck. Genau deshalb sollte man Zone eins unter der Woche gar nicht erst verlassen.

Nachdem ich zwanzig Minuten lang eine Straße entlanggelaufen war, von der ich dachte, sie würde grob Richtung Hackney führen, gab ich auf, suchte mir eine Hausnummer und den Straßennamen und rief ein Taxi von Addison Lee. Erst als ich sicher in einem ihrer warmen VW Sharans saß, merkte ich, wie zerknittert mein Kostüm aussah und dass mein Strumpf eine riesige Laufmasche hatte. Ich versuchte, den Schaden an meinem Make-up zu beheben und meine Wimpern zu entklumpen, aber ohne etwas zum Abschminken konnte ich nicht viel ausrichten. Meine Wimpern waren zu festen Bröckchen zusammengeklebt, und mein halber Eyeliner war über meine Wange verschmiert. So konnte ich auf keinen Fall ins Büro gehen, aber um die Zeit hatte noch nichts geöffnet, und ich würde es nicht nach Hause und dann noch pünktlich zur Arbeit schaffen. Ich konnte nur beten, dass ich am Vortag nicht aus Versehen wasserfeste Wimperntusche benutzt hatte, und im Büro versuchen, alles abzuwaschen und neu aufzulegen.

Um halb sieben hielten wir vor dem Gebäude. Als ich unsere Etage betrat, war sie noch recht leer, und zum Glück saß niemand an unserem Desk. Ich holte meine Ersatzstrumpfhose und ein Fläschchen Foundation aus meiner Schublade und schaffte es in den Waschraum, ohne dass mich jemand sah, der mich kannte. Einen Spießrutenlauf mit dem Make-up vom letzten Abend, einer kaputten Strumpfhose und einem zerknitterten Kostüm durch einen vollen Handelsraum wäre selbst mir einen Schritt zu weit gegangen.

07:18:32 VENETIA THOMPSON: Gott sei Dank bist du da – war nicht zu Hause. Ups.

07:20:56 LENA KLEIN: Ha! Gut gemacht – wen hast du gevögelt?

07:21:30 VENETIA THOMPSON: Keinen am Ende. Bin im bekackten Clapton gelandet – totale Pleite. Bin weggesackt, als wir gerade bei ihm waren. Lahme Vorstellung.

07:30:23 LENA KLEIN: Haha, klasse. Du weißt, dass wir heute mit Markham ausgehen, oder? Er will die berühmte Airbags schon lange kennenlernen, also fall mir nicht um.

07:35:30 VENETIA THOMPSON: Ja ja, ich pack das schon, muss nur vorher irgendwie nach Hause und mein Gesicht aufhübschen. Das sieht nicht gut aus.

Mit Markham ins Scalini zu gehen, konnte ich auf keinen Fall ausschlagen. Ich wollte ihn schon kennenlernen, seit Lena zum ersten Mal von seinen übermenschlichen Brokerfähigkeiten erzählt hatte. Ein Abendessen mit einem Broker von der Konkurrenz war normalerweise etwas Unerhörtes, aber als Lenas beste Freundin wurde ich meist als ihre Begleiterin eingeladen – sie hasste die langen Abende und den maßlosen Alkoholkonsum, deshalb konnte ich als ihre Sekundantin fungieren; ich trank den Wein, den sie stehenließ, und aß die Innereien, die sie nicht herunterbrachte. Wie ein Schwarzes Loch verschlang ich fröhlich alles, was in meine Nähe kam.

Markham erfüllte all meine Erwartungen – er wurde von vier Typen aus seinem Team flankiert, und es war sofort offensichtlich, wer der Chef war. Er mochte Lena – monatelange Panik, wenn er über die Telefonanlage nach ihr verlangte, hatte sich irgendwann in eine Beziehung zwischen Broker und Traderin verwandelt, in der sie unbeschwert mit Markham plaudern konnte, ohne Angst zu haben, ihn wütend zu machen oder zu weit zu gehen. Solche Beziehungen behielt er allerdings ganz offensichtlich seinen Lieblingskunden vor. Ich war eine Außenseiterin – ein Eindringling von einer anderen Firma, mit dem er vielleicht einen lustigen Abend verbringen konnte, bei dem er aber immer vorsichtig bleiben würde. Wenn sich unsere Blicke trafen, wurde ich daran erinnert – die Grenzen, die er gesteckt hatte, konnte man nicht überschreiten. Ich war gefangen.

Kurze Zeit später war unser Tisch, abgesehen von einer großen Gruppe Italiener, als einziger noch besetzt, und wir sangen abwechselnd lauthals Weihnachtslieder in unserer jeweiligen Sprache. Ab und zu bastelte einer der Jungs eine kleine, rauchende Laterne, für die er das Papier der Amaretti zusammenrollte und an einem Ende anzündete; dann sahen wir alle gebannt zu, wie sie durch das Zimmer schwebte. Unweigerlich landeten ein paar Ascheflöckchen in meinem Ausschnitt, und dann beugte sich einer der Jungs zu mir herüber, um sie wegzuwischen, »damit ich nicht in Flammen aufgehe«, und wir lachten hysterisch.

Als ich zu Bett ging, träumte ich davon, eines Tages für Markham zu arbeiten, überzogen mit Ascheflöckchen.

Der Untergang

Sanza speme vivemo in disio
(Die Sehnsucht nur, die niemals Hoffnung spürte)
Dante, Die Hölle, 4,42

Es war Ende November. Matt, ein Broker von einem anderen Desk, hatte für seine Lieblingskunden, die übers Wochenende aus Frankfurt herkamen, ein Mittagessen im Petrus gebucht. Er hatte mich auch eingeladen, weil jemand abgesagt hatte und plötzlich ein Platz frei war. Wir hatten einen ruhigen Donnerstag, und der Amerikaner ließ mich gerne gehen. Um halb zwölf verließen wir das Büro und fuhren mit einem Taxi zum Berkeley Hotel. Ich wusste, dass Matt es richtig krachen lassen wollte, als wir mittags an der Bar mit Krug Rosé anfingen und anderthalb Flaschen geschafft hatten, bevor sein zweiter Kunde aus Deutschland ankam.

Es gibt kurze Mittagessen, zu denen man sich um ein Uhr verabredet und bei denen alle wissen, dass man nachmittags wieder zur Arbeit muss; entsprechend kann man in anderthalb Stunden nur eine begrenzte Menge konsumieren. Und dann hat man manchmal Kunden, die für eine Schulung oder ein paar Meetings in ihrem Londoner Büro hergeflogen sind und die den Nachmittag und Abend freihaben; sie sind in der Stadt nur zu Besuch. Solche Mittagessen sind die perfekte Gelegenheit für achtgängige Degustationsmenüs, die den ganzen Nachmittag dauern, und zahllose Flaschen Wein, weil auf die Kunden außer ihren traurigen Hotelzimmern nichts wartet. Man kann sie mehr oder minder festhalten, solange man will. Dies war eine dieser seltenen Gelegenheiten, und das Petrus im Berkeley bot dafür die perfekte Umgebung.

»Bringen Sie uns einfach, was Sie empfehlen können, solange alles unter fünfhundert Pfund bleibt, und ich hätte gern ein Glas Château d'Yquem zu meinem Foie gras. Jungs? Neesh? Wer trinkt ein Glas mit? Das ist schweinelecker.«

Mit einem Süßwein für hundert Pfund das Glas anzufangen war schon heftig, so was brachte nur Matt fertig. Einer der Deutschen bestellte prompt eine Flasche Brunello, die etwas über sechshundert lag, und fragte Matt, ob er etwas dagegen hatte; hatte er natürlich nicht.

Die nächsten fünf Stunden lang gab es die besten Gerichte und Weine des Restaurants. Die Jungs entschuldigten sich zwischen den Gängen immer wieder, um rauchen zu gehen, während ich allein an dem großen, runden Tisch voller Flaschen sitzen blieb und mit leerem Blick die anderen Gäste betrachtete. Nicht einmal, nachdem ich ein Jahr lang Kunden in die besten Restaurants Londons ausgeführt hatte, war ich auf diesen Tag richtig vorbereitet.

Irgendwann zogen wir in die Bar um, wo Matt prompt eine Flasche Dom Pérignon zwei jungen Frauen schicken ließ, von denen sich eine als Ehefrau eines Brokers in unserer Firma herausstellte. Offenbar war man in Londons besten Restaurants und Hotelbars immer nur einen Steinwurf von einem Broker oder einer Brokerfrau entfernt.

Das Rauchverbot hatte eine ganze Reihe von Problemen

mit sich gebracht. Zigarren bildeten genauso wie guter Wein, Koks und Whisky einen wesentlichen Bestandteil von Mittag- und Abendessen in der City, aber es wurde immer schwieriger, einen Laden zu finden, in dem man seinen Kunden hinsetzen und ihm eine Zigarre bestellen konnte, um sich eine dringend benötigte Pause zu gönnen, während er rauchte. Zum Glück lag die Zigarrenterrasse des Lanesborough Hotels in der Nähe, und dort wurde der gleiche Jahrgang Croft Port serviert, den wir im Petrus getrunken hatten. Wir lehnten uns zurück und verschwanden hinter Rauchwolken von Romeo y Julietas, aber Matt ruinierte die Ruhe prompt, indem er beschloss, der 1965er Port würde »nicht richtig schmecken«, und ihn zurückschickte. Ich wusste nicht, wie er nach sieben Stunden Trinken und Rauchen noch einen Unterschied feststellen wollte; für mich schmeckte alles wie Fusel.

Mittlerweile war es halb acht abends. Ich wusste, dass ich bald nach Hause aufbrechen musste, mich umziehen und quer durch London zur Weihnachtsfeier von Marketex im Shoreditch House fahren, wo ich gegen neun mit Lena verabredet war. Sie hatte mich in der Antwort auf ihre Einladung als ihre Sales-Mitarbeiterin eingetragen. Ich eiste mich los und ließ die Deutschen, von denen einer weggetreten auf einem Sofa unter einem Heizstrahler lag, zusammen mit Matt zurück, damit sie eine weitere Runde Zigarren und noch eine Flasche Port genießen konnten, und sprang in ein Taxi.

Als ich durch mein Schlafzimmer stolperte, mich mit meiner Strumpfhose, Schuhen von Louboutin und verschiedenen Kleidungsstücken abkämpfte, war mir übel, ich stank nach Zigarren und konnte kaum aufrecht stehen. Ich wusste schon vorher, dass die Fahrt mit dem Wagen von Addison Lee eine Quälerei würde. Unterwegs fuhr ich das Fenster herunter, streckte den Kopf aus dem Fenster wie ein Afghanischer Windhund und schloss die Augen, während wir durch die Straßen der City fuhren. Es war wie eine Fahrt in der Walzerbahn auf dem Jahrmarkt, und ich wusste nicht, ob es mit offenen oder geschlossenen Augen schlimmer war. Der Fahrer versuchte, sich mit mir zu unterhalten, aber ich konnte ihn kaum hören und überhaupt keine Antwort geben.

Wir schafften es bis zur London Wall, bevor ich das Taxi anhalten lassen musste, um mich zu übergeben. Ich weiß nicht, was ich gerufen habe, aber es war offenbar so eindeutig, dass der Fahrer anhielt. Er war sichtlich überrascht, dass ich so früh am Abend schon so mitgenommen war, und ich murmelte als Erklärung etwas von einer Lebensmittelvergiftung. Am Rande bekam ich mit, dass Leute vorbeigingen, während ich seitlich im Wagen saß, mich nach draußen lehnte, den Kopf zwischen den Knien und eine Hand am Kopf, um mein Haar zurückzuhalten, und versuchte, nicht auf meine dreihundertfünfzig Pfund teuren Schuhe zu spucken. Nach ein paar Minuten schwang ich die Beine wieder in den Wagen, und wir fuhren weiter durch die City, während ich versuchte, mein Make-up aufzufrischen – dieses Ritual vollzog ich in Taxis offenbar jedes Mal, mit dem stummen Asasel auf meiner Schulter.

Beim Club angekommen, fühlte ich mich ein wenig besser, nachdem ich den Großteil des Mittagessens losgeworden war, und konnte mit Hilfe des Türstehers einigermaßen unfallfrei meinen Mantel abgeben und mein Armbändchen umlegen. An der Rezeption mussten wir uns ausweisen, damit sie sichergehen konnten, dass wir auf der Gästeliste standen, und ich hoffte, dass sie nicht auch einen Nachweis darüber verlangen würden, wo wir arbeiteten, weil Broker von der Konkurrenz bei Weihnachtsfeiern in der Regel nicht gern gesehen sind. Zum Glück reichte mein Führerschein, und so betrat ich den Aufzug zusammen mit einer Gruppe Broker von Marketex, die mich für eine Kundin hielten und fragten, für welche Bank ich arbeitete. Mich als Mitglied von Lenas Sales-Team auszugeben, war nüchtern schon schwer genug, aber in diesem Zustand konnte ich kaum behalten, wer und was ich sein sollte. Hilfe kam von einem Bookie, der meinte, ich sähe »nicht besonders gut aus«, und fragte, ob alles in Ordnung sei, bevor ich antworten konnte, wo ich arbeitete. Als ich sagte, ich käme gerade von einem langen Mittagessen, nickten alle mitfühlend und ließen mich in Ruhe. »Kundenessen« war in der City offenbar der allgemeingültige Code für »mir geht's beschissen, stellt mir bitte keine schwierigen Fragen«.

Hatte ich erst einmal etwas Wasser, einen Stuhl und Lena gefunden, die nicht an ihr Handy ging, würde sicher alles gut werden. Den Holzboden der Dachterrasse zu überqueren verlangte volle Konzentration, und als ich es bis zur Bar geschafft hatte, gaben meine Knie fast nach. Alle waren viel zu nüchtern und unterhielten sich ganz gesittet in Zweier- und Dreiergrüppchen. Eine einsfünfundsiebzig (einsdreiundachtzig mit den blöden Absätzen) große Blondine, die betrunken auf den Holzdielen mit den Armen rudert, konnte sich hier nicht verstecken. Ich war erleichtert, als ich die relativ sichere Bar erreichte, an der ich mich zumindest festhalten konnte. Ich bestellte einen Martini und ein Glas Wasser, trank das Wasser und hielt den Martini als Requisit in der Hand. Ich konnte nicht mit leeren Händen herumlaufen, weil dann automatisch jemand kommen würde, wahrscheinlich ein Broker von Marketex, und mich fragen würde, ob ich etwas trinken wollte, und für dieses Gespräch war ich nicht bereit.

Lena konnte ich nirgends finden. Nachdem ich ein paar kurze, zähe Gespräche mit irgendwelchen Schwellenmarkt-Tradern geführt hatte und der Großteil meines Gins in meiner Bluse und der Rest hinten auf dem Cocktailkleid einer anderen Frau gelandet war, wurde mir klar, dass ich nicht in der Verfassung für Smalltalk war, also ging ich in Deckung, bevor ich noch eigenen Kunden über den Weg lief. Ich stellte mein Martiniglas ab, ging auf die Damentoilette und schloss mich mit einer Flasche Wasser in einer Kabine ein, um mir etwas Zeit zu verschaffen und etwas nüchterner zu werden. In dieser selbst auferlegten Auszeit hörte ich eine Menge leeres Geplapper von jungen Frauen über Lipgloss, Jungs und Pläne für den Weihnachtsurlaub. Das waren die Screen-Mädels von Marketex. Ich hoffte bloß, dass sie nicht alle gleichzeitig zur Toilette mussten, weil es nur drei gab und ich eine davon besetzt hielt. Ich rechnete fast damit, dass gleich jemand den Kopf über die Trennwand streckte.

»Wo zum Teufel bist du? Ich habe mich mit Gin eingesaut, muss gleich wahrscheinlich wieder kotzen, bin betrunken, völlig am Arsch und ganz allein auf dieser beschissenen Party.« Endlich hatte ich Lena erreicht, die immer noch Meilen entfernt bei ihrem Essen saß. Ich sprach in einem trunkenen, lauten Flüsterton.

»Tut mir leid. Bin spät dran. Warum flüsterst du? Wo bist du? Du bist bei so was klasse, und du gehst ständig allein zu Branchenpartys, du schaffst das schon. Geh einfach wieder raus, ich bin in einer halben Stunde da.«

»Auf dem Klo. Nicht, wo ich so früh schon so betrunken bin, und nicht bei der Weihnachtsfeier von der Konkurrenz, wo ich deine Sales-Kollegin spiele. Beeil dich einfach, bevor noch jemand glaubt, ich wäre ohnmächtig geworden, und die Klotür aufbricht.«

Es wäre kein Problem gewesen, wenn es schon später gewesen wäre, weil dann alle betrunken herumgestolpert wären und sich überhaupt schlecht benommen hätten. Am sichersten war es, erst mal zu bleiben, wo ich war. Die Toilettenkabine bot mir einen wunderbaren Kokon; ich lehnte den Kopf gegen die Trennwand und rutschte langsam nach hinten. Als Nächstes bekam ich mit, dass mein BlackBerry auf meinem Schoß vibrierte. Mit einem Ruck setzte ich mich auf; ich war eingeschlafen, mit trockenem Mund, überdehnten Bauchmuskeln und dem Kopf auf dem Spülkasten. Der Anruf kam von Lena. Es war über eine Stunde später.

»Ich bin da. Wo bist du? Fitz meinte, er hätte dich zum Klo gehen sehen, danach wärst du nicht mehr aufgetaucht. Beeil dich, hier will so ein Schwachkopf für hundert Mäuse ausprobieren, wie viele Bahnen er tauchen kann, und er steigt gleich in den Pool.«

Bei Brokerpartys ging es immer ziemlich wild zu, aber diese war besonders spektakulär. Wenn sich der ganze Markt betrank, und dazu noch ein Pool, eine Kegelbahn, ein Schokoladenbrunnen, zu viele Treppenaufgänge und eine offene Bar kamen, schrie das direkt nach Ärger.

Ich verließ die sichere Damentoilette und entdeckte Lena an der Bar. Als ich zu ihr hinüberging, fühlte ich mich deutlich weniger unsicher als vorher und konnte in einem normalen Tempo laufen. Ein paar Schritte von ihr entfernt standen drei Trader, mit denen sie, ich oder wir beide schon einmal ausgegangen waren. In letzter Zeit hatte sie sich mit einem Mann getroffen, der am anderen Ende der Dachterrasse stand; mittlerweile hatte sie zwar nach einem unseligen Zwischenfall, bei dem er nackt zu 50 Cent herumgetanzt hatte, das Interesse verloren, war aber noch nicht dazu gekommen, ihm das zu sagen.

»Ach du Scheiße. Hugh kommt rüber. Können wir ihn nicht einfach in den Pool schubsen? Wenigstens kann er in der Öffentlichkeit nicht zu Gangsta-Rap seinen Schwanz herumschwenken. Bah.«

Die Sache war schade, weil er wie viele Jungs am Markt Potential besessen hatte. Er war witzig, klug, ein erfolgreicher Trader an einer großen europäischen Bank, aber ohne die Arroganz, die wir mittlerweile schon erwarteten, und schien richtig verliebt in Lena zu sein. Mit einem Tastendruck an seinem Ghettoblaster hatte er die Beziehung beendet, ohne es zu ahnen.

Niemand konnte ernsthaft nackt zu 50 Cent tanzen. Das war der schlechteste Versuch einer Verführung, von dem ich je gehört hatte. Lena, die technische Spielereien genauso liebte wie Musik, sagte, sie hätte einen doppelten Schock bekommen: Der erste Hammer war der hässliche CD-Player mit Kassettendeck, der zweite der Anblick von Hughs schlaffen rhythmischen Beckenbewegungen, zu denen er stumm einen Text von 50 Cents letztem Album mitsang. Sie war sofort aus dem Haus geflohen.

Das war ein typisches Phänomen in der City: Männer, die ihre Tage damit verbrachten, lächerlich hohe Geldsummen zu verdienen und zu verlieren, und die unfehlbar wirkten – die klarkamen, wenn sich der FTSE in die Hosen schiss oder wenn Firmen den Bach runtergingen –, konnten einfach keine Beziehung führen. Offenbar war ihre ganze Energie so mit dem Kaufen und Verkaufen von Anleihen und CDS verwoben, dass für andere Dinge schlicht nichts übrig blieb. Selbst extrem aggressive, testosterongetriebene Trader zerfielen schnell zu einer schlaffen Hülle, die nackt und unbeholfen im Dunkeln lag und sich wortreich entschuldigte, wenn sie erst einmal den sicheren Handelsraum verlassen hatten.

Ich ging eine Etage nach unten und tastete mich auf dem Weg die Treppe hinunter an der Wand entlang. Hinter der nächsten Ecke lief ich drei Tradern, die ich betreute, direkt in die Arme. Zum Glück waren sie alle betrunkener als ich und stützten sich gegenseitig. Sie sagten, sie wären gerade auf dem Weg zum Pool, und gingen an mir vorbei nach oben. Ich hoffte, dass keiner von ihnen ertrinken würde, sonst wäre ich am nächsten Morgen einen Kunden short.

Am Schokoladenbrunnen blieb ich stehen und versuchte, mich auf Russisch mit einem ukrainischen Schwellenmarkttrader zu unterhalten, mit dem ich an diesem Abend offenbar schon einmal geredet hatte. Irgendwann verlor ich das Gleichgewicht, schmierte mir den Unterarm mit Schokolade voll, entschuldigte mich und kippte anschließend prompt auf ein Sofa. Schon beim Eintreffen hatte ich Mo gesehen, er war aber an mir vorbeigelaufen und die letzte Stunde über die Tanzfläche gestolpert. Jetzt kam er zu mir herüber, schlang mir einen Arm um die Taille und flüsterte betrunken, ich sei seine Lieblingsbrokerin, bevor er schnell hinzufügte, er würde nie mit einer Brokerin ausgehen, weil es doch nicht gesund sein konnte, so viel Zeit mit Männern zu verbringen.

Ich war betrunken, aber nicht betrunken genug, um das nachher zu vergessen. Fitz hatte einmal das Gleiche gesagt, aber ich hatte das sofort als Unsinn abgetan. Mir war doch sicher kein Leben in Einsamkeit bestimmt, nur weil ich eine Brokerin war. Aber als ich das noch einmal hörte, machte ich mir doch Gedanken über meine Weiblichkeit – darüber, ob ich mich im Laufe dieses Jahres verändert hatte und ob ich zu einer Art Monster mutiert war. Ich wollte ja nicht wie der unglaubliche Hulk enden. Auf meinem Unterarm klebten Schokoladenreste an den blonden Haaren, die mir plötzlich so sonderbar lang erschienen, dass ich überlegte, ob ich sie mir mit Wachs entfernen lassen sollte, und auf meinem Schoß lag ein Kunde, der mir die Arme um den Hals geschlungen hatte. Wahrscheinlich war jetzt nicht der richtige Augenblick, um darüber nachzudenken, ob mein Job mich irgendwie verdorben hatte.

»Neesh, hast du Koks dabei? Hier herrscht echt Unterversorgung. So 'ne Scheiße, dieses bekackte Shoreditch. Mein Dealer ist schon unterwegs, aber seine Alte hat einen totalen Anfall gekriegt. Keine Ahnung, wie lange der braucht. Und keine Ahnung, wo die anderen sind. Wahrscheinlich bei Nutten.«

Ich spürte eine Hand auf meiner Schulter und erkannte die raue Stimme, die mir laut ins Ohr flüsterte, aber ich konnte mich nicht zu ihm umdrehen, weil Mo mich so fest umklammert hielt. Hinter mir stand Gonzo, einer der größten Produzenten am Markt, dem ich beim Ausgehen abends ein paar Mal über den Weg gelaufen war. Er ging, bevor ich etwas sagen konnte. Zum Glück hatte Mo das Wort »Koks« nicht gehört und war nicht ausgeflippt.

Wir hingen beide auf dem Sofa fest, und sobald ich versuchte aufzustehen, klammerte Mo sich an meine Hüften und zog mich zurück. Ich war zu betrunken, um mich durchzusetzen, und das Sofa war so weich, dass es auch nicht half. Irgendwann verschwand Mo auf die Tanzfläche, drehte sich dort, bis er plötzlich anhielt und sich auf einen stehengelassenen Teller mit Miniwürstchen in Blätterteig setzte.

Toby – ein gemeinsamer Freund von Lena und mir, der bei der Aggro-Bank tradete – stand in beigefarbenen Chinos und einem pastellfarbenen Hemd an der Bar, in der Hand einen Gin Tonic, und unterhielt sich mit einer jungen Frau. Wir hatten früher am Abend ein paar Worte gewechselt, obwohl wir uns nicht mehr richtig unterhalten hatten, seit er mir einen Job in der Sales-Abteilung seiner Bank beschaffen wollte und mich wunderbar auf Vorstellungsgespräche vorbereitete. Das Training gipfelte in einer Reihe von Vorstellungsgesprächen, von denen vor allem die Stunde unvergesslich blieb, in der mich einer seiner Kollegen mit Börsenmathematik in die Mangel nahm, und ich wieder mal meine totale Rechenschwäche bewies. Ich verwandelte mich in eine pampige Teenagerin, die von ihrem Mathelehrer zu einem Thema ausgequetscht wurde, das sie einfach nicht verstand, egal, wie er die Fragen formulierte. Erinnerungen an die täglichen Demütigungen in der Schule, wenn ich mich mit schriftlichem Dividieren und Gleichungen abquälte, stürzten auf mich ein, und alle guten Eindrücke, die ich als Basis in Gesprächen mit den vorgesetzten Sales-Leuten geschaffen hatte, wurden zunichtegemacht, als ich zu einem defensiven Wrack zusammensackte, mit gesenktem Kopf auf meinem Stuhl hockte und mich hinter meinen hellen Strähnchen versteckte. Es war so schrecklich, dass ich beinahe gegangen wäre.

Toby war körperlich nicht mein Typ – er war breit gebaut, sah aus und bewegte sich wie ein Panzer oder vielleicht wie ein Nashorn –, aber an diesem Abend fühlte ich mich irgendwie zu ihm hingezogen, obwohl mir dieser Gedanke vorher nie gekommen war. Er ließ sich neben mich auf das Sofa plumpsen. Ich war froh, ein bekanntes, halbwegs nüchternes Gesicht zu sehen. Lena war mit Hugh verschwunden; sie dachte, es wäre leichter, draußen Schluss zu machen, wo sie einfach in ein Taxi springen und flüchten konnte.

Ich wollte eigentlich nicht nach Hause gehen. Es war drei Uhr morgens und wäre mittlerweile ziemlich witzlos gewesen. Nach Hause hätte ich es gegen vier geschafft, damit wäre mir höchstens eine Stunde Schlaf geblieben.

Ich war an dem Punkt angelangt, an dem es am vernünftigsten schien, die Nacht durchzumachen. Und Toby war die perfekte Gesellschaft. Er war nicht so betrunken wie ich, wohnte in meiner Nähe und würde deshalb hoffentlich dafür sorgen, dass ich nach Hause kam. Er war interessanter als der ukrainische Trader, der sich jetzt allein an der Bar herumdrückte. Toby war auch kein richtiger Kunde und damit Freiwild, und mir fehlte nur noch ein Martini, bis ich ihn für den attraktivsten Panzer der Welt hielt.

Wenig später tanzten wir im Sitzen zu Blackstreet, weil wir uns auf dem Sofa so festgesaugt hatten, dass wir uns nicht mehr bewegen konnten. Es waren noch eine Reihe Kredittrader von der Aggro-Bank, der Ami-Bank und der Big Bad Bank dort, die zu »No Diggity« tanzten. Alle mussten in vier Stunden bei der Arbeit sein und hatten sich offenbar gegen das Schlafengehen entschieden. Der Schokoladenbrunnen trocknete allmählich aus, die Kegelpartien wurden immer tückischer, und die Bar hatte immer noch geöffnet. Immerhin waren schon alle von der Dachterrasse und damit weg vom Pool geholt worden. Ich habe nie herausgefunden, wer den Tauchwettbewerb gewonnen hat, aber in den Sesseln ein paar Meter weiter schliefen ein paar sichtlich feuchte Trader. Nur der Trupp Masseurinnen, die zu Beginn des Abends bereitgestanden hatten, um die Schmerzen und Wehwehchen der Cityobersten zu lindern, bevor das Gelage losging, hatte sich aus dem Staub gemacht.

»Bist du jetzt froh, dass du dageblieben bist? Wenn ich dich so ansehe, glaube ich, dass du als Brokerin viel mehr Spaß hast, als es bei Sales der Fall gewesen wäre.«

Toby hatte recht. Es wirkte lächerlich, dass ich noch vor ein paar Monaten so verzweifelt vom Broking wegwollte, während ich mir jetzt nicht vorstellen konnte zu gehen und tiefer drinsteckte als je zuvor. Es war einer dieser Abende, an denen ich dachte, ich hätte den besten Job der Welt. Ich wusste zwar nicht, wie ich den nächsten Tag bei der Arbeit überstehen sollte, und brachte kaum einen ganzen Satz heraus, trotzdem wusste ich, dass ich nie glücklicher war als in diesem Moment, als ich auf dem Sofa saß, betrunken mit Toby flirtete und Schokoladenstückchen von meinem Arm knibbelte.

Es war Zeit für den nächsten Gin Tonic. Während Toby zur Bar ging, kramte ich in meiner Handtasche herum und überprüfte rasch mein Augen-Make-up, das wie erwartet verschmiert und verklumpt war nach den Nachbesserungen im Taxi, dem Nickerchen auf dem Klo und fünf Stunden betrunkenen Unfugs. Meine Augen waren blutunterlaufen, und rund um die Augenhöhlen prangten winzige rote Pünktchen, wo ganz deutlich Blutgefäße geplatzt waren, als ich mich vorhin übergeben hatte. Es war dunkel, Tony würde es nicht auffallen, und weil ich es mit Sicherheit nicht bis zur Toilette geschafft hätte, ohne hinzufallen, blieb ich, wo ich war, und steckte den Spiegel wieder weg.

Ich weiß nicht, wann wir gingen. Marketex hatte eine Wagenflotte von Addison Lee organisiert, um alle nach Hause zu bringen, und wir fanden irgendwie den Weg von der Tür bis zum Rücksitz eines Taxis, bewaffnet mit Geschenktüten und dem Rest eines weiteren Gin Tonics für unterwegs. Während wir in den Tüten kramten und die geschenkte Schokolade aßen, redeten Toby und ich darüber, uns am Wochenende zu treffen – einer seiner Freunde gab eine Geburtstagsparty, und es hatte sich so angehört, als hätte er mich eingeladen, aber als ich zu Hause war, konnte ich mich nicht mehr an das Gespräch erinnern. Ich würde abwarten müssen, ob er mir nachher einen Bloomie schickte.

Ich schaffte es, zu duschen und mich umzuziehen, und kam kurz vor sieben bei der Arbeit an. Wer sonst noch bei der Party gewesen war, würde erst in ein paar Stunden aufschlagen. Als sich einer meiner Kunden endlich gegen halb zehn stöhnend über die Telefonanlage meldete, erzählte er mir trocken, er sei zu betrunken, um zu traden, sein Deskchef hätte ihm verboten, Gebote rauszuschicken, und wenn ich etwas bräuchte, sollte ich mit seinem Chef sprechen. Zwei andere Jungs, die mit ihm zusammenarbeiteten, waren noch nicht aufgetaucht und auch nicht zu erreichen. Toby war noch nicht im Büro, genauso wenig Lena oder der unselige 50-Cent-Tänzer.

Dann sickerten die ersten Geschichten durch. Einer der größten Trader der Amibank war dabei erwischt worden, wie er morgens um vier vor einem durchgehend geöffneten Laden selbstlos ein Sechserpack Bier mit ein paar Pennern teilte – offenbar hatte ihn eine ganze Autoladung Bookies in flagranti erwischt, als sie von ein paar Huren in der Nähe kamen. Sie hatten natürlich sofort angehalten, um über ihn herzuziehen, und jetzt drehte sich die Diskussion darum, wer mieser war: der Trader, weil er sein Bier unbedingt mit ein paar Pennern teilen musste, oder die Broker, die nach einem Abstecher in den Puff nach Hause zu ihren Frauen fuhren.

Eine einzige Party hatte einen guten Teil des Kreditmarkts an diesem Morgen lahmgelegt, wie eine Art umgekehrter Charity Day. Trader waren entweder fahnenflüchtig, durften keine Preise rausgeben oder waren zwar zur Arbeit gekommen, aber sofort wieder nach Hause geschickt worden, um sich auszuschlafen. Die meisten Marketex-Broker waren nicht online, weil sie wussten, dass ihre Kunden später kommen würden und es deshalb nichts brachte, vor der Mittagszeit im Büro zu sitzen.

Unsere eigene Firma richtete wegen der heftigen Nachwehen am nächsten Tag keine Weihnachtsfeiern mehr aus und veranstaltete stattdessen kleine Partys pro Desk, um die Last über Weihnachten zu verteilen, weil man glaubte, einzelne Desks und ihre Kunden könnten nicht so viel Schaden anrichten wie eine große Party für den ganzen Kreditmarkt. Allerdings hatte eine Mail über die Weihnachtsfeier vom Back Office die Runde gemacht, in der alle Broker strikt ausgeladen wurden, und sie hatte einigen Ärger verursacht. Offenbar traute man dem Back Office zu, sich zu benehmen, aber dem Front Office nicht, was wahrscheinlich auch ganz zutreffend war.

Eine Zeitlang hatte ich stündlich mit den Leuten vom Back Office gesprochen, um nicht abgewickelte oder nicht deckungsgleiche Trades zu klären. Es war auch mal geplant, dass ich im Rahmen eines Rotationsprogramms zwei Wochen zu ihnen gehe und lerne, wie Anleihen hereinkamen und wieder hinausgeschickt wurden, aber es war nie dazu gekommen, und die Aufgabe, Trades zu klären, war jemand anderem zugefallen.

Das Back Office hatte sich wahrscheinlich eine Weihnachtsfeier ohne ein paar hundert randalierende Bookies verdient. Sie mussten den ganzen Tag lang unsere Verwaltungsfehler ausbügeln und wütenden Brokern erklären, dass ein Trade nicht zusammenpasste, weil der Verkäufer zum Beispiel drei Millionen Anleihen anbot und der Käufer zwei Millionen zum falschen Preis wollte. Bei Gesprächen mit ihnen wurde oft einfach aufgelegt, sie mussten mit Juniors reden, die kein Wort von dem verstanden, was sie sagten, oder hingen stundenlang in der Warteschleife.

Sich um Anfragen aus dem Back Office zu kümmern, gehörte genau wie das Essenholen zu den Übergangsritualen für jeden jungen Broker. Einmal schrie ich Philippe an, es würde nichts bringen, wenn ich ihre Anrufe annahm, weil ich sie nicht verstand und ihnen deswegen auch nicht weiterhelfen konnte. Aber nach ein paar Monaten begriff ich allmählich, was sie brauchten, und konnte schließlich in den Banken mit den richtigen Tradeassistenten reden, um die Probleme zu lösen. Jetzt war das zum Glück nicht mehr mein Problem.

In meinem Posteingang öffnete sich ein Bloomie von Toby: »War schön, dich gestern zu sehen. Fühle mich grauenhaft. Sag Bescheid, ob du morgen Abend immer noch mitkommen willst.«

Ich war so clever gewesen, meine Nachrichtenweiterleitung auszuschalten, als mir klargeworden war, dass Toby sich wahrscheinlich bei mir melden würde. Meine Pläne für den Samstagabend sollten nicht unbedingt auf dem Schirm des Amerikaners auftauchen, während er sich mit Granatapfelkernen vollstopfte. Ich war nicht sicher, ob ich mit Toby eine echte Verabredung hatte oder mich überhaupt zu ihm hingezogen fühlte, aber ich dachte, ein gemeinsamer Samstagabend könnte nicht schaden. Und wenigstens war er ganz anders als Mark oder Giles.

Ich schrieb eine Nachricht an JP, einen anderen Trader, den ich getroffen hatte:

08:15:05 VENETIA THOMPSON: hahaha

08:15:20 VENETIA THOMPSON: tut mir leid, wollte eigentlich schreiben: »schön, dass wir uns kennengelernt haben, entschuldige die Kopfnuss«, nicht nur »hahaha«

08:16:39 JP ANDREWS: keine Thema … wie geht's dir? Du warst die süße Blondine, oder? :)

08:16:54 VENETIA THOMPSON: haha, eine von 2 süßen Blondinen … ich und die reizende Lena.

08:17:08 VENETIA THOMPSON: hab nur eine Std geschlafen. bin total fertig.
08:18:10 JP ANDREWS: stimmt … sie darf man nicht vergessen. Mir geht's genauso, bin am Ende und muss heute Abend übers WE nach Budapest für eine Weihnachtsfeier vom Desk … heftig
08:18:45 VENETIA THOMPSON: Ach du Sheiße! Wie schaffst du das denn? Ihr fahrt ein ganzes WE zur Weihnachtsfeier? Irre.
9:22 JP ANDREWS: haha, mach mir mehr Sorgen wegen heute. Der Markt sheißt sich ein und ich war nicht im Bett.

Nach einer großen Marktparty plaudert man immer noch ein bisschen mit jedem, mit dem man am Abend ein paar Worte gewechselt hatte. Bei Toby hatte ich Hintergedanken, aber JP hatten Lena und ich an der Bar angesprochen, und weil ich mit meinen Louboutin an einem Läufer hängen geblieben war, hatte ich einen betrunkenen Satz nach vorn gemacht und ihm einen Kopfstoß verpasst. Später hatte ich mitbekommen, dass er zu den wichtigsten Kunden eines anderen Desks gehörte, und gedacht, ein wenig Schadensbegrenzung in Form eines Chats über IB könnte nicht schaden. Ich wollte es mir nicht zur Gewohnheit werden lassen, bei Events die Kunden anderer Broker anzurempeln.

Es war ein langer, träger Tag. Die ganze Branche hatte mit den Nachwehen einer schlaflosen Nacht und einer offenen Bar zu kämpfen, und niemand war in der rechten Stimmung, zu traden oder auch nur zu chatten.

Lena war endlich im Büro, hatte aber, nachdem wir kurz unseren jeweiligen Abend durchgehechelt hatten, das Chatfenster geschlossen, um sich am Automaten ihrer

Bank eine Version von Douglas Adams' Flüssigkeit, die »ein bisschen (aber eben nicht ganz) anders als Tee« schmeckte, zu ziehen, und hatte auf dem Rückweg bestimmt auf der Damentoilette eine Pause für ein Nickerchen eingelegt.

09:15:34 LENA KLEIN: Aaahhh. Hugh schreibt über IBing. Will am Wochenende ausgehen. Sheißendreck.
09:16:02 VENETIA THOMPSON: Ha. Bist selbst schuld, wenn du die Sache gestern wieder angeheizt hast. Könnten Samstag ein Viererdate machen?
09:17:10 LENA KLEIN: Schon gut, hab ihm gesagt, ich wär nicht in London. Wieso hast du Tobys Einladung überhaupt angenommen? Was soll das? Du weißt schon, dass er praktisch dein Kunde ist, oder? Das kann nur ne Katastrophe geben.
09:17:55 VENETIA THOMPSON: Ja. Keine Ahnung. Dachte, das ist ne gute Idee. Er ist nett, oder? Aber zu Hugh: wenn das so weitergeht, musst du auswandern, um ihn loszuwerden. Mach einfach Schluss. Sag ihm, dass du nicht interessiert bist.
09:18:0 LENA KLEIN: Ich weiß. Aber ich will keine peinliche Situation. Ich lass mir lieber weiter Entschuldigungen einfallen, um ihn nicht zu sehen, bis er es rafft.
09:18:15 VENETIA THOMPSON: Ach so, die Kopf-in-den-Sand-Methode, so kommt man weiter. Machst die Augen zu und hoffst, er sieht dich nicht. Dann verschwindet er bestimmt.
09:18:45 LENA KLEIN: Ich will nur nicht, dass er am ganzen Markt über mich herzieht. Mir ist lieber, er verliert normal das Interesse, als dass ich ihm sage, ich will ihn nicht mehr sehen.

09:19:23 VENETIA THOMPSON: Es muss ihm doch jemand sagen, dass schlaffes Beckenkreisen zu 50 Cent nicht sexy ist. Das bringt dir bestimmt Karmapunkte. Damit ersparst du das seinen künftigen Freundinnen.

Am Samstagabend fand ich mich vor einer Bar in Shoreditch wieder, wo Toby mir Teufelshörner und eine Maske gab. Offenbar ging es auf eine Mottoparty über die sieben Todsünden – nicht ganz unpassend nach den Exzessen der vergangenen Woche. Von der ersten Phase des Abends, einer Geburtstagsfeier seines Freundes in einer Kellerbar nahe der High Street, waren wir getürmt, jetzt wollten wir zu einer Privatparty. Ich wusste immer noch nicht genau, ob ich mich besonders zu ihm hingezogen fühlte, und wenn ich das Risiko einging, mich mit einem Beinahe-Kunden einzulassen, sollte ich zumindest halbwegs sicher sein, dass ich ihn jederzeit gerne flachlegen würde. Ich musste mal nachschlagen, was im Handbuch der Firma über Verabredungen mit Kunden stand, aber erst einmal setzte ich die Hörner auf und nahm seinen Arm.

Auf der Party war es gerammelt voll. Und ich trug Schuhe, mit denen man auf engem Raum besonders schlecht stehen konnte. Sie erforderten ein perfektes Gleichgewicht, für Fehler war kein Platz. Wenn ich plötzlich ein Bein zur Seite stellen müsste, um nicht umzufallen, würde ich den Fuß nicht im strategisch richtigen Winkel platzieren können, ohne jemanden aufzuspießen. Also stand ich mit geschlossenen Füßen da wie ein Kegel, der darauf wartete, umgeworfen zu werden, und hoffte, mir würde irgendwann jemand einen Drink geben, damit ich meine Position beibehalten konnte.

Gegen Mitternacht küssten wir uns dann auf der leicht schrägen, provisorischen Tanzfläche, während künstliche

Spinnweben von der niedrigen Decke hingen, scheußliche House-Musik aus riesigen Lautsprechern dröhnte und wir alle paar Sekunden von einem Mädchen angerempelt wurden, das sich als Wollust verkleidet hatte und rasend durch die Gegend taumelte. Der Kuss war ungeschickt und ohne einen Hauch von Lust, besser gesagt war Toby ungeschickt, und ich war nicht betrunken genug, um es nicht zu bemerken.

Ein schlechter Kuss lässt einiges ahnen. Die Frage, ob ich mich zu ihm hingezogen fühlte oder nicht, hätte eigentlich in diesem Moment beantwortet sein sollen. Aber er war klug, erfolgreich und witzig – und bei Bloomberg, mittlerweile so ziemlich dem einzigen Medium, über das ich erfolgreich kommunizieren oder flirten konnte. Also wiegten wir uns weiter zur Musik und küssten uns.

Er setzte mich zu Hause ab, und ich gab ihm die Hörner zurück.

Als ich um zwei Uhr nachmittags aufwachte, fand ich zwanzig verpasste Anrufe und zehn neue Nachrichten auf der Mailbox. Ich hatte das Handy stummgeschaltet und am Abend zuvor den Weckton ausgestellt, damit war ich nicht zu erreichen. Alle Nachrichten stammten von David, einem meiner besten Freunde. Ich hatte mich um elf in Notting Hill mit ihm zum Brunch treffen wollen.

»V, ich bin's. Ich bin in der Westbourne Grove; hoffe, du bist in der Nähe. Ruf mich an, wenn du das abhörst.«

»V, ich wieder. Es ist jetzt halb zwölf. Ich hoffe, du hast nicht dein Handy verloren oder so was und schläfst bloß. Ruf mich an.«

»Jetzt ist es Viertel vor zwölf, und du bist nicht hier. Ich habe Hunger und esse jetzt. Hoffe, du bekommst meine Nachricht.«

»Es ist halb eins. Ich gehe jetzt nach Hause. Wir hören

uns dann wohl später – wenn du verdammt nochmal wach geworden bist.«

Mist. Ich hatte ganz vergessen, mir den Wecker zu stellen, und von allein wurde ich nie vor zwölf Uhr wach. Wir wollten uns schon seit Wochen treffen, aber ich hatte immer wieder abgesagt, und jetzt hatte ich ihn zum zweiten Mal versetzt, weil ich in komatösen Schlaf gefallen war. Als wir in der Woche zuvor allein im Automat beim Brunch gesessen hatten, hatte ich ihm versprochen, das würde nie wieder vorkommen, und jetzt lag ich eine Woche später im Bett, während er allein Notting Hill unsicher machte. Ich wusste nicht, ob unsere Freundschaft noch ein paar stehengelassene Eier Benedikt überleben würde.

Ich war zu einer dieser unzuverlässigen, unerreichbaren, unpünktlichen und vergesslichen Freundinnen geworden, die jeder irgendwann abschrieb und die keine Anrufe mehr bekamen. Selbst wenn ich meinen Wecker stellte, setzte sich mein Körper einfach darüber hinweg, dann schaltete ich ihn morgens aus, ohne es mitzubekommen, und schlief sofort wieder ein. Ich war eine Wochenendnarkoleptikerin, die eine Schneise aus verpassten Kaffeetrinken, Brunches, Mittagessen, Friseurterminen und Abendessen hinter sich herzog.

Mein Hausarzt hatte mir empfohlen, ich sollte öfter Sport treiben – wenn ich meine Fitness verbessern würde, besäße ich auch mehr Energie. Aber die wenigen Anläufe, nach der Arbeit ins Fitnessstudio zu gehen, hatten damit geendet, dass ich auf dem Heimweg in der U-Bahn eingeschlafen und in Stanmore gelandet war.

Wenn ich kein Rezept für Amphetamine in die Finger bekam, wusste ich nicht, wie ich meine Freizeit wieder in den Griff kriegen sollte oder ob ich meine Freunde noch mal sehen würde. Ich würde meiner Liste mit Zipperlein chronische Müdigkeit hinzufügen müssen und hoffen, dass sie irgendwann vorüberging, damit ich nicht als zurückgezogene, narkoleptische Alkoholikerin mit Leberschaden endete. Langsam verstand ich, warum die City vor Koksern nur so wimmelte: nicht wegen einer Kultur hedonistischer Ausschweifungen, sondern weil alle verzweifelt gegen ihr Schlafbedürfnis ankämpften. Ohne Kokain wäre niemand lange genug wach, um zu traden.

Einstand der CDO

Der Dezember bestand aus einer langen Reihe von Partys, die nur gelegentlich von zurückhaltenden Trades durchbrochen wurde. Es wurde endlos darüber spekuliert, wann sich die Auswirkungen der Krise in vollem Umfang abzeichnen würden. Jeden Tag kamen neue Gerüchte auf, und auf Bloomberg kursierten Artikel über erwartete Hedgefonds-Rücknahmen und Zwangsvollstreckungen.

Der Amerikaner war bearish eingestellt, aber alle anderen waren der Meinung, das würde vorübergehen – das Gerede von einer Krise wäre übertrieben. Keiner wusste genau, was Subprime-Hypotheken waren oder warum sie unseren früher immer aktiven Markt beeinflussten, in dem Preise nie um mehr als einen Viertelpunkt fielen und in der Regel stetig stiegen.

Aber wenn viele High Yield Bonds und Leveraged Loans, die zu pari (100) ausgegeben wurden, über eine längere Zeit zu 102 – in manchen Fällen auch zu 104 – gehandelt werden, macht das Bären nervös, und der Amerikaner bildete da keine Ausnahme. Wenn Finanzinstrumente zu Preisen ver- und gekauft werden, die Meilen über ihrem eigentlichen Wert liegen, lassen die Probleme oft nicht lange auf sich warten. Früher oder später muss die Blase platzen, die Preise können nicht endlos steigen. Irgendwann geht es halt wieder bergab.

Wir waren alle selbstzufrieden geworden und hatten uns an 100er-Preise gewöhnt. Kaum etwas lief noch unter pari, nicht einmal die riskanteren Schuldenpakete. Es gab einfach nicht genug Papiere. Alle machten Geld, und alle Preise stiegen weiter, also sahen sich Investoren und dann auch Trader nach Produkten mit größerer Volatilität und höheren Risiken um. Sie rafften eifrig PIK und Mezzanine Debt zusammen, beides ziemlich risikoreiche Instrumente der Schuldenstruktur, und das oft, ohne irgendwas über die Firmen zu wissen und ohne genaue Informationen darüber zu haben, welche Tranchen, also welche Prozentsätze der verschiedenen Teile der Schuldenstrukur, in ihrem Paket enthalten waren. Aber es schien sie nicht zu interessieren, sie wollten einfach so viel wie möglich von allem besitzen, was zur Verfügung stand: je höher die Rendite, desto besser. Man hätte Pferdemist zu einem Mezz-Kredit zusammenschnüren können, und selbst das hätte noch jemand gekauft.

Genau dieser unstillbare Wunsch nach höherer Rendite und riskanteren Produkten brachte eine ganze Reihe von Bankern auf der anderen Seite der Chinese Wall, irgendwo bei den strukturierten Finanzprodukten, auf die Ideen von CDOs (Collateralized Debt Obligations), die eine Zeitlang allen gelegen kamen. Arme Amerikaner konnten Häuser kaufen, und Hedgefondsmanager, andere Banker und Manager von Rentenfonds bekamen verlockend hohe Zinsen dafür, die dazugehörigen hohen Risiken dieser neuen Kredite zu schultern, die am Ende in größeren Boni und reicheren Fonds gipfeln würden. Allerdings wusste zu dieser Zeit niemand, wem was gehörte oder wie viele CDOs in den Büchern der Banken schlummerten. Der ganze Kreditmarkt war nicht gesund; er war übersättigt, aufgebläht und platzte bald aus allen Nähten. Als die mittellosen Amerikaner plötzlich merken mussten, dass ihre Hypothekenraten, die anfangs zu gut gewesen waren, um wahr zu sein, in die Höhe geschossen waren, gerieten sie in Zahlungsverzug, und der Markt war zu fett, um wieder hochzukommen.

Bis jetzt sahen wir nur die ersten Auswirkungen der Subprime-Katastrophe. Seit dem Sommer, seit den zahllosen Gerüchten und den Firmen, die vereinzelt den Bach runtergegangen waren, lief das Traden etwas langsamer. Es gab weniger Gebote, überall begannen die Preise abzusacken, und plötzlich interessierte es alle, wo Crossover getradet wurde. Wenn mal Bewegung in den Markt kam, geschah das unerwartet und erwischte einen leicht auf dem falschen Fuß, weil die Preise oft gleich um mehrere Punkte rauf und runter sprangen. Der Amerikaner blieb die meiste Zeit stumm, nur manchmal rief er: »Der Spread von X spreizt sich, passt auf eure Gebote auf.« Das kam als endloser Refrain, den alle ignorierten. Wenn es um Crossover ging, interessierte eigentlich nur die Meinung der Indexbroker, aber der Amerikaner hörte gern seine Stimme durch das unheimlich stille Büro dröhnen, und vielleicht erinnerte es ein paar der entspannteren Broker daran, wirklich jedes Gebot als noch verhandelbar zu betrachten (wenn auch nicht unbedingt mehr als »live«).

Wenig später traf ich Toby wieder, dieses Mal zu einem gepflegten Sonntagsbrunch, der zu einem Nachmittag auf seinem Sofa in Chelsea wurde, gegen neun gefolgt von einem Ausflug ins Maroush für ein Schaschlik und dann von einer Übernachtung bei ihm.

Ich hätte mich schon beim Anblick seiner CD-Sammlung aus dem Staub machen sollen. Er war noch ein Trader mit einem Ghettoblaster, und obwohl er einen iPod besaß, hatte er sich keine anständige Anlage zugelegt. Er erklärte mir: »Ich bin nie zu Hause, das hätte keinen Sinn.« Aber wenn man eine Frau in seinem großen Einzelbett liegen hat und als musikalische Begleitung nur die größten Hits von Kate Bush, Bryan Adams oder eine unerklärliche CD-Rom über kapverdische Ferienhäuser zur Verfügung stehen, wird der Sinn auf einmal sehr deutlich.

Der Sex war genauso ungeschickt wie der erste Kuss – und dazu unterlegt von der Musik von Bryan Adams. Das unterstützte nur meine Theorie, dass die meisten erfolgreichen City-Trader ihre ganze Energie im Handelsraum damit verbrauchten, Broker oder ihr Verkaufsteam anzuschreien und Millionen nach Hause zu bringen, aber sexuell so leistungsfähig wie fünfzehnjährige Jungs waren, wenn die Lichter ausgehen. Je besser der Trader, desto schlechter der Sex. Man bräuchte jemanden, der ständig Geld verliert, oder einen Analysten, der nicht den ganzen Tag aufspringt und rumschreit.

Ich überlegte, ob ich gehen sollte. Es war Sonntagabend, wir mussten beide um sieben Uhr an unseren Schreibtischen sitzen, und ich ertrug es nicht, noch länger im Dunkeln zu liegen und Bryan »I'm ready to love you« grölen zu hören. Davon wurde mir schlecht. Aber ich war zu erschöpft, um mich anzuziehen und mir ein Taxi zu suchen, also blieb ich dort, ließ die CD auswerfen und schlief am frühen Morgen endlich ein.

Später teilten wir uns ein Taxi – er setzte mich zu Hause ab, damit ich mich umziehen und nach Canary Wharf schleppen konnte, während er weiter in die City fuhr. Es war Montag. Eigentlich hätte ich keinen Grund haben sollen, mich so scheußlich und übermüdet zu fühlen. Unter die Dusche zu springen und im Dunkeln in meinem Schlafzimmer nach etwas zu kramen, das einem Kostüm ähnelte, hob ich mir normalerweise bis zum Ende der Woche auf. So was um sechs Uhr am Montagmorgen zu versuchen war nicht klug und lohnte sich nur unter besonderen Umständen, etwa nach einem großartigen Sonntag beim Cartier Polo, aber nicht nach schlechtem Sex und Bryan Adams. Zum Glück fuhr Toby Ende der Woche in den Urlaub, also musste ich nur ein paar Tage Bloombergchats überstehen. Dann kam Weihnachten, und danach würden wir hoffentlich alles vergessen und wieder Freunde werden.

Ich sah sofort nach, dass meine Nachrichten nicht an den Amerikaner weitergeleitet wurden; die Mail danach war wirklich nichts, was der eigene Boss lesen sollte. Gegen halb acht blinkte Brads Nummer auf der Telefonleitung auf.

»Venetia?«

»Brad?«

Dann folgte eine lange Pause, in der ich ihn atmen hörte. Ich war sicher, dass er angerufen hatte. Ich war allerdings nicht sicher, ob ich mir etwas einfallen lassen musste, falls ich versehentlich auf Wählen gedrückt hatte.

»Hi, Venetia, was läuft gerade?«

Herrlich – wieder mal ein Anfall von Amnesie von einem der höchsten Trader auf dem Parkett. Wenn er sich nie daran erinnerte, welche Preise er mir genannt hatte, konnte ich einfach welche erfinden, jeden Spread um einen Viertelpunkt verengen, und er würde es gar nicht mitkriegen.

Ich fragte mich, wie er seinen Alltag geregelt bekam, wenn er sogar vergaß, welche Preise er mir genannt hatte oder warum er anrief. Ich hoffte nur, dass er mit seinen Kunden weniger chaotisch umging.

»VERDAMMTE SCHEISSE, DU VOLLIDIOT. WAS SOLL DIE KACKE? WIE OFT HABE ICH DIR DAS

SCHON GESAGT? DU MÜSSTEST DOCH WISSEN, WO DIE VERDAMMTE BASIS STEHT. WARUM ZUM TEUFEL FRAGST DU MICH SCHON WIEDER? VERPISS DICH BLOSS.«

Im ersten Moment dachte ich, er würde meine Gedanken lesen, aber dann wurde mir klar, dass er mitten im Gespräch mit mir einen Verkäufer anbrüllte und sich nicht die Mühe gemacht hatte, auf stumm zu schalten oder mich in die Warteschleife zu legen. Ich wusste nicht, ob ich aufhängen und ihn weiterbrüllen lassen sollte und er sich gleich wieder melden würde.

»HALT DIE KLAPPE!! HÖR AUF, SO EINE SCHEISSE ZU REDEN ... WER BIST DU ÜBERHAUPT?

Entschuldige, Venetia. Welche Preise zeigst du heute für mich rum?«

Wenigstens konnte ich erleichtert sein, dass ihn einmal jemand anders mehr genervt hatte als ich. Ich las ihm die Angebote vor, die er mir morgens genannt hatte, aber er legte auf, bevor ich fertig war, und die Leitung war plötzlich tot.

Der Dezember war nicht nur Vorweihnachtszeit und eine endlose Reihe Partys, sondern auch die Zeit für Boni. Jeder Broker und Trader weiß an jedem Tag, wie viel Plus und Minus er gemacht hat, wie viel er in der ablaufenden Bonusperiode eingebracht hat und wie hoch sein Bonus entsprechend ausfallen müsste. Jeder wird einzeln zu einem Gespräch gerufen und bekommt seinen Preis mitgeteilt – die Summe, die man eingebracht hat, abzüglich des eigenen Gehalts und beliebiger weiterer Abschläge. Theoretisch sollte diese Zahl mit dem übereinstimmen, was man sich selbst ausgerechnet hat, aber das tut sie nie. Dann fangen die Verhandlungen an. Im Dezember 2007 lief es anders. Der Markt war zum Erliegen gekommen. Trotz profitabler Monate früher im Jahr und vereinzelter hektischer Tage war es unwahrscheinlich, dass jemand von unserem Desk einen Bonus erhalten würde. Ich hegte immer noch Hoffnung; ich hatte noch im Abschwung Geld gemacht und dachte, das würde belohnt werden.

Leicester, der Chef des Handelsraums, rief mich herein und teilte mir mit, ich würde ein paar Tausender bekommen, die Hälfte davon in Anteilen, als Zeichen des guten Willens, um »Weihnachten zu bezahlen«; ich würde als einzige Brokerin an meinem Desk einen Bonus bekommen und sollte niemandem davon erzählen, weil Anteile nur selten ausgegeben wurden. Ich wusste nicht, ob er ernsthaft erwartete, ich würde dankbar hinaustrippeln und mich selbstzufrieden an meinen Tisch setzen in dem Wissen, dass ich als Einzige einen Bonus erhielt, oder ob er mich verarschte. Niemand wollte Anteile an der Firma haben. Sie wurden sie kaum umsonst los. Die einzige logische Erklärung für dieses jämmerliche Angebot lautete, dass er mich für einen totalen Schwachkopf hielt, der ihm den Mist abkaufte.

Firmen ermuntern immer zur Diskretion, weil sie dann leichter damit durchkommen, ihren Brokern und Tradern weniger zu zahlen. Nur eine Sache ist ärgerlicher und lässt die Leute eher streiken, als bei Bonuszahlungen über den Tisch gezogen zu werden: wenn sie merken, dass irgendein Penner, der morgens um halb acht reinschlendert, den ganzen Tag rumsitzt und Zeitung liest und um fünf vor fünf geht, einen größeren Bonus bekommt als sie selbst.

Ich hatte mir an einem Abend sorgfältig ausgerechnet, wie viel Geld ich eingebracht hatte, und zweitausend waren weit von dem entfernt, was mir hätte zustehen müssen, aber ich wusste auch, dass nach dem absurden Gehalt des

Amerikaners – gerüchtehalber zweihundertfünfzig- bis dreihunderttausend Pfund Grundgehalt (jemand aus dem Back Office hatte das durchsickern lassen) – nur noch sehr wenig im Bonuspool übrig sein würde.

Mir wurde bald klar, dass die ganze Energie, die ich aufgebracht hatte, das Geld, das ich eingenommen hatte, während ich mich mit einer Lebensmittelvergiftung herumschlug, die langen Abende, an denen ich Kunden zurückzugewinnen versuchte, die der Amerikaner verloren hatte, und die Tatsache, dass ich regelmäßig länger als jeder andere am Desk geblieben war, überhaupt nichts gebracht hatten. Hätte ich gewusst, dass ich nur mein Basisgehalt plus eine symbolische Geste bekommen würde, hätte ich meinen Aufwand minimal gehalten – wäre fröhlich jeden Tag um fünf nach Hause gegangen, hätte Kunden nach elf Uhr abends sich selbst überlasen und wäre morgens um halb acht ins Büro marschiert, wie die meisten anderen am Desk. Es war eine einfache Motivationsrechnung: Ohne eine beträchtliche Vergütung war dieser Job widersinnig.

Ich verließ Leicesters gläsernes Büro, holte am Schreibtisch meine Handtasche und ging. Es war halb zwölf mittags. Ich marschierte schnurstracks in die nächste Bar, wo ich einen Martini bestellte, ihn herunterkippte, ein paar Minuten lang weinte und dann versuchte herauszufinden, was ich jetzt tun sollte, nachdem mir klargeworden war, dass ich den Job doch nur des Geldes wegen machte. Nicht das Adrenalin machte süchtig, es war das verdammte Geld. Adrenalin ist nur ein Nebenprodukt beim Geldverdienen. Über diese neue Erkenntnis musste ich so hysterisch lachen, dass der Barkeeper mich fragte, ob alles in Ordnung sei.

Nach meiner dritten Ladung Gin wirkte alles etwas weniger trübe. Die ersten Gäste waren auf einen Schluck zum Mittag gekommen. Bis jetzt war ich noch keinem Bekannten über den Weg gelaufen – zum Glück, weil wir gerade erst Mittag hatten und ich betrunken war, und zwar nicht ein-Gläschen-Wein-im-Waitrose-betrunken, sondern richtig, mit Wimperntusche, die mir über beide Wangen lief, wie ich im Spiegel hinter den Reihen Schnapsflaschen zufällig sah.

Der Amerikaner glaubte wahrscheinlich, ich würde ihm gerade sein Mittagessen holen. In einem Anfall betrunkener Unvernunft beschloss ich, dass ich ihn, den Job und Leicester hasste und dass sie sich alle zum Teufel scheren konnten. Ich wollte nicht zurückgehen, aber ich wusste, dass ich es tun musste, und je früher ich wieder zur Arbeit ging, desto weniger würde ich erklären müssen. Durch den Gin war ich immerhin so weit entspannt, dass ich nichts Voreiliges tun würde – wie etwa zu kündigen. Wenn man beinahe rast vor unbändiger Wut, braucht man keinen Wodka Red Bull, sonst schlägt man nur jemanden; man braucht ein Pint eiskalten Gin mit einem kaum wahrnehmbaren Hauch Wermut.

Auf dem Rückweg durch das Einkaufszentrum fühlte ich mich völlig zufrieden und legte eine Pause für einen Krispy-Kreme-Donut und etwas Itsu Sushi ein. Mit benebeltem Blick sah alles in Canary Wharf besser aus – nicht weniger lächerlich, aber irgendwie milder. Ich besorgte das Mittagessen für den Amerikaner, weil ich plötzlich Angst hatte, mit leeren Händen würde ich eher als betrunken auffallen, und weil ich dachte, wenn ich ihm Essen gab, würde er mich vielleicht nicht fragen, wo ich in den letzten anderthalb Stunden war. Ich tingelte durch Waitrose, nahm wahllos Sachen in die Hand und stellte sie wieder in die Regale, las die Rückseiten von Fläschchen mit Nahrungsergänzungsmitteln und ein paar Klatschblätter, bis ich schließlich zu den blauen Packungen Knäckebrot, dem vegetarischen Sushi und den Granatapfelkernen kam.

Natürlich stieg ich in meiner Etage auf der falschen Seite aus, und statt durch die Doppeltüren zurückzugehen, lief ich ganz nonchalant außen herum, vorbei an den lärmenden Swap-Desks, an denen es offenbar niemanden lange auf seinem Stuhl hielt, und stolperte dabei auch nur ein paar Mal, wenn ich mit der Tüte von Waitrose gegen die Stühle stieß. Ich hatte nur zwei Gedanken: dass es toll war, betrunken zu sein, und dass ich öfter betrunken ins Büro kommen sollte. Mir konnte niemand was – solange ich mich auf den Beinen halten konnte und es an meinen sicheren Schreibtisch schaffte.

Der Amerikaner hatte sich nicht gerührt. Ich stellte die Tüte auf einen Stapel A4-Schmierpapier links von ihm, auf das er nie etwas schrieb, und setzte mich. Er grummelte etwas, das vielleicht ein Danke, aber vielleicht auch nur ein Räuspern war, und las weiter online das *Wall Street Journal*. Ich sagte, ich hätte in der Bank festgehangen, aber ich glaube, er hörte mich gar nicht. Dory zog die Augenbrauen hoch und formte mit den Lippen stumm die Worte: »Alles in Ordnung?« Ich nickte, lächelte ihm kurz zu und setzte mich auf meinem Stuhl zurecht.

Natürlich war es nicht gut, bei der Arbeit betrunken zu sein, aber das war das kleinere von zwei Übeln. Es hieß, entweder das oder eine dramatische Kündigung. Ich saß ja auch nicht als Einzige benebelt an einem Bloomberg-Terminal. An jedem Nachmittag war eine Handvoll Broker betrunken, weil sie entweder ein langes Mittagessen mit Kunden hinter sich hatten oder weil sie mittags ins Pub verschwunden waren. Ich kannte wenigstens ein Dutzend Bookies, die jeden Mittag eine Flasche Wein tranken. Meist fiel es nicht auf, aber manchmal musste man nachmittags um fünf betrunkenen Autofahrern ihre Ferrarischlüssel abringen, oder der Alkohol führte zu Streit.

Ich brachte den restlichen Nachmittag unbeschadet hinter mich und ging um kurz vor fünf. Abends war ich mit dem Yankee auf ein paar Drinks verabredet, davor musste ich nach Hause gehen und mich umziehen. Er war ein alter Freund, mit dem ich eine Zeitlang ausgegangen war, für ein paar Tage auf Besuch aus New York und wohnte im Sanderson, wo wir uns ein paar Jahre zuvor kennengelernt hatten. Ich wollte mich so volllaufen lassen, wie es nur ging. Das Sanderson war der perfekte Ort dafür und er der perfekte Saufkumpan.

Er saß am Ende der Bar, BlackBerry in der einen Hand, einen japanischen Whisky in der anderen, dazu ein weißes Hemd mit offenem Kragen, leicht zerzaustes Haar, perfekter Dreitagebart und ein Hauch Bräune – er war auf den ersten Blick zu erkennen, sogar mit meiner schnell nachlassenden Sehkraft. Er blickte sofort zu mir herüber, als ich durch das Foyer polterte, und bestellte mir einen Martini, als ich mich setzte.

»Was habe ich dir denn zum Arbeiten am Markt gesagt? Ich dachte, ich hätte dich gewarnt!« Er sprach mit breitem New Yorker Akzent.

»Klar, und ich dachte, du wolltest aussteigen. Wolltest du nicht nach Upstate ziehen und ein Restaurant aufmachen?«

»Ich habe noch mal geheiratet. Und mich wieder scheiden lassen. Frauen sind teuer. Besser gesagt, ihr Unterhalt ist teuer. Wusstest du, dass Strähnchen jedes Mal mindestens zweihundert Dollar kosten? Als wir zusammengekommen sind, dachte ich, sie wäre eine echte Blondine.«

»Wenn ich es samstags früh genug aus dem Bett schaffen würde, um zum Friseur zu gehen, wüsste ich das.«

Er lachte. Seine perfekten amerikanischen Zähne waren einen Ton weißer, als Londoner je gehen würden – aus Angst, sie könnten unnatürlich aussehen.

»Wie wär's mit einer Runde Billard? Wenn ich mich recht erinnere, bist du darin ganz schön mies.«

Als ich den Queue in die Hand nahm, wusste ich sofort, dass es gelaufen war und ich das Hotel erst am nächsten Morgen verlassen würde. Er konnte als einziger Mann, den ich kannte, Billard in eine Art Vorspiel verwandeln, und jeder Gedanke an den Amerikaner und den jämmerlichen Weihnachtsbonus war sofort wie weggewischt.

Nach einigen Runden tiefvioletter Martinis mit Lavendel stolperten wir in den Aufzug und küssten uns, bevor wir den Flur zu seiner Suite entlangtorkelten. Aber wenn man eine betrunkene Narkoleptikerin in die Nähe von den weichsten Laken Londons ließ, wurde es schwierig, und so war ich kurz davor wegzusacken, als er aus dem Bad kam.

»Ach, du willst mich wohl nur wegen meines gemütlichen Betts. Das hättest du sagen sollen; die Betten im Four Seasons sind viel bequemer.«

Nach einem seligen Schlummer an der Schulter meines Lieblingsyankees, Sex morgens um sechs zwischen den Frühstückstabletts und einer zerkrümelten blauen Adderall-Tablette im Kaffee (»die macht dich wach, zumindest hilft sie dir durch den Vormittag«) war ich am nächsten Morgen bei der Arbeit bereit, mit dem Amerikaner zu reden. Als die Elf-Uhr-Flaute einsetzte, bat ich ihn um ein Gespräch. Das Desk war eigentlich leer, weil alle etwas zu essen holten, aber er musste unbedingt mit mir im Schlepptau durch den ganzen Raum laufen, um sich in ein gläsernes Büro zu setzen. Ich erklärte, so ruhig ich konnte, dass ich ein paar Tausender, die Hälfte davon in Anteilen, die ich nicht einmal haben wollte, nicht als »Bezahlung für Weihnachten« akzeptieren würde und dass das eine größere Beleidigung war, als überhaupt nichts zu bekommen.

Er wollte mir erklären, die Geschäfte würden nicht mehr so gut laufen, das wüsste ich doch, und der Bonustopf sei einfach leer. Er war so berechenbar geworden; ich wusste genau, was er sagen würde, also wich ich seinem Blick aus, beobachtete die Autos, die neunzehn Stockwerke unter uns durch East London rasten, und hörte ihm kaum zu. Ich wusste, dass er nichts Interessantes sagen würde und dass ich einfach dasitzen und ihn ausreden lassen musste. Mit ihm diskutieren zu wollen brachte nie etwas; er war offenbar nicht in der Lage, ein echtes Gespräch zu führen, und redete stattdessen so lange wie möglich einfach weiter.

Nach einem scheinbar endlosen Monolog darüber, wie sehr meine Arbeit doch geschätzt würde, wie schlecht es dem Markt ging und wie viel ich später verdienen würde, wenn er sich wieder erholte, was ich mir alles stumm schmollend anhörte, sagte er, er würde mit Leicester reden und sehen, ob sich noch etwas machen ließe. Aber der Schaden war schon angerichtet. Ich wusste, dass ich mich alle sechs Monate, an jedem Bonustag, wegen jedem Penny, der mir zustand, mit ihnen herumstreiten müsste, und dafür besaß ich nicht die Kraft. Ich arbeitete für eine Firma, die nie fair spielen würde und bei der ich nie wirklich gewinnen konnte.

Weihnachten kam gerade zur rechten Zeit. Ich stand schon seit Wochen kurz davor, zu kündigen, und war ständig drauf und dran, zu gehen, obwohl sie meinen Bonus ordentlich aufgestockt hatten. Ich ärgerte mich immer noch darüber, dass ich die Hälfte in Anleihen nehmen musste, aber ein besseres Angebot würde ich wohl nicht bekommen.

Matt hatte erzählt, dass er sich mindestens einmal im Jahr, wenn nicht alle sechs Monate, weigerte, zur Arbeit zu kommen, bis sie ein Angebot auf den Tisch legten, das einigermaßen mit dem übereinstimmte, was er erwartete. Das war die einzige Taktik, die funktionierte, weil sie es sich nicht leisten konnten, ihn nicht im Büro zu haben. Trotzdem musste dieses Spielchen jedes Jahr wiederholt werden; ihm gleich zu zahlen, was er verdient hatte, war zu einfach. Der Kampf um den Bonus war ein fester Bestandteil des Citylebens.

Wir hatten ein paar schlimme Monate hinter uns. Alle hatten Geld verloren, auf dem Parkett war es ruhig, aber die Arschbombe gab es dank des Perversen immer noch. Er hatte herbe Verluste, wie alle anderen auch – davor war niemand gefeit –, aber wenn er Geld verlor, nannte er so viele Leute wie möglich Arschloch, damit der Tag schneller rumging. Er hatte vor kurzem zu einer anderen Bank gewechselt, und sein Desk war seine Faxen noch nicht gewohnt, deshalb musste er das »Arschloch« jetzt flüstern. Sogar Lena, die ein paar Tage lang aus dem New Yorker Büro tradete, war ihm in die Falle getappt, als sie mitten in der Nacht bei einer unbekannten Nummer an ihr Handy ging, nur um ein geflüstertes »Arschloch« zu hören.

10:28:59 LENA KLEIN: nette Arshbombe
10:29:10 LENA KLEIN: aber etwas hinterhältig, wenn ich grad im Tiefschlaf bin
10:31:03 LENA KLEIN: mitten in der Nacht
10:31:06 DER PERVERSE: da stehst du doch drauf

10:32:10 LENA KLEIN: hat geklungen, als hättest du geflüstert
10:32:27 DER PERVERSE: hab ich auch
10:32:37 DER PERVERSE: hab den ganzen Tag schräge Blicke geerntet
10:33:28 LENA KLEIN: kennen die deine Methoden noch nicht?
10:33:37 DER PERVERSE: nicht so richtig
10:34:14 DER PERVERSE: Spiel heute: jemanden anrufen und sich als sein Freund ausgeben
10:34:21 DER PERVERSE: dann A… sagen
10:34:26 DER PERVERSE: die meisten fallen drauf rein
10:34:56 LENA KLEIN: erst Freund spielen, dann die Arshbombe? nicht schlecht

Wer nicht damit beschäftigt war, andere Arschloch zu nennen und dann aufzulegen oder sich bei wildfremden Leuten als ihr bester Freund auszugeben, und dazu dumm oder mutig genug war, ein Gebot rauszuschicken, bekam sofort einen Hit von der Aggro-Bank, die seit Oktober verkaufte, was sie konnte. Ihr Cheftrader gehörte offenbar zu den wenigen Leuten, die den Ernst der Lage früh genug erkannt hatten, und hatte alle Preise gesenkt, als es noch Gebote gab.

Alle anderen, besonders einige der kleineren Akteure, saßen auf prallvollen Büchern und waren immer noch überzeugt davon, dass sich der Markt im Januar erholen würde und man nicht so große Mengen abstoßen musste. Sie verstanden nicht, wieso man einwandfreie Anleihen und Kredite von Firmen verkaufen sollte, die scheinbar kein Kreditproblem hatten, und das nur wegen dieses »amerikanischen Subprime-Problems«, wie man dachte. Genauso sahen es die Leute immer noch: als etwas weit weg auf der anderen Seite des Atlantiks, das doch keinen High Yield Bond oder sonst etwas in Europa beeinflussen konnte.

Wegen der Zwangsvollstreckungen musste man sich doch wirklich keine Sorgen machen. Hank Paulson, der ehemalige US-Finanzminister, verbreitete bloß Panik. Na gut, die Northern Rock war den Bach runtergegangen, Merrill Lynch verzeichnete Kreditausfälle von 7,9 Milliarden und war wahrscheinlich am Ende, und Bear hatte ein paar Fonds verloren, aber jetzt war das Schlimmste doch bestimmt überstanden, und es wäre Unsinn, zum Tiefstand zu verkaufen, wenn es mit allem bald wieder bergauf gehen würde, oder? Man würde über Weihnachten wegfahren und bei seiner Rückkehr im Januar feststellen, dass sich der Markt erholt hatte und bald alles wieder beim Alten sein würde. Anders konnte es gar nicht kommen.

La Traviata

Der Markt erholte sich nicht; er bröckelte und begann zusammenzubrechen. Es kursierten Geschichten über Trader, die, nachdem sie gefeuert wurden, auf ihren Schreibtisch schissen oder auf den eines anderen, und dann ein paar Sachen zertrümmerten; Gerüchten zufolge waren sie in einer Anstalt gelandet. Was wahrscheinlich das Beste war, weil man wohl nie davon loskommt, der Typ zu sein, der seine Fäkalien im Handelsraum für festverzinsliche Wertpapiere verschmiert hatte.

Die Aktienmärkte schissen sich auch ein, sie erlitten die größten Verluste seit dem 11. September. Die Fed senkte den Leitzins auf 3,5 Prozent, das war die stärkste Herabsetzung seit 25 Jahren. Der Crossover trieb immer wieder auf über 600 – früher unvorstellbar. Hedgefonds stellten ihre Käufe ein. Plötzlich fiel den Banken auf, dass sie auf milliardenschweren Krediten saßen, die sie nicht umschichten konnten, und dass sie schon im Oktober die Preise hätten senken und auf jedes Gebot hätten eingehen sollen, um ihre Risiken zu verringern. Aber jetzt war es zu spät, und sie saßen auf riesigen Orderbüchern voller abgeschmierter Anleihen und Kredite fest.

Wir machten weiter jeden Morgen unsere Rundrufe, um nach Preisen zu fragen und den Markt irgendwie am Laufen zu halten, aber die Gespräche mit den Tradern wurden immer seltsamer. Als würde man mit Dutzenden Leuten mit einer tödlichen Krankheit sprechen, die Pläne für die Zukunft schmiedeten und dabei völlig verdrängten, dass sie bald dran glauben mussten. Wir konnten nur mitspielen. Jeder wusste, dass der Markt am Arsch war, aber es erschien unangemessen, das ständig zu wiederholen.

Viele kleinere Banken glaubten fest daran, dass sie nur durchhalten mussten; sie besaßen gute Wertpapiere, die doch unmöglich wertlos werden konnten. Wenn sie sich irgendwie über Wasser halten konnten, würde alles gut werden. Aber wie es bei Tradern immer so war, ignorierten sie die größeren wirtschaftlichen Zusammenhänge: Ihre Orderdesks und sogar die Banken, zu denen sie gehörten, konnten komplett verschwinden, und dann wären ihre Handelsbücher bald genauso wertlos wie ihre Visitenkarten.

Langsam machte sich Panik breit. Niemand wusste, wer den toxischen CDOs ausgesetzt war und welche Banken wohl die Regierung um Nothilfe bitten würden, wonach der ganze Markt ins Wanken geraten würde, wie beim Run auf die Northern Rock im September.

Bei einem Bullenmarkt, von dem wir alle seit Jahren auf die eine oder andere Art profitiert hatten, schert sich niemand um fehlende Transparenz oder überprüft auch nur, an wen er Geld leiht oder worauf derjenige sitzt, weil man davon ausging, dass der Markt so oder so weiterwächst. Dann setzt ein Abschwung ein, und es wird schnell offensichtlich, dass das ganze System marode und fehlerhaft ist – bis hinunter zu den Ärmsten der armen Amerikaner und ihrer katastrophalen Bonität.

Nahezu alle Preise bewegten sich jetzt in den 80ern. Kredite, die in den hohen 90ern und bis rauf zu 103 getradet wurden, als ich als Brokerin anfing, galten jetzt als notleidend. »Zu pari« gab es gar nicht mehr, und über Bloomberg Preise zu verschicken, war unmöglich geworden, weil sich alles so schnell bewegte.

Gespräche liefen nur über das Telefon, und Trades wurden kaum noch in die Systeme eingepflegt, weil man es nicht noch schlimmer machen wollte, als es schon war. Wenn ein Trader etwas zu 79 an einen Händler für notleidende Papiere verkaufen wollte, das zuletzt ein paar Monate früher zu 90 angeboten wurde, tat man das besser im Stillen. Wenn man das öffentlich machte, rieb man bestenfalls Salz in die Wunden, schlimmstenfalls löste man einen massenhaften Abverkauf aus. Verkäufe wären für uns als Mittler natürlich lukrativ gewesen, genauso für Trader notleidender Produkte, die im Hintergrund auf alles lauerten, was sich Richtung 70 und tiefer bewegte, aber nur auf sehr kurze Sicht.

Am Markt für notleidende Papiere war es lange sehr ruhig gewesen, und jetzt sah es so aus, als würde er eine Renaissance erleben, weil sich High-Yield-Produkte zu notleidenden und Investment Grade zu High Yield entwickelten. Der Bereich Investment Grade existierte nicht mehr, weil niemand investierte.

Lena stand ständig kurz vor einem Nervenzusammenbruch. Mit ihrem Tradingbook war es schon schwierig, in einem Bullenmarkt Geld zu machen, von jetzt ganz zu schweigen, und immer wieder musste sie ein Mädel aus dem Sales-Team oder der CDS-Trader, neben dem sie saß, hinausbringen, weil sie hysterisch wurde. Heute war keine Ausnahme.

12:34:21 LENA KLEIN: wurde wieder rausgebracht
12:34:33 VENETIA THOMPSON: verarshst du mich?
12:34:37 VENETIA THOMPSON: wieso?

12:34:42 VENETIA THOMPSON: wer hat dich rausgebracht?

12:35:12 LENA KLEIN: dachte, ich hätte einen Spread von 40 BP überwunden bei ner Anleihe, die ich nie trade, ich kann sie nicht leiden … dann ist mein Käufer, mit dem ich mehr als einen Tag an dem Trade gearbeitet habe, abgesprungen, und hat woanders gekauft.

12:35:18 LENA KLEIN: ohne mir Gelegenheit zu geben nachzubessern

12:35:32 LENA KLEIN: jetzt bin ich 5 Mio bei nem Sheiss long, den ich sonst im Leben nicht angerührt hätte

12:36:01 VENETIA THOMPSON: aahhh

12:36:10 VENETIA THOMPSON: und was hat dir den Rest gegeben?

12:36:17 VENETIA THOMPSON: hat jemand was gesagt

12:37:07 LENA KLEIN: dass ich wahrscheinlich einen Riesenverlust gemacht habe, auf einer Position sitze, die ich nicht loswerde, und ich die ganze Geschäftsführung am Hals hab

12:37:09 LENA KLEIN: mehr nicht

12:37:32 VENETIA THOMPSON: bist du ausgetickt oder hast du nur geweint?

12:38:04 LENA KLEIN: Hände vors Gesicht und geheult, aber Dachs hat mich schnell rausgeschleppt

12:38:08 VENETIA THOMPSON: wer? Wieso Dachs?

12:38:23 LENA KLEIN: das Sales-Mädel, das den Trade verloren hat. Weil sie mal dabei erwischt wurde, wie sie in ihren eigenen Garten gekakkt hat.

12:38:28 VENETIA THOMPSON: iihhh

12:38:36 VENETIA THOMPSON: warst du sauer auf sie

12:38:47 LENA KLEIN: eher auf ihren Kunden

12:38:51 VENETIA THOMPSON: wie ätzend

12:38:58 VENETIA THOMPSON: geht's besser?

12:39:06 LENA KLEIN: weine immer noch leise
12:39:58 VENETIA THOMPSON: gibt bestimmt größere Verluste
12:40:09 LENA KLEIN: weiß nicht. Könnten locker 5 Punkte an 1 Tag werden.
12:40:20 LENA KLEIN: bin so wütend. Hätte hysterisch bleiben sollen und mich nach Hause schicken lassen.
12:41:10 LENA KLEIN: warte nur darauf, dass ich gefeuert werde, dass einer aufsteht und ruft »du bist eine Schande für uns«
12:41:20 VENETIA THOMPSON: lieber eine Schande als ein Wixxer

Die Big Swinging Dicks waren alle seltsam still geworden, sie hockten unter ihren Schreibtischen und warteten darauf, dass die nächste Bank pleiteging oder die nächste unheilvolle Ankündigung von Notenbankchef Ben Bernanke über die Nachrichtensender dröhnte. Das eine oder das andere würde sicher früher oder später eintreten; bis dahin hielten sie sich bedeckt und ließen ihre Desk-Assistenten die Anrufe von Kunden und Brokern annehmen.

Die meisten Banken hatten ihre Kunden vor Monaten sich selbst überlassen und einfach keine Preise mehr rausgeschickt. Jetzt kämpfte jeder für sich; irgendeinen Fondsmanager in Genf bei Laune zu halten war bei allen die geringste Sorge. Masters of the Universe verwandeln sich ziemlich schnell in Waschlappen, wenn es ungemütlich wird.

Der Ferg hatte derweil beschlossen, es sei an der Zeit für ein Sabbatical. Wir wussten alle, dass er, genau wie Wayne und Stu vor ihm, schon seit einer Weile unzufrieden war und ins Ausland gehen wollte, um sich um sein Immobilienimperium zu kümmern, trotzdem waren wir überrascht, als er uns seinen letzten Arbeitstag ankündigte. Ich wusste nicht, wie das Desk ohne ihn funktionieren sollte oder wie ich den Tag ohne unser ständiges Geplänkel überstehen würde. Es würde mir fehlen, dass er mich immer Abteilungsschnecke nannte. Aber erst einmal mussten wir die Übergangsphase überstehen – die zwei Wochen, bis er endgültig gehen würde. Der Ferg, Lena und ich hatten jetzt ständig ein IB-Fenster geöffnet, um den ganzen Tag lang soviel Mist wie möglich zu chatten.

13:57:35 DER FERG: Ich hasse diesen Idis, wie kakke muss der sein, wenn er nach 3 Jahren traden bei der Aggro Broker wird. Haha. Der Spinnner.

13:58:24 DER FERG: Noch sieben Tage in diesem godd-verdammten Job. »Der Ferg: 35 cm Qualität. Besorgt mir ne Nudde.«

Wenn jemand aufhört, egal, ob er gekündigt hat oder gefeuert wurde, geht er normalerweise sofort und wird von einem Wachmann hinauseskortiert, während jemand anders seine Sachen holt. Aber weil der Ferg theoretisch nur ein Sabbatical nahm – obwohl uns allen klar war, dass er wahrscheinlich nie wieder einen Fuß in diese Etage setzen würde –, arbeitete er, bis seine sechsmonatige Auszeit offiziell begann. Mit einem Broker am Desk, der bald für ein halbes Jahr ab in die Sonne fahren würde, sank die Stimmung auf einen absoluten Tiefpunkt. Es war, als hätte jemand eine Leiche auf einen Drehstuhl gesetzt; man konnte sich auf nichts anderes konzentrieren, bis sie weggeschafft wurde.

Der Ferg hatte Angst. Er war mittlerweile in den Vierzigern und kannte nichts anderes als den Anleihenmarkt. Er wusste nicht, wie er den Wechsel zurück ins normale

Leben, weg von den Freunden und Kunden in der City, verkraften würde. Nicht einmal, ob es ihm überhaupt gefallen würde, den ganzen Tag zu Hause zu sein. Viele Bookies seiner Generation hatten versucht, sich zur Ruhe zu setzen, nur um sechs Monate später zurückzukommen, nachdem sie gemerkt hatten, dass man Golf irgendwann über hatte und ihre Familien sie in den Wahnsinn trieben. Sie vermissten den Markt und kamen zurückgekrochen. Das hatte er schon oft gesehen.

Aber er würde nicht zurückkommen, das wusste ich. Er war anders; er hatte sein Geld immer direkt investiert, ohne sich ein ausschweifendes Leben zu gönnen, weil er wusste, dass irgendwann der Wunsch kommt, auszusteigen und mit seiner Familie all das hinter sich zu lassen. Das hatte immer zu seinem großen Plan gehört, deshalb war er darauf vorbereitet. Er war stark genug, den Wechsel zu schaffen, man musste ihn nur noch aus dem Nest schubsen. Er würde mir fehlen.

Der Amerikaner grenzte unsere Geschäfte nach und nach vom Rest des Orderdesks ab und zog mich dabei mit runter. Dass der Ferg aufhörte, verschlimmerte seine Paranoia noch. Er wusste, dass die Kunden vom Ferg irgendwann bei uns landen würden und wir Beziehungen zu ihnen knüpfen mussten. Aber der Amerikaner war davon überzeugt, dass der Ferg die Übergabe irgendwie sabotieren und uns für spätere Geschäfte Steine in den Weg legen würde. Deshalb behielt er Informationen für sich, ließ nur mich in seine Karten schauen und verlangte ausdrücklich, dass ich die Infos an niemanden vom Desk weitergab.

Als wir an einem Nachmittag nach tagelanger Flaute endlich kurz vor einem Trade standen, beschloss er in einem kritischen Moment, ich hätte für den Ferg als Spitzel gearbeitet und ihm Informationen und Preise verraten. Er schob seinen Stuhl vom Schreibtisch zurück.

»Halt das Maul, du verdammte, blöde …«

Die Worte strömten ruhig und seltsam beherrscht hervor, aber voller Zorn. Sein ganzer Wutausbruch wirkte kontrolliert. Die Augen hatte er zu winzigen, schwarzen Löchern zusammengekniffen, ihr bohrender Blick zuckte zwischen mir und dem Boden unter seinem Schreibtisch hin und her. Ich starrte wie gelähmt zurück und verspürte nichts als vage Abscheu, als ich endlich erkannte, wie er wirklich war.

Kunden hatten mich oft als Arschloch, Idiotin und Miststück bezeichnet, aber der Amerikaner hatte mich nie direkt beschimpft. Ich hatte geglaubt, ich wäre unverwundbar, nach Monaten voller Beleidigungen und Aggression könnte mich nichts mehr treffen. Aber ich hatte mich geirrt. Er konnte mich immer noch umhauen, und zum ersten Mal in meinem Jahr als Brokerin fühlte ich mich körperlich bedroht. Ich wusste nicht, was er als Nächstes tun würde.

Zehn Minuten danach entschuldigte er sich stotternd, er sagte, es sei eine angespannte Situation gewesen, und es täte ihm leid. Er hustete die Worte hervor, als würde er an ihnen ersticken; eine Entschuldigung war für ihn etwas so Unnatürliches, dass er sie nur in unschönen Brocken hervorwürgen konnte. Ich starrte nur auf meinen Posteingang bei Bloomberg, ohne zu antworten, als hätte ich gerade üble Prügel bezogen und wüsste nicht, was ich sagen oder wie ich reagieren sollte.

Ironischerweise hatte ich dem Ferg gar nichts gesagt, obwohl ich es hätte tun sollen; wir sollten immer noch als Team zusammenarbeiten, egal, ob er wegging. Aber das zählte alles nicht. Der Amerikaner würde immer allein arbeiten, er würde nie jemanden brauchen.

Es war halb fünf. Ich wollte nach Hause gehen, mich so weit wie möglich von diesem Ungeheuer entfernen, das sich neben mir die Fingernägel schnitt. So lange hatte ich an diesen seltsamen, undurchschaubaren Mann glauben wollen, hatte allen beweisen wollen, dass er nicht so schrecklich war, wie die Gerüchte behaupteten. Dabei hatte ich mich einfach getäuscht, er war sogar noch schlimmer, als ich mir je hätte vorstellen können.

Insgeheim möchte jeder an den Teufel glauben. Er wirkt interessanter durch seine verhängnisvollen Makel, die ihn irgendwie menschlicher erscheinen lassen. Aber er verführt auch: Er lässt dich Licht sehen, wo keines scheint; er gewinnt dein Vertrauen und deinen Respekt, bevor er dich vernichtet. Man vergisst leicht, mit wem man es zu tun hat.

Ich musste sehen, dass ich da rauskam.

Über Bloomberg schickte ich eine Nachricht an den Sizilianer, der auf der anderen Seite der Etage arbeitete und mir mal ein Glas eingelegte Zwiebeln geschenkt hatte, nachdem ich erzählt hatte, wie sehr ich sie mochte. Ich bat ihn, mit mir etwas trinken zu gehen. Ich brauchte einen Vertrauten.

Leise nahm ich meine Sachen und ging; ich wusste nur, dass ich sofort kündigen musste. Als ich in den leeren Aufzug stieg, hyperventilierte ich, und die Wände kamen immer näher, während ich neunzehn Stockwerke tief in den Abgrund stürzte, wo ich schon mit dem wartenden Abaddon rechnete, aber als sich die Türen öffneten, stand dort doch nur der fröhliche Wachmann.

Wir hatten uns in einer Bar beim Hafenbecken am anderen Ende von Canary Wharf verabredet, in der Nähe vom Four Seasons, wo es dunkel, windig und menschenleer war. Während ich durch das Einkaufszentrum ging, vorbei an Square Pie, Space NK, wo ich mich vor Kundenessen schnell mit Make-up eindeckte, wenn ich meines vergessen hatte, und an Toni and Guy, wo ich mir vor einem Event oft schnell die Haare föhnen ließ, verblasste alles. Ich wusste, dass ich nicht mehr lange dort sein würde.

Schließlich kam ich nach der endlosen Reihe unterirdischer Geschäfte und miteinander verbundener Rolltreppen wieder an die Oberfläche. Der Wind warf mich hin und her, alles flatterte, mein Haar wurde aufgewirbelt und blieb an meinem Lipgloss kleben. Ich konnte kaum sehen, wohin ich ging. Man vergaß leicht, wie windig es in Canary Wharf werden konnte, wenn man den ganzen Tag lang hoch oben über der Straße saß, von der U-Bahn durch die Einkaufsstraße zum Schreibtisch lief und nie nach draußen ging. Ich wünschte mir, ich wäre öfter rausgegangen; ich hatte zu lange alte, schale Luft geatmet.

Er saß allein in der Bar. Ich setzte mich neben ihn und bestellte einen Gin Tonic.

»Das ist ja ganz schön geheimnisvoll. Was ist los, Süße? Du siehst aus, als hättest du einen Geist gesehen.«

»Ich höre auf.«

»Ah. Der Amerikaner hat also endlich Flagge gezeigt, was? Oder bist du heute Morgen erst aufgewacht und hast gesehen, was läuft? Wie hast du das überhaupt so lange ausgehalten? Der hat sie doch nicht alle.« Wir redeten eine Weile darüber, was ich als Nächstes tun sollte. Und dann küsste ich ihn.

Im Grunde war das alles Unsinn, aber ein paar Minuten lang hatte ich das Gefühl, es könnte noch alles gut werden, es müsste nicht zu Ende gehen. Er erinnerte mich an all das, was mir an dem Job so gefiel: ein Essexboy als Geist der vergangenen Broker-Ära mit geistreichem Geplänkel, strahlendem Grinsen und einem Glas eingelegter Zwiebeln in der Hand.

Wie ein Pärchen gingen wir zurück zur U-Bahn, wir hielten auf dem windigen Weg Händchen, schmiedeten Pläne, am Wochenende zum Skilaufen zu fahren, und verabschiedeten uns in der Nähe der Docklands Light Railway. Als ich weiter durch das menschenleere Einkaufszentrum zur U-Bahn lief, kam mir der Tag etwas weniger schlimm vor. Ein neuer Büroflirt schien mir der einzige Weg, weiterzumachen, außerdem vertrieb er einem die Zeit, aber wie sich zeigte, hatte ich den Sizilianer zum letzten Mal gesehen.

Ein paar offene Enden blieben immer. Einige Tage später wollte ich eine Traderin in *La Traviata* ausführen; das erschien mir als passender Abschluss.

Den Tag verbrachte ich damit, auf mein Bloomberg-Terminal zu starren, gelegentlich Mails mit dem Sizilianer auszutauschen und die Minuten zu zählen, bis ich mich endlich zum Royal Opera House aufmachen konnte. Ich wollte vergessen, dass ich mir den ganzen Tag lang am liebsten die Pulsadern aufgeschnitten hätte und jedem Blickkontakt mit dem Amerikaner ausgewichen war.

Wir saßen in der vierten Reihe Mitte im Parkett, auf Plätzen, die ich bisher nur von oben gesehen hatte. Normalerweise bekam ich billige Plätze im seitlichen Rang, die durch ihren Winkel nur eine eingeschränkte Sicht boten, aber ich saß gerne in der Nähe der Bühne. Wenn ich vom Rang aus auf das Parkett hinunterblickte, erkannte ich sofort die Firmenplätze – also die Plätze, die Mitarbeitern von Anwaltskanzleien oder Banken komplett auf Firmenkosten oder verbilligt zur Verfügung gestellt wurden. Dort saßen ungleiche Paare in schlecht sitzenden Anzügen und Kostümen und bequemen Schuhen oder Sneakern; die

Frauen hatten sich das Haar, so gut es ging, zu einem unordentlichen Pferdeschwanz zusammengebunden, während sie mit Verspätung in den Zuschauerraum geeilt waren, und die Männer überflogen hektisch Zusammenfassungen aus dem Internet.

Am Ende des ersten Akts waren einer oder beide eingeschlafen, nachdem sie an den falschen Stellen applaudiert, ungeniert herumgehustet und die ganze Zeit über laut miteinander geflüstert hatten.

Jetzt war ich ebenfalls stolze Besitzerin zweier Karten zu hundertachtzig Pfund auf Firmenkosten und saß in meinem Kostüm und den Schuhen, die ich zur Arbeit trug, neben einer Traderin, die noch nie eine Oper besucht hatte, sich das aber nett vorstellte. Sie fragte mich, was wir gleich sehen würden, und ich hatte das Gefühl, ich müsste sie anstupsen, als Anna Netrebko auf die Bühne kam. Irgendwie war das alles falsch.

In beiden Pausen tranken wir Champagner Rosé zu einer Platte mit Räucherlachssandwiches und einer Schale Chips, nur weil wir es konnten. Wir waren zwei Citygirls, die sich in Pose warfen und genossen, was die Oper zu bieten hatte, bevor es zum Abendessen ins Ivy ging und dann zurück in unsere perfekten Chelsea-Leben. Dabei war das Schwachsinn, schon immer gewesen. Ich hatte die Rolle der Kurtisane gut gespielt. Ich starb zwar nicht an Schwindsucht, es hätte aber beinahe gepasst. *Addio del passato.* Ich wollte nur, dass es vorbei war, solange ich mich noch auf den Beinen halten konnte.

Und dann war es vorbei. Am nächsten Morgen ging ich zur Arbeit, verließ das Büro mittags und besuchte meinen Hausarzt – der eigentlich nicht mein Hausarzt war, aber der Einzige, der Zeit hatte – weil ich mit jemandem reden musste – mit irgendwem. Er fragte mich, was er für mich tun könnte, und ich zerfloss sofort in Tränen. Eine Stunde lang saß ich in dem kleinen, fensterlosen Zimmer und zitterte und weinte unkontrollierbar, während er mir ein Taschentuch nach dem nächsten reichte. Er schrieb mich für zehn Tage krank: nervöse Erschöpfung und, nachdem er meine Drüsen abgetastet hatte, wahrscheinlich auch die Nachwirkungen irgendeines Virus, der sich in meinem Körper versteckt hielt. Von einem Arzt zu hören, dass ich im Moment nicht arbeiten konnte, war eine Erleichterung.

Er druckte einen Fragebogen über Depressionen aus, den ich ausfüllen sollte. Es wirkte lächerlich, Kästchen neben Fragen anzustreichen, die keinen Sinn ergaben, aber offenbar die einfachste Art waren, eine Depression zu diagnostizieren. *Wie oft denken Sie an Selbstmord? Nie? Einmal pro Woche? Drei- bis fünfmal pro Woche? Jeden Tag? Immer?* Ich konnte den Stift kaum halten und setzte wahllos Häkchen, ohne die Hälfte der Fragen zu lesen. Mir musste nicht erst ein Fragebogen sagen, dass ich deprimiert war. Der Arzt meinte, er könnte mir Citalopram verschreiben, wenn ich das Gefühl hätte, ich bräuchte es – das würde nicht abhängig machen. Ich murmelte, ich sei bloß erschöpft und würde für den Teufel arbeiten. Er kicherte. Als ich sagte, das sei kein Witz gewesen, lachte er trotzdem weiter. Ich wusste nicht, was ich brauchte, aber ich war mir ziemlich sicher, dass eine Tablette nicht die Antwort war. Hätte ich tatsächlich Medikamente gebraucht, hoffte ich, dass er mir nicht die Wahl gelassen hätte. Das Letzte, was jemand mit ernsthaften Depressionen brauchen kann, sind Wahlmöglichkeiten.

Er wollte, dass ich einen Freund anrief, damit jemand zu Hause auf mich wartete. Seiner besorgten Medizinermiene nach befürchtete er, ich würde mich vor einen Bus werfen, sobald ich das Gebäude verließ. Er wollte nicht dafür verantwortlich sein, mich auf die Straßen von Knightsbridge zu schicken, ohne auch nur ein Rezept für Antidepressiva, um mich nachher in Einzelteilen auf der Sloane Street wiederzufinden.

Aber ich wollte nicht sterben, ich wollte nur schlafen und diesen Job kündigen, den ich hasste, solange ich noch genug Kraft hatte, um das zu sagen. Er musste sich keine Sorgen machen. Die Tabletten brauchte ich nicht. Außerdem bezweifelte ich, dass sie stark genug gewesen wären. Hätte ich verschreibungspflichtige Medikamente gebraucht, hätte ich Mo gefragt. Ich wusste nicht, wen ich überzeugen wollte: den Arzt, mich oder uns beide. Aber er schien jetzt sicher zu sein, dass ich mich weiter durchkämpfen würde, und schickte mich mit einer letzten Ermahnung weg, ich sollte mich ausruhen.

Plötzlich wurde mir mit Schrecken klar, dass, sollte mich wirklich ein Bus überfahren, alle glauben würden, ich hätte mich tatsächlich umgebracht, wenn sie meine Krankenakten lasen. Ich blieb eine Ewigkeit wie gelähmt an der Bordsteinkante stehen, bis ich sicher war, dass kein Bus kam, und endlich die Straße überqueren konnte.

Zu Hause schrieb ich Dory in einer Mail, dass ich in den nächsten zehn Tagen nicht kommen würde. Er antwortete sofort, ich sollte mich darauf konzentrieren, wieder gesund zu werden. Dann riss ich mir mein Kostüm vom Leib, ließ es in der Zimmerecke auf dem Boden liegen, zog meinen Trainingsanzug an, warf eine Valium ein und legte mich ins Bett. Dort blieb ich zwei Tage lang, dabei stand ich nur gelegentlich auf, um ein Glas Wasser zu holen und ins Bad zu gehen. Ich war zu müde zum Essen und so abgestumpft, dass ich nicht wusste, ob ich Hunger hatte; wahrscheinlich hatte ich keinen. Im letzten Jahr hatte ich kaum etwas anderes getan als gegessen. Das war das Letzte, was ich jetzt tun musste.

Ich träumte immer wieder das Gleiche: Der Amerikaner, angezogen mit Chinos und einem blassgrünen Hemd, schlug mir mit einem seiner Telefone auf den Kopf, bis ich ein Loch im Schädel hatte, und er hörte nur auf, wenn ihn jemand über die Telefonanlage rief, während ich zusammengesackt auf meinem Drehstuhl hing und kaputte Zähne ausspuckte. Dann kam ein Kurierfahrer mit einer karierten Hose und schob mich aus dem Büro. Ich dachte, er würde mich in ein Krankenhaus bringen, aber er schubste mich auf den Rand eines leeren Aufzugschachts zu. Mitten im Fallen wachte ich immer auf.

Ich war froh über die Träume. Sie fuhren mir so in die Glieder, dass sie mich zumindest lange genug wach hielten, um etwas zu trinken und mir ab und zu sogar die Zähne zu putzen und mit Zahnseide zu säubern, was mir unglaublich wichtig erschien. Duschen war absolut nicht drin; an mehr als meine Mundhygiene konnte ich nicht denken.

Das habe ich wohl alle paar Stunden wiederholt. Ich achtete nicht auf die Zeit, aber es gab auch nichts, wofür ich hätte aufstehen müssen, deshalb kam es mir völlig unnötig vor, auf die Uhr zu sehen. Es war vollkommen egal, ob es sechs Uhr morgens oder nachmittags war. Meine Vorhänge sorgten dafür, dass mich kein Licht störte, aber um auf Nummer Sicher zu gehen, schlief ich zusätzlich mit einer Schlafmaske. Die Augen bedeckt zu haben wirkte irgendwie tröstlich.

Am dritten Tag verspürte ich langsam Hunger und wagte mich nach oben, um mir Toast zu machen. Er war schimmlig, aber das kümmerte mich nicht, und ich hatte keine Butter, was mich normalerweise in Panik versetzt hätte, aber jetzt erschien es belanglos, ob ich trockenen

Toast aß. Draußen war es hell, aber es hätte genauso gut früher Morgen wie später Nachmittag sein können. Ich rief ein paar beunruhigte Freunde und Verwandte zurück und ging dann wieder ins Bett.

Meine Eltern machten sich Sorgen, aber wahrscheinlich weniger als an Tagen, an denen ich mich vormittags um elf von der Arbeit zu einem Martini mit Gin verzog. In meiner sicheren Höhle in Chelsea würde ich mich zumindest nicht betrunken vor die U-Bahn werfen oder im Handelsraum einen Nervenzusammenbruch erleiden.

Chelsea ist Londons Gummizelle. In dieser Gegend würde sicher nichts allzu Schlimmes passieren – nur mal der eine oder andere Zwischenfall, wenn etwa jemand auf der Fahrt zur Schule mit seinem Ferrari in eine Mauer krachte und dabei sich und das philippinische Kindermädchen umbrachte, oder alle paar Jahre ein bewaffneter Raubüberfall auf die Bank im Cheney Walk. Wir hatten nur einmal die Polizei gerufen, und sie war nach dreißig Sekunden da gewesen – was ich beruhigend fand, als ich so im Dunkeln dalag und den seltsamen Geräuschen von draußen lauschte.

Irgendwann zog ich vom Bett auf das Sofa um, sah im Liegen ein wenig fern, starrte auf den mächtigen Baum, der im Garten gegenüber emporragte, und schlief immer wieder ein. Wie spät es war, erkannte ich nur daran, was gerade im Fernsehen lief. Es wurde so früh dunkel, dass ich nur wenige Stunden Tageslicht ertragen musste; wenn ich es für eine Weile nach oben auf das Sofa schaffte, hatte ich das Gefühl, ich hätte wenigstens etwas erreicht.

Endlich lief mein Leben etwas langsamer. Ich machte mir keine Sorgen darüber, was am Ende dieser zehntägigen Atempause passieren würde. Ich hatte meinen Stapel Zeitschriften und Bücher, den Baum und das Sofa, mehr brauchte ich nicht. Wieder zur Arbeit zu gehen wirkte auf mich wie etwas, das nie passieren würde. Und wenn, dann nicht mir.

An dem Wochenende, bevor ich wieder ins Büro gehen sollte, hatte ich mich durch einen Stapel Zeitungen und alter Ausgaben vom *New Yorker* und *Spectator* gearbeitet, und bekam irgendwann Lust, etwas zu schreiben, um zu sehen, ob ich es noch konnte. Das Broking schien mir als erstes Thema so geeignet wie jedes andere. Also schlug ich dem Herausgeber vom *Spectator* quasi als Initiativbewerbung per Mail einen Artikel vor mit dem Arbeitstitel »Essex und die City: Luxustussi trifft Parketthändler«. Als eine Mail zurückkam, in der ich vollkommen unerwartet gebeten wurde, 1150 Wörter zu schreiben, tat ich das.

Ich schrieb den ganzen Sonntagnachmittag hindurch und drückte schließlich am späten Abend auf »abschicken«. Zwar hatte ich mich nicht vom Sofa weggerührt, hatte es aber zum ersten Mal, seit ich krankgeschrieben war, geschafft, den restlichen Tag wach zu bleiben, und konnte zu einer normalen Zeit schlafen gehen.

Ich dachte, ich würde vielleicht in ein paar Wochen etwas hören, vielleicht auch nie, aber wenigstens war ich einen Schritt auf etwas zugegangen, das ich gerne tun wollte, und die Aussicht, am nächsten Tag arbeiten zu gehen, war etwas weniger schrecklich. Wahrscheinlich hätte ich sogar noch sechs Monate weitermachen können, nachdem sich mein Hirn mit etwas Lohnenswertem beschäftigt hatte.

Im Grunde hatte sich nichts geändert, als ich wieder ins Büro kam. Wo der Ferg gesessen hatte, klaffte eine Lücke, und ich wartete darauf, dass er gleich in einem seiner typischen violetten Hemden hereinschlendern und sich setzen würde, aber er war weg. Ich hatte seine Abschiedsfeier verpasst.

Die Stimmung war gedrückt. In den zehn Tagen, die ich nicht dort gewesen war, hatte es nur schlechte Neuigkeiten gegeben, und es war schon von einer Rezession die Rede. Anders als sonst ließ mich alles völlig gleichgültig – die Nachrichten auf Bloomberg, der Marktkommentar, der jeden Morgen herumgeschickt wurde, und die Rufe vom Chef des itraxx-Desks. Ich hätte fast glauben können, ich hätte eine partielle Lobotomie hinter mir.

Am Montagnachmittag erhielt ich eine Mail vom *Spectator*, die mir mitteilte, dass sie meinen Artikel in dieser Woche drucken wollten, er würde am Donnerstag erscheinen. Das war die einzige Information, die mir an diesem Tag eine Reaktion entlocken konnte. Jetzt wusste ich, dass ich nur noch ein paar Tage durchhalten musste.

Der Amerikaner hatte seit dem Morgen in Meetings mit Leicester und dann mit Fabrizio gesessen, nachdem Fabrizio einen ehemaligen Trader als Chef für spezielle Kredite, sogenannte LCDS, eingestellt hatte, ohne jemandem ein Wort zu sagen. Weil die meisten Preise zu LCDS von unseren Kunden stammten, war es doch ein wenig seltsam, dass wir von der Neueinstellung über eine Mail erfuhren, die nur an Dory gegangen war. Der Amerikaner war stinkwütend. Nachdem er sich monatelang kaum dafür interessiert hatte, was Fabrizio trieb, rastete er schließlich aus, stürmte quer durch das Büro und kam nicht zurück. Schade nur, dass mir das mittlerweile scheißegal war.

Nach meiner Auszeit erkannte ich endlich, wie schwachsinnig tief ich mich in die kleinkarierte Büropolitik und die Machtkämpfe verstrickt hatte. Jetzt kam mir das alles extrem sinnlos und unwichtig vor. Es interessierte mich nicht, wen Fabrizio eingestellt hatte. Er konnte meine ganzen Kunden haben; ich wollte sie nicht mehr. Ich scherte mich nicht mehr um die vielen Stunden, in denen ich Beziehungen aufgebaut hatte, um die Abende, an denen ich ihre Egos gestreichelt und ihnen vorgemacht hatte, sie wären die größten Trader auf dem Parkett und meine Lieblingskunden, oder darum, wie oft ich ihnen erzählt hatte, ich würde ihnen bei irgendwas die erste Kaufoption einräumen, obwohl sie ganz unten auf der Liste standen.

Es war alles vorbei.

*******Gelöscht (*******) arbeitet hier nicht mehr

Den Donnerstagvormittag verbrachte ich größtenteils damit, unzähligen Fremden über Bloomberg auf die Frage zu antworten, ob der Artikel, den sie gerade gelesen hatten, von mir stammte. Ich hatte gar nicht gewusst, dass es bei Bloomberg so viele *Spectator*-Leser gab.

Die meisten Mails waren automatisch an den Amerikaner weitergeleitet worden, aber als er gesehen hatte, dass sie privat waren, hatte er sie gar nicht erst gelesen. Ich verfiel jedes Mal in totale Panik, wenn eine neue Mail vor mir aufblinkte. Ich sah, wie er eine Mail öffnete, in der sowohl der *Spectator* als auch der Artikel erwähnt wurden, aber er klickte sofort wieder zu dem Nachrichtenartikel, den er gerade gelesen hatte. Wahrscheinlich war die Sache so weit von dem entfernt, womit er an diesem Morgen rechnete, dass sich sogar der Artikel selbst vor ihm hätte aufklicken können, ohne dass er es begriffen hätte.

Nur Giles und der Sizilianer hatten den Text gelesen. Nachdem ich beide schon mal geküsst hatte, dachte ich, ich könnte ihnen wahrscheinlich mehr trauen als allen anderen. So ähnlich denkt man wohl in der Todeszelle. Jetzt beobachtete ich Giles' Hinterkopf, während er mehrmals las, was ich geschrieben hatte. Sein Kopf ging immer rauf und runter, und manchmal drehte er sich um und grinste mich an, in den Augen eine seltsame Mischung aus Schock, Belustigung und Angst. Ich versuchte, seinen Blicken auszuweichen, weil früher oder später jemandem auffallen würde, dass ich errötete und gegen hysterische Anfälle kämpfen musste. Diesen Augenblick musste ich einfach mit jemandem teilen, sonst wäre ich geplatzt, und wenn wir uns quer durch das Büro zugrinsten, genügte mir das schon.

Am liebsten wäre ich zu Waitrose gelaufen und hätte die Ausgabe gekauft. Ich war kaum dazu gekommen, mir die Website anzusehen, weil niemand, der hinter mir herging, sehen sollte, was ich las. Ich hatte den Artikel am unteren Bildschirmrand minimiert. Mehr als den Titel hatte ich bis jetzt nicht lesen können.

Als jemand von der Zeitschrift anrief, weil eine Sonntagszeitung Interesse bekundet hatte, lief ich zu dem leeren gläsernen Büro am Ende des Raumes, um den Anruf anzunehmen – niemand fragte, was ich da machte. Ich kam mir vor, als würde ich einen unglaublich lustigen Witz mit mir herumschleppen, den ich nicht weitererzählen durfte und der mir in der Kehle hochstieg und jeden Moment als lautes Lachen hervorplatzen konnte.

Mit hämmerndem Herzen ging ich zurück an meinen Schreibtisch; alle waren in Ausgaben der *Sun* versunken oder lasen online Nachrichten und nippten an ihrem Tee. Es war ein ganz normaler Vormittag im Februar. Alles sah genauso aus wie am Tag zuvor, dabei war es vollkommen anders. Ich war richtig aufgekratzt.

Als der Amerikaner hinausgegangen war, um sein Mittagessen zu besorgen, schickte ich ein paar meiner Lieblingskunden einen Link zu dem Artikel. Ich wusste natürlich, dass das keine gute Idee war und ich die Sache so lange wie möglich hätte für mich behalten sollen, aber ich konnte mich nicht mehr beherrschen.

Den Nachmittag verbrachte ich damit, Anflüge von Hysterie auszuhalten und zu versuchen, das Gefühl drohenden Unheils zu ignorieren. Giles erinnerte mich daran, dass die Firma an die Börse gehen wollte und das Timing nicht schlechter sein könnte. Er hatte keine Ahnung, was in dem Artikel stand, bevor er erschienen war, und ich wollte unbedingt mit ihm darüber reden und hören, was er davon hielt, aber ich würde bis abends warten müssen.

Darauf zu warten, dass jemand den Artikel fand und dem Amerikaner oder der PR-Abteilung davon erzählte, war wie auf das Platzen einer Bombe zu warten. Ich behielt die Uhr an meinem unteren Bildschirmrand im Auge und versuchte, mich so natürlich wie möglich zu benehmen, aber mein Herz hämmerte, und ich fing an zu schwitzen. Alle paar Sekunden trank ich einen Schluck Kaffee, und jetzt zitterte ich auch noch. Außerdem hatte ich Bauchkrämpfe – ich musste schon seit einer Stunde zur Toilette, aber ich traute mich nicht von meinem Schreibtisch weg, aus Angst, wenn ich fünf Minuten nicht dort saß, könnte es eine Katastrophe geben. Es war ein Rennen gegen die Uhr, und ich wusste wirklich nicht, ob ich es lebend nach draußen schaffen oder mir in die Hose machen würde, während ich gefeuert wurde. Das war ein seltsamer Tag voller Adrenalin, aber ohne einen einzigen abgewickelten Trade.

Endlich wurde es fünf Uhr, und ich ging ruhig hinaus, wie eine Ladendiebin, die unbemerkt den Tatort verlässt. Als ich das untere Ende der Rolltreppe zum Einkaufszentrum erreichte, rannte ich sofort los bis zu Waitrose, um vielleicht ein wenig meiner überschüssigen Energie loszuwerden, aber die Zeitschrift war noch nicht geliefert worden. Dann ging ich zur U-Bahn, weil ich lieber auf neutralem Gebiet sein wollte, falls man die Wölfe loshetzte, um mich zurück ins Büro zu zerren.

Vom Sloane Square aus ging ich die Kings Road entlang und hielt bei Waterstone's an, um den *Spectator* zu kaufen. Im Stehen blätterte ich die Seiten um, bis ich den Artikel gefunden hatte, aber das ständige Klingeln meines BlackBerrys unterbrach mich. Ich hatte mehrere verpasste Anrufe von unbekannten Nummern und eine Nachricht auf der Mailbox. Ich wählte 901 und wartete. Sie stammte von Leicester. Als ich seine Stimme hörte, wurde mir sofort schlecht. Er konnte nur aus einem Grund angerufen haben. Ich war so was von aufgeflogen. Reinkommen, Nummer fünf, Sie sind dran. Seine Nachricht klang ruhig und überraschend freundlich: »Venetia, Nigel Leicester. Ruf mich doch bitte an, wenn du das hörst. Danke.«

Das Spiel war aus.

Hätte ich nicht gerade den *Spectator* mit einem Artikel in den Händen gehalten, in dem ich den Amerikaner als »einen der unbeliebtesten und dickfelligsten Männer in der City« beschrieb, hätte ich seiner Stimme nach meinen können, er wollte nur hören, wie es mir ging, oder vielleicht sogar ein Beurteilungsgespräch vereinbaren oder mir sagen, dass ich doch noch einen größeren Bonus bekam. Ich fragte Giles per SMS, ob sich noch etwas getan hatte, nachdem ich gegangen war: keine Antwort. Ich musste wissen, was mich möglicherweise erwartete. Auf dem Heimweg versuchte ich, ihn anzurufen. Er ging nicht dran. Ich sprach etwas wirr auf seine Mailbox, dass ich unbedingt mit ihm reden musste.

Erst als ich es mir sicher auf dem Sofa gemütlich gemacht und mich innerlich gewappnet hatte, rief ich Nigel zurück. Mir fiel ein, was Dory gesagt hatte, nachdem man mich zum ersten Mal auf einen geplatzten Trade festgenagelt hatte. Ich wählte.

Bleib bei deiner Geschichte. Bleib bei deiner Geschichte. Ich wusste, dass es ernst war, als er sofort abnahm. Es war mittlerweile halb sieben – normalerweise hätte er wie alle anderen um fünf das Büro verlassen.

»Venetia? Danke, dass du zurückrufst. Wie geht's dir?«

»Ähm, ja, gut, danke. Und dir?«

»Gut, gut. Tja, du weißt bestimmt, warum ich anrufe. Wegen dieser Sache, die du geschrieben hast.«

»Wegen welcher Sache?«

»Ach, komm schon. Du weißt doch, was ich meine.«

Ich habe keine Ahnung, warum ich mich dumm stellte, so als hätte ich den Artikel völlig vergessen, aber irgendwie erschien es mir besser, so lange wie möglich eine Amnesie vorzutäuschen.

»So was darf einfach nicht passieren. Du kannst doch nicht ernsthaft gedacht haben, das würde nicht auffallen.«

»Nigel. Ich wollte damit eigentlich gar nichts sagen. Ich habe nur …«

»Venetia, ich will das jetzt nicht ausdiskutieren. Du darfst mit niemandem darüber reden – mit keinem deiner Kollegen oder Kunden – und halte dich vom Handelsraum fern. Ich möchte nicht, dass du im Moment zur Arbeit kommst.«

»Was? Das verstehe ich nicht. Suspendierst du mich?«

»Komm morgen einfach um halb neun direkt zu mir und zur Personalabteilung, dann setzen wir uns zusammen und besprechen das.«

»Heißt das, ich darf den Handelsraum nicht betreten?«

»Vorerst ja. Dabei geht es nicht zuletzt um deine Sicherheit. Die Leute werden verärgert und wütend sein, deshalb sollst du ihnen nicht zu nahe kommen.«

»Brauche ich etwa einen Anwalt?«

»Nein, so ein Gespräch ist das nicht, keine Angst. Aber wenn du willst, kannst du einen Freund oder Kollegen mitbringen.«

Das Gespräch war sehr kurz. Er klang ruhig, als müsste er sich jeden Tag um so etwas kümmern, aber seine Anweisungen verrieten, dass er sich Mühe geben musste, um locker zu klingen. Zu hören, dass ich den Handelsraum nicht betreten und nicht zur Arbeit gehen durfte, machte mir erst klar, wie wahrscheinlich es war, dass sie mich feuern würden und dass sie die Angelegenheit viel ernster nahmen, als ich gedacht hätte.

Meine Frage nach dem Anwalt hatte ich ungläubig und halb im Scherz gestellt, aber seine direkte Antwort zeigte den Ernst der Lage. Ich musste davon ausgehen, dass ich wahrscheinlich einen brauchen würde.

Ich rutschte vom Sofa, ging die Kontakte in meinem BlackBerry durch und überlegte, wen ich anrufen sollte. Meine Mutter besuchte in Singapur meinen Bruder, und mein Vater machte in Vietnam Urlaub. Lena war beim Skifahren. Giles ging nicht an sein Handy und hatte meine SMS immer noch nicht beantwortet. So großen Ärger hatte ich lange nicht gehabt, und ich wusste nicht recht, wen ich anrufen oder als Zeugen zu dem Gespräch mitnehmen konnte.

Dann klingelte das Handy: Fitz. Ich stand vom Boden auf.

»Venetia. Meine Fresse, wie witzig.« Er lachte laut. »Ich kann's nicht fassen. Der Artikel ist übrigens großartig. Aber ich lese das gerade, und glaub mir, V, zur Arbeit wirst du nicht mehr gehen. Das weißt du doch, oder?

Soll ich das eigentlich noch für mich behalten? Du hast ja gesagt, das soll unter uns bleiben, aber nachdem es in der nationalen Presse steht, ist das Kind irgendwie schon im Brunnen.«

»Nein. Erzähl's ruhig rum.«

»Bist du sicher? Ich meine, ich kann das mit einem Knopfdruck an den ganzen Kreditmarkt schicken. Soll ich?«

Er klang besorgt und sprach in einem ähnlichen Tonfall wie meine Mutter, wenn ich etwas vorhatte, das man für genial oder für unverantwortlich halten konnte.

»Klick einfach auf senden. Damit zündest du ja keine Atombombe, Fitz, und ich habe nichts zu verlieren. Übrigens darf ich nicht mal mit dir reden, aber nachdem ich die Regel schon gebrochen habe, kann ich auch weitermachen. Schick es ruhig raus. Damit beschleunigst du die Sache nur. Nächste Woche hat es eh auf dem Parkett die Runde gemacht.«

Ich kniete auf dem Sofa, mit dem Blick zum Fenster, und zitterte wie ein aufgeregter Hund. Unten trieb Chelsea vorbei. Ich wollte Dory oder den Paten anrufen und ihnen erzählen, was passiert war, falls Nigel sie nicht schon in die Mangel genommen hatte und sie mich für einen hoffnungslosen Fall hielten. Dorys Nummer konnte ich nicht finden, also rief ich den Paten an. Er war tagsüber nicht im Büro gewesen, und als ich einen fremden Klingelton hörte, fiel mir wieder ein, dass er irgendwo unterwegs war, um sich ein Spiel der Spurs anzusehen. Er meldete sich, und weil er keine Ahnung hatte, was passiert war, erklärte ich es ihm kurz. Er kicherte ungläubig und sagte, ich solle mich beruhigen; das würde sich schon geben, ich würde wahrscheinlich mit einem blauen Auge und einer Verwarnung davonkommen. Ich fragte ihn, wen ich mitnehmen sollte, und er antwortete, wenn er im Lande wäre, würde er mitkommen, aber so sollte ich Dory anrufen.

Dory wollte ich nicht darum bitten. Ich konnte ihn nicht in eine solche Lage bringen, und ich stand ihm beinahe schon zu nah. Er sollte nicht hören, was die anderen zu sagen hatten, oder in allen Einzelheiten mitbekommen, was ich getan hatte, weil mir das mittlerweile wie ein Verbrechen vorkam, für das mir der Prozess gemacht wurde. Es würde ihn sicher verletzen, dass ich den Beruf angegriffen hatte, dem er einen so großen Teil seines Lebens gewidmet hatte. Ich hatte jetzt schon das Gefühl, ich hätte ihn verraten, und er sollte nicht noch schlechter von mir denken oder noch tiefer enttäuscht werden.

Dann öffnete sich eine Mail auf meinem BlackBerry. Sie kam von Wayne: »Hoffe, dir geht's gut, die haben dich bestimmt in die Mangel genommen … Wenn es unschön wird und du Hilfe oder Rat brauchst, sag Bescheid …«

So jemanden wollte man auf seiner Seite haben. Ich wusste, dass ich ihn jederzeit anrufen könnte und er zu jedem Problem, das ich mir eingebrockt hatte, eine Lösung hätte, weil er wahrscheinlich irgendwann in der gleichen Lage gesteckt hatte. Aber ich war mir schon ziemlich sicher, dass ich dieses Problem allein lösen musste. Ich war zwar sehr versucht, ihn zu dem Treffen mitzunehmen, aber ich hielt mich zurück.

Der Teufel hat mich dazu gebracht

Es war ein Dilemma. Einerseits wollte ich meinen ersten veröffentlichten Artikel und die Chance feiern, mir vielleicht eine Karriere als Journalistin aufzubauen, andererseits war ich unsicher, ob ich wirklich das Richtige getan hatte und ob ich diese seltsame, verquere Geborgenheit der City überhaupt verlassen wollte.

Erst vor einer Woche hatte ich beschlossen, dass ich es noch mindestens sechs Monate als Brokerin aushalten wollte. Ich hatte bloß ein paar schlechte Wochen hinter mir und war krank gewesen. Das Schreiben konnte warten. Jetzt lag die Wahl nicht mehr bei mir, ich konnte es nicht mehr entscheiden. Die Sache war mir völlig aus der Hand genommen worden, was eine seltsam befreiende Wirkung auf mich hatte.

Das Schöne am Internet ist, wie schnell man vergessen kann, was man getan hat. Ein Klick auf »abschicken«, dann muss man nicht mehr daran denken, was man geschrieben hat, bis es einen dann Tage oder Wochen später wieder einholt. Man muss nicht erst mühsam mit der Hand in Tinte schreiben und daran denken, den Brief einzuwerfen.

Wenn ein Artikel erst einmal in den Zeitschriftenregalen liegt, kann man ihn nicht zurückrufen. Wie James Salter einmal schrieb: Taten zerstören ihre Alternativen. Nachdem ich mich gesetzt hatte, lautete die erste Frage von Leicester und der Chefin der Personalabteilung, ob ich den Artikel zurückziehen könnte. Wäre die Frage in einem anderen Zusammenhang gefallen, hätte ich vielleicht über ihre Naivität gelacht. Während ich erklärte, dass es dafür viel zu spät sei, malte ich mir aus, wie die Firma ihre Broker durch das ganze Land schickte, um hektisch jede einzelne Ausgabe einzusammeln.

»Kannst du sie dann dazu bringen, einen Widerruf abzudrucken?«

»Ähm, nein. Eigentlich nicht.«

»Warum hast du das geschrieben, Venetia?«

Der Teufel hat mich dazu gebracht?

Diese ersten Fragen gingen mir nicht aus dem Kopf. Als die dralle Personalleiterin weitermachte und mir Auszüge aus dem Artikel vorlas, konzentrierte ich mich auf ihre Sammlung klobiger orthopädischer Schuhe unter ihrem Schreibtisch und dachte nur an ihre ersten hoffnungsvollen Fragen, ob sich die Situation irgendwie bereinigen oder aus der Welt schaffen ließ. Das ist das Problem mit Worten: Sie verschwinden nicht wieder, wenn sie einmal an die Öffentlichkeit gelangt sind. Man kann sie nicht eindämmen oder zurückholen oder sie stornieren wie einen Trade, wobei sich die Anleihen in Luft auflösen. Ich konnte nur über die Frage nachdenken, warum zwei hochrangige Mitglieder der Firma dieses einfache Konzept nicht begriffen.

Als sie weiterlas, stolperte sie über meine Worte und betonte ständig die falschen Stellen, wie ein Schulmädchen, das einen französischen Text vorlesen wollte, und blickte mich dabei immer wieder theatralisch über ihre Brille hinweg an, um meine Reaktion zu prüfen, als hätte sie das mal bei einem Polizeiverhör gesehen und fände es hier passend. Auf den Seitenrändern standen hingeschmierte Notizen, und einzelne Abschnitte des Artikels hatte sie rot unterstrichen, wie eine Lehrerin. Ich fragte mich, ob sie gestern Abend wohl lange aufgeblieben war, um ihre Hausaufgaben zu machen, oder ob sie das heute früh eilig in der U-Bahn erledigt hatte.

Ich wusste nicht, was sie von mir erwartete. Als ich meinen Text so holprig vorgelesen hörte, zuckte ich höchstens zusammen und hatte Mitleid mit der schwerfälligen Personalchefin mit ihrem ungepflegten, struppigen Haar und der jämmerlichen Schuhsammlung. Vielleicht wollte sie, dass ich reumütig weinte, sagte, es würde mir leid tun, und um Vergebung bettelte. Ein Teil von mir wollte sie zum Schweigen bringen und sie von ihrem Elend erlösen, aber ich konnte sie nur mit leerem Blick anstarren und ihre Fragen so ausweichend wie möglich beantworten. Ich atmete so langsam, wie ich konnte, ohne nach Luft schnappen zu müssen, und spielte insgeheim das alte Grundschulspiel Schlafende Löwen; ich fragte mich, ob sich meine Pupillen wohl erweitert hatten, während ich sie so anstarrte. Ich fühlte mich wieder teilnahmslos, als hätte ich ein paar Valium eingeworfen.

Als ich mich morgens für die Schlacht gekleidet hatte, mit dem schönsten Stäbchenkorsett von Agent Provocateur, einem schwarzen Prada-Rock, einer Bluse von Lanvin und Stöckelschuhen von Louboutin, war eine Klappe zugegangen. Ich hatte mich schon ein Stück weit distanziert, als ich nach meiner Auszeit wieder in den Handelsraum gekommen war, aber jetzt war mir das alles ganz fremd. Wenn ich schon unterging, dann in Prada und der unpraktischsten Unterwäsche, die ich finden konnte. Sie war praktisch kugelsicher.

Ich war allein hingegangen, weil ich keine unnötige unbekannte Größe oder Ablenkung haben wollte. Die Alternative wäre gewesen, jemand völlig Unerwartetes mitzunehmen, um sie zu überrumpeln – etwa einen wichtigen Kunden.

Auf meinem Marsch durch das Foyer lief ich ein paar Jungs vom Sterlingdesk über den Weg, die mir mit frechem Grinsen verschwörerisch zunickten und dann weitergingen. Ich wusste, dass ich sie nie wiedersehen würde. Ich bemerkte nicht, wer im Aufzug stand, und drehte mich auch nicht um, um nachzusehen. Als *persona non grata* war es egal, wen ich ignorierte.

Leicester fing mich in der achtzehnten Etage sofort ab, als ich aus dem Aufzug stieg. Hierher war ich früher nur gekommen, wenn ich etwas aus der Personalabteilung brauchte. Ich wurde in ein Büro geführt, das ich noch nie gesehen hatte, dann bot er mir etwas Wasser an, bevor die Grande Dame der Personaler ihren Auftritt hatte. Das Büro gehörte ihr, deshalb wusste ich nicht, woher sie gekommen war – vielleicht wollte sie sich nur ihren Auftritt sichern.

Leicester blieb die meiste Zeit eher ruhig und unterbrach nur sichtlich frustriert, wenn ich besonders ausweichend antwortete; ihr Spielchen von guter Bulle, böser Bulle verdarb er damit allerdings. Endlich erreichte sie das Ende des Artikels, dessen komplette zweite Hälfte säuberlich unterstrichen war. Sie hatte bestimmt ein Lineal benutzt. So vorgelesen kam er mir viel länger als 1150 Wörter vor, aber vielleicht lag das daran, dass sie sich oft wiederholen musste, wenn sie eine Zeile übersprungen hatte oder über den Text gestolpert war. Ich saß mit übereinandergeschlagenen Beinen da und hätte die Füße gern nebeneinander gestellt, weil mein Fuß allmählich einschlief, aber ich konnte mich nicht anders hinsetzen. Ich war erstarrt. Hätte ich nicht als Einzige gespielt, hätte ich gewonnen. Ich war eine vollkommen reglose, schlafende Löwin mit Korsett und gefühllosen Beinen. Im Nachhinein wünschte ich mir, ich hätte beim Hereinkommen leicht gehumpelt, denn beim Gehen würde ich es sicher tun. Wahrscheinlich würde ich meinen Fuß erst wieder spüren, wenn ich den Aufzug verließ.

Plötzlich merkte ich, dass sie nicht mehr redete. Offenbar hatte sie mich etwas gefragt. Es klang wie: »Wollen Sie kündigen und es damit allen leichter machen?«, aber ich war nicht sicher, weil ich mir gerade vorgestellt hatte, ich würde auf den Schreibtisch springen und wie eine Irre brüllen: »Ihr könnt mich feuern, aber dazu müsst ihr mich erst mal kriegen, ihr Arschlöcher«, und dann kichernd den Flur entlanglaufen. Dabei waren Halluzinationen das Letzte, was ich jetzt brauchte.

Kopfschüttelnd antwortete ich mit einem langsamen Nein, als würde ich darüber nachdenken – was ich tat, weil ich die verdammte Frage nicht mitbekommen hatte. Ich entschuldigte mich dafür, dass ich ihnen nicht mehr helfen konnte, dann wurde das Treffen vertagt. Sie brauchten sicher Zeit, um zu entscheiden, was mit mir passieren sollte, und vielleicht fragten sie sich, ob ich noch bei Trost war; das fragte ich mich auch. Ich hoffte nur, dass ich nichts Aufregendes abgelehnt hatte, etwa eine Abfindung – oder einen Donut.

Ich war ein wenig enttäuscht, dass sie mich nicht an Ort und Stelle gefeuert hatten. Ich war den ganzen Weg hergekommen und hatte eine Stunde lang in einem Korsett dagesessen, nur um nach Hause geschickt zu werden mit den Worten, sie würden sich melden. Wie eine Schauspielerin nach einem Vorsprechen konnte ich jetzt nur warten. Ich fragte mich, wie wohl die Gründe für eine fristlose Kündigung aussahen, was ich dafür hätte tun müssen – wahrscheinlich jemanden umbringen oder auf meinen Schreibtisch kacken. Sie befolgten mit Sicherheit irgendwelche Personalvorschriften, die keine juristischen Schlupflöcher ließen, damit ich sie nicht irgendwann wegen ungerechtfertigter Entlassung verklagen konnte.

Ich hätte es ihnen leichter machen und kündigen können, aber ich wollte, dass sie die Sache durchziehen und mich rausschmeißen mussten, wenn sie mich loswerden wollten. Bei dem Gespräch hatte ich immer wieder gesagt, dass ich meinen Job behalten und so bald wie möglich wieder an die Arbeit gehen wollte, weil ich dachte, so etwas würde man in dieser Situation sagen. Es gab keinen besonderen Grund dafür, dass ich ihnen den Fehdehandschuh hinwarf. Ich hatte das Ganze nicht zu Ende gedacht. Es war entweder genial – oder grenzte an Irrsinn. Aber so was passiert, wenn man etwas unternimmt, ohne es vorher mit engen Freunden durchzusprechen. Wäre Giles an sein Handy gegangen, hätte er mich wenigstens dazu gebracht, mich vernünftig zu benehmen.

Jetzt wartete ich auf ihren nächsten Zug. Ich wollte ein Schachmatt, stattdessen bekam ich am nächsten Tag per Kurier einen Brief, der mich zu einer weiteren disziplinarischen Anhörung mit ein paar anderen Leuten bestellte. Ich wusste nicht, ob sie mich zwingen konnten, dort zu erscheinen, oder ob ich einfach verschwinden konnte. Wäre ich schneller und wacher gewesen, hätte ich für den Brief gar nicht unterschrieben. Die laute Klingel war derart früh losgeschrillt, dass ich dachte, der Postbote würde ein Paket bringen. Bevor ich wusste, was ich tat, oder auch nur richtig wach war, unterschrieb ich schon für den Brief. Er hätte mit einem chemischen Kampfstoff versetzt sein können, ich hätte ihn trotzdem angenommen. Keysor Soze in *Die üblichen Verdächtigen* wäre das nicht passiert. Ein peinlicher Anfängerfehler. Ich wünschte mir, ich hätte viele Sachen anders gemacht; die Tür zu öffnen war nur eine davon, aber im großen Zusammenhang des Disziplinarverfahrens war es eher unwichtig.

Vielleicht hätte ich mir lieber am Tag vorher Notizen machen sollen statt auszuprobieren, wie flach ich atmen konnte, ohne ohnmächtig zu werden, oder mir mit zusammengekniffenen Augen vorzustellen, ich würde auf dem Schreibtisch tanzen. Ich dachte nicht logisch. Ich war zu sehr damit beschäftigt, irgendwelche Gedankentricks zu vollbringen, und hatte vergessen, was ich und ob ich überhaupt etwas erreichen wollte. Im Moment spielte ich einfach nur mit; ich war körperlich anwesend, aber im Geiste radschlagend auf dem Weg zum Aufzug. Ich hätte beinahe auf Acid sein können. Aber vielleicht hatte ich auch so was wie einen Nervenzusammenbruch. Irrsinn. Genau, ich war irre. Sie konnten mich nicht feuern, wenn ich irre war. Ich brauchte Hilfe, kein Disziplinarverfahren.

Und ich musste wieder schlafen gehen. Nach einem letzten Blick auf den Brief, um nach Spuren von Anthrax zu suchen, ließ ich ihn im Schlafzimmer auf den Boden fallen. Wenn er vergiftet war, war ich jetzt eh am Arsch – und der arme Kurier in seinem Lycraoutfit auch, aber er hatte Fahrradhandschuhe und einen Mundschutz getragen, damit war er vielleicht gerettet. Aber vielleicht arbeitete er auch für sie und war vorgewarnt. Er war mir bekannt vorgekommen mit seinen abstehenden roten Haarbüscheln, so als würde er vielleicht auf der anderen Seite bei den Swaps arbeiten. Die Desks dort waren riesig; ich hätte ihn bisher leicht übersehen können, was ihn zum perfekten Kandidaten für einen Anthraxanschlag gemacht hätte.

Ich hätte besser auf ihre Gesichter achten sollen, wenn ich zu dem Kopierer auf ihrer Seite gelaufen war, weil unserer einen Papierstau hatte. Aber ich hatte immer starr geradeaus gesehen und bloß gehofft, dass mir niemand Beleidigungen nachbrüllte. Auch wenn ich mein Ziel einigermaßen unbeschadet erreichte, erwischte mich auf dem Rückweg jedes Mal der Kröterich. Wenn er mit tiefer, satter Bassstimme rief: »Da ist sie ja, he, Süße«, konnte ich ihn einfach nicht ignorieren und blieb jedes Mal für einen Plausch stehen. Aber seine Kollegen waren mir nie aufgefallen, abgesehen von dem dunkelhäutigen Franzosen, der auf unsere Seite des Handelsraums kam, wenn er telefonieren wollte, weil es dort ruhiger war. An ihrem Desk ging es immer laut zu, dort wurde richtiges Geld gemacht, und man konnte sie immer brüllen hören. Und jetzt hatten sie mich wahrscheinlich vergiftet. Die karierte Mütze des Kuriers hätte mich stutzig machen sollen. Ich hatte immer gewusst, dass sie mich am Ende kriegen würden. Ich warf ein paar Zolpidem ein, die von meinem letzten Langstreckenflug übrig geblieben waren, und kroch unter meine Bettdecke.

Als ich aufwachte, war es stockdunkel. Im ersten Moment dachte ich, ich wäre blind. Ich schwitzte und hatte keine Ahnung, wo ich war. Erst als mein Handy klingelte und das Zimmer erhellte, erkannte ich, dass ich zu Hause war. Genau, ich war in Chelsea, in meiner Wohnung. Ich war weder taub noch blind, und mein Handy klingelte tatsächlich. Unbekannte Nummer.

Den Anruf würde ich auf keinen Fall annehmen. Wer das auch war, mir wurde sofort übel, als ich den vertrauten Calypso-Klingelton hörte, weil er gleichzeitig mein Weckton war und die typisch dumpfen Kopfschmerzen von Koffeinentzug auslöste, die mich jetzt ständig verfolgten. Wenn ich nicht sofort einen doppelten Espresso trank oder ein paar Tabletten nahm, würden sie sich zu einer ausgewachsenen Migräne entwickeln. Die karierte Mütze und die Reißzähne waren verschwunden, aber ich wusste, dass sie wiederkommen würden.

Es war sechs Uhr morgens. Ich wusste nicht, wie lange ich geschlafen hatte oder wie viele Tage vergangen waren. Ich setzte mich auf und öffnete eine Nachricht von Fitz, in der er schrieb, ich wäre bei Bloomberg gelöscht. Statt meines Namens standen jetzt viele kleine Sternchen dort, und das Zitat von Oscar Wilde, das die Personalchefin so verdutzt hatte (Man sollte immer fair spielen – wenn man die Trümpfe in der Hand hat), war ganz verschwunden.

Ich wusste nicht, ob ich heute oder morgen zur zweiten Runde nach Canary Wharf fahren sollte oder welcher Tag heute überhaupt war. Ich hatte keinen Grund aufzustehen, außer um den Brief mit Zeit und Datum für mein nächstes Erscheinen im Büro zu suchen: Die Vorhölle, marterloses Bangen, *e vegno in parte ove non è che luca* (Dahin, wo nichts mehr hell ist oder heiter. Dante, Die Hölle), vor mir das Gespräch mit dem Großinquisitor.

Ich suchte im Dunkeln nach dem Brief und ein paar Migraleve-Tabletten. Morgen, zehn Uhr. Mit anderen Leuten, deren Namen mir nichts sagten. Kein Leicester, keine orthopädischen Schuhe. Ich wusste nicht, ob das ein gutes oder ein schlechtes Zeichen war. Entweder hatten sie die Aufgabe delegiert, weil sie nichts Vernünftiges aus mir herausgebracht hatten, oder sie überließen anderen die Drecksarbeit, weil mein Schicksal schon beschlossene Sache war.

Ein Abschnitt in dem Brief machte mir Sorgen. Sie wollten über meine Bloomberg-Nachrichten und privaten Mails reden. Mit einer Kündigung hätte ich das wahrscheinlich verhindern können, aber jetzt mussten sie offenbar tiefer in ihre Trickkiste greifen. Ich überlegte, welchen Teil der Chats mit zahllosen Freunden in den letzten vierzehn Monaten sie wohl als besonders belastend einschätzen würden.

Nachdem ich herausgefunden hatte, wie Bloomberg-Nachrichten funktionierten, hatten Lena und ich von sieben bis siebzehn Uhr über so ziemlich jeden Aspekt unseres Lebens in allen Einzelheiten gesprochen und dabei nur Pausen für das Mittagessen eingelegt. Ich hatte natürlich nicht darüber nachgedacht, dass diese Chats noch einmal zum Vorschein kommen würden, und war seltsam gespannt darauf, welche Passagen sie wohl vorlesen würden. Die meisten steckten voller Schimpfwörter – Wixxer, Arsh, Sheiße –, bei denen das Austauschen oder Weglassen von Buchstaben dafür gesorgt hatte, dass sie unentdeckt durch den Bloomberg-Filter rauschten.

Aber es gab keine Warnungen wie: »Vergiss nicht, das könnte dir das Genick brechen«, »Kann man das in einem Disziplinarverfahren gegen dich verwenden?« oder »Willst du wirklich über die Schwanzlänge von dem Typen schreiben?« Wahrscheinlich hätte es sie geben sollen.

In einem Jahr kann viel passieren, und ohne es zu wissen hatte ich jeden in die Sache mit hineingezogen, mit dem ich je gechattet oder dem ich eine Mail geschickt hatte, und dazu gehörten die meisten meiner Kunden, eine Reihe Trader in der ganzen City, alte Freunde von der Uni, die bei Bloomberg aufgetaucht waren, und die Männer, mit denen ich ausgegangen war. Sie würden bestimmt alle Antworten durchgehen. Ich hätte wissen müssen, dass so etwas passieren würde, mich von Anfang an von jedem distanzieren und niemandem schreiben dürfen. Aber es war wohl besser, nicht darüber nachzudenken.

Wieder klingelte es.

Dieses Mal brachte ein anderer Kurier ein dickes Bündel Din-A4-Blätter, die mit einer riesigen Foldback-Klammer zusammengehalten wurden – ein Ausdruck meiner Bloomberg-Chats in den letzten Monaten. Ich überlegte, sie sofort zu schreddern. Darin konnte nichts stehen, woran ich vor der Disziplinaranhörung unbedingt erinnert werden müsste, nichts, was mir helfen konnte. Es konnte mich höchstens ganz aus der Bahn werfen, nachdem ich jetzt schon schlingerte. Ich kam mir vor, als würde ich plötzlich in einer Farce mitspielen, einer verdrehten City-Version von *This Is Your Life*, inklusive aller Sexgeschichten und Sachen, die ich lieber vergessen hätte: alles Gute, Schlechte und Hässliche – wobei das Gute recht spärlich ausfiel.

Der Kurier hatte seine Rolle gut gespielt und mich überrascht, aber der lächelnde Michael Aspel als Moderator der Show war nirgends zu sehen, und als Gäste würden höchstens ein Schwachkopf aus der Personalabteilung und ein geheimnisvoller Mann auftreten, mit dem ich vielleicht zusammengearbeitet hatte, allerdings konnte ich da nicht sicher sein, weil ich nur seinen vollständigen Namen gelesen hatte. Verdammte Spitznamen. Aber jetzt war nicht der richtige Zeitpunkt, Michael, Mr. Kurierfahrer, wer zum Teufel Sie auch sind. Ich bin auf das große Erinnerungsalbum und die Foldback-Klammer nicht vorbereitet. Ich mag keine Überraschungen. Und das ist auch nicht mein Leben.

Man sollte nie die Tür öffnen, wenn man niemanden erwartet. Im besten Fall steht da ein arbeitsloser, schauderhafter Bergarbeiter mit rotem Bart, Werkzeugkoffer und einem Hammer in der Hand, im schlimmsten Fall hält jemand in einer karierten Radlerhose ein Stück der eigenen Vergangenheit in Händen und bittet einen, dafür zu unterschreiben.

Wahrscheinlich hatte die Sache auch etwas Witziges, und langsam wurde es so absurd, dass ich es nicht mehr allzu ernst nehmen konnte. Ich legte den Papierstapel auf die Küchenarbeitsfläche und spülte ein paar Migraleve-Tabletten mit einem Schluck Armagnac aus der Flasche neben dem Kessel herunter. Wenn ich mich in diesen Papierstapel vertiefen wollte, musste ich erst etwas abstumpfen. Es war viel zu früh, um etwas über vorzeitigen Samenerguss zu lesen.

Das Vernünftigste schien mir zu sein, die Abschnitte anzustreichen, die sie am meisten interessieren würden, aber nach ein paar Seiten war mein Textmarker leer, und ich dachte, ich sollte lieber nicht weiterlesen. Wenn ich jetzt mit dem Papierstapel in dem Gespräch saß, würde es wenigstens so aussehen, als hätte ich mir Mühe gegeben und die Blätter in Leuchtfarbe oder vielleicht in Lithium getaucht. Dann hätte ich etwas, das ich mit prüfendem Blick durchsehen konnte, während sie mich ausfragten.

Am nächsten Morgen saß ich in Agent Provocateur und einem anderen Teil von Prada zum wahrscheinlich letzten Mal in der Jubilee Line. Ich würde die weite Strecke kaum fahren, um die restliche Mitgliedszeit im Fitnessclub auszunutzen. Wenigstens kamen meine schwarzen Röcke mal an die frische Luft.

Halb zehn war eine ungewöhnliche Zeit, um nach Canary Wharf zu fahren, und die Haltestelle war leer. Alles sah ganz anders aus als morgens um Viertel vor sieben.

Ich war versucht, Richtung Handelsraum zu gehen und zu sehen, was passieren würde, aber dann drückte ich auf die 18, ging durch das Büro, vorbei an der Rechtsabteilung bis zur Personalecke. Wieder bot man mir ein Glas Wasser an und bat mich, Platz zu nehmen. Dann lasen mir eine andere Personalerin und ein hochrangiger Broker eine halbe Stunde lang Auszüge aus meinen Gesprächen über Bloomberg vor. Den Broker kannte ich aus dem Handelsraum, aber nur als Eggy; so hieß er natürlich nicht wirklich, deshalb hatte ich seinen Namen auf dem Brief auch nicht erkannt.

Mir fiel auf, wie oft ich Lena, Giles, dem Ferg oder jedem anderen im Chat geschrieben hatte, dass ich mich umbringen oder kündigen wollte. Das meiste war ziemlicher Unsinn, aber alle paar Minuten die Worte »ich bringe mich um« zu hören, ging mir an die Nerven. Vielleicht brauchte ich diese Tabletten doch.

Ich wusste nicht, warum sie überhaupt meine Chatprotokolle durchgehen mussten. Dass eine Entscheidung längst feststand, wurde schon klar, als Eggy eine Erklärung vorlas, die ganz offensichtlich jemand anders vor Tagen geschrieben hatte. Das waren nicht seine Worte. Bei mir blieb davon nur der letzte Abschnitt hängen: Ihnen blieb keine andere Wahl, als meine Anstellung mit sofortiger Wirkung wegen groben Fehlverhaltens zu beenden. Eggy blickte kaum auf, der ganze Vorfall nahm ihn sichtlich mit.

Er war kein Sadist. Er gehörte auch nicht der aufgeblähten, unnützen Führungsriege an. Er war einer von uns, vom Fußvolk, und hatte in den letzten Monaten an einem Desk nah hinter mir gesessen, sich ab und zu umgedreht und uns etwas erzählt, und jetzt hockte er in einer derart veränderten Situation zu meiner Linken.

Wir hatten nie viel miteinander geredet, ich erinnere mich nur an ein Gespräch über Laserbehandlungen für die Augen. Er hatte sich beide Augen lasern lassen und konnte es nur empfehlen. Aber jetzt las er, als würde er sich wünschen, man hätte ihm die Augen rausgerissen, und er müsste bei diesem kläglichen Schlamassel nicht den Vorsitz führen.

Grobes Fehlverhalten – ein passender Ausdruck, um die letzten vierzehn Monate zusammenzufassen. Alles andere zählte nicht: das Geld, das ich der Firma eingebracht hatte, die neuen Kunden, die ich angeworben hatte, die zahllosen ausschweifenden, schlaflosen Nächte unterwegs mit Kunden, der Nachmittag mit dieser scheußlichen Lebensmittelvergiftung. Das wirkte jetzt alles vollkommen unwichtig; vielleicht hatte es nie etwas bedeutet, und ich wusste nicht, ob es mich noch kümmerte. Ein grobes Fehlverhalten löscht alles Gute vorher aus. Für die letzten vierzehn Monate hatte ich nichts weiter vorzuweisen als einen Brief, in dem mir meine sofortige Entlassung mitgeteilt wurde, und ein paar Kenntnisse über Stripclubs in Soho. Er schüttelte mir die Hand und verabschiedete sich.

Die Personalerin mit ihrer billigen, weit geöffneten, gestreiften Bluse eskortierte mich aus dem Haus. Ich ging zum letzten Mal durch die Schranke, und sobald ich auf der anderen Seite war, bat sie mich selbstgefällig um meine Ausweiskarte, das letzte Überbleibsel meiner Zeit in diesem Gebäude. Das aufgedruckte Foto hatte ich nie leiden können. Darauf hatte ich das Haar zu dem strengen Pferdeschwanz zurückgebunden, den ich in den ersten Wochen getragen hatte, und war perfekt dick geschminkt. Das war meine zweite Ausweiskarte; die erste hatte ich nach einem turbulenten Abend mit Giles auf dem Rücksitz eines Taxis liegenlassen, zusammen mit ein paar goldfarbenen Ballerinas von Jil Sander. Mark musste für mich am nächsten Tag herumtelefonieren und versuchen, die Schuhe wiederzufinden, aber sie tauchten nicht wieder auf. Diese Schuhe habe ich geliebt. Ich gab ihr stumm die Ausweiskarte, dann ging ich – durch die Türen und hinaus in die Welt. Es war vorbei, ich konnte gehen, ich konnte tun, was ich wollte, aber ich wusste nicht, was das war.

In den ersten Stunden spürte ich nichts, ich fühlte mich nur benommen und erschöpft. Vielleicht fühlten sich Menschen nach langen Gerichtsverfahren genauso – man ist gleichgültig, weil der Prozess so viel Kraft gekostet hat, dass man keine Energie mehr besitzt, um auf das Urteil zu reagieren oder sich daran zu erinnern, welchen Ausgang man sich gewünscht hatte.

Ich erinnere mich nicht mehr daran, wie ich nach Hause gekommen bin – nicht an die Fahrt mit der U-Bahn, den Weg über die Kings Road, die SMS und Mails, um meiner Familie zu erzählen, was passiert war, oder die Tasse Tee, die meine Mitbewohnerin für mich gekocht hatte. Ich wusste, dass diese Sachen passiert sein mussten, und mein BlackBerry bestätigte mir auch, dass ich die Nachrichten verschickt hatte, aber ich konnte mich nicht daran erinnern, sie geschrieben zu haben. Als ich sie noch mal las, klangen sie überraschend klar.

»Tja, alles aus. Wurde wegen groben Fehlverhaltens gefeuert, mit sofortiger Wirkung. Ich rufe später an, fahre jetzt nach Hause.«

Ich ging sofort ins Bett, setzte meine Schlafmaske auf und drückte mir Stöpsel in die Ohren. Die nächsten vierundzwanzig Stunden wollte ich mich vor der Welt verkriechen, bis ich wusste, was ich als Nächstes tun wollte. Wie üblich in letzter Zeit wurde ich wieder vom Türklingeln geweckt. Wieder stand dort ein Kurier, dieses Mal mit einem Brief, der mir erklärt, warum meine Handlungen ein grobes Fehlverhalten darstellen, falls das noch unklar sein sollte.

»Aufgrund der zur Verfügung stehenden Informationen befinden wir aus folgenden Gründen, dass Ihre Handlungen ein grobes Fehlverhalten darstellen.«

Der Brief las sich wie eine schlechte Antwort auf Verständnisfragen im Englischtest der Abschlussklasse. Mit Aufzählungszeichen waren alle »Gründe« für meine Entlassung aufgelistet. Am Ende des zweiten Textblocks stand:

»Ihre flapsige Bemerkung während Ihrer Disziplinaranhörung, nachdem wir ernsthafte Besorgnis (über den Inhalt Ihrer Nachrichten über Instant Bloomberg) geäußert hatten, nämlich dass es Ihnen leidtäte, dass die Firma besorgt sei, ist bemerkenswert.«

Dann folgte ein weiteres Aufzählungszeichen:

»Was den Artikel betrifft … fand bei uns vor allem Ihre Aussage Beachtung, dass Sie häufig unter dem Einfluss von Alkohol zur Arbeit erschienen sind. Ähnliche Andeutungen tauchen in Ihren Chats bei Instant Bloomberg auf. Während wir zugestehen, dass Ihre Stellung ein gewisses Maß an Kundenbewirtung verlangt, sind Sie doch dafür verantwortlich, dass sich dies nicht nachteilig auf Ihre normalen Pflichten auswirkt.«

Ich ging wieder ins Bett in der Hoffnung, damit wäre mir der letzte schlecht geschriebene Brief ins Haus geflattert.

Epilog

»Entschuldigung, kann ich den Hocker hier haben?«

Ein vertrautes Gesicht wandte sich mir zu: Es gehört Giles' Onkel, der mal für uns gearbeitet hatte und mich jetzt freundlich ansah. Sein Bart war anders, sonst hatte er sich nicht verändert: Er war groß, stämmig, hatte lange Haare und trug Kaschmir. Ich wusste nicht, was mich mehr überraschte: ihn überhaupt zu treffen oder ihn mit Kunden im Groucho Club in Soho zu sehen, einem wirklich ungewöhnlichen Treffpunkt für Cityboys.

Seit Lenas Abschiedsparty im letzten Jahr hatte ich niemanden aus meinem alten Leben gesehen. Sie hatte den ganzen Markt in ein Pub in der City eingeladen. Ich fand, das sei eine gute Gelegenheit, ein paar Leute wiederzusehen, und ging auch hin. Als besonderer Gast kam Lenas ehemaliger Chef Seb, in den wir beide heftig verknallt waren, seit wir ihn kannten; wir hatten sogar gewettet, dass eine von uns irgendwann mit ihm zusammen sein würde. Am Ende landeten wir in einem Club in South Kensington, zusammen mit ein paar von Lenas alten Brokern und einigen Typen von ihrem Desk, darunter auch ihr Ex-Chef. Ein letztes Mal saßen wir gemeinsam um einen Tisch, der wie üblich voller Champagner- und Schnapsflaschen stand. Nachdem ich Monate vom Markt weg gewesen war, kam ich mir vor wie bei einer Zeitreise, und ich war bald so betrunken wie nie in meiner Zeit als Brokerin. Endlich musste ich mir keine Gedanken mehr um Kunden machen, jemand anders schenkte den Champagner ein, und ich küsste mitten auf der Tanzfläche vor dem halben Markt Seb – ich hatte den Wechsel zurück auf die andere Seite geschafft. Lena gab mir ein High Five, als sie über die Tanzfläche stolperte. Damit war auch die letzte Sache in der City erledigt.

Jetzt, einige Monate später, war sie in New York, und ich unterhielt mich in einer Bar mit Giles' Onkel. Mein altes Leben in der City war mir noch nie so weit weg vorgekommen, aber als er sich umgedreht hatte, war alles wieder auf mich eingestürzt.

Er hatte als Einziger von meiner Beziehung zu Giles gewusst und es vollkommen für sich behalten, bis alles vorbei und ich suspendiert war. Eines Tages war er vom Mittagessen zurückgekommen, hatte gehört, wie das halbe Büro Giles Sachen zurief, und angenommen, es würde um uns gehen – das stimmte auch, allerdings war bis dahin nichts zugegeben oder bewiesen worden. Giles gab sich bedeckt, lachte nur und stritt alles ab, bis in einem leisen Moment die Worte »Ach was, haben sie endlich mitgekriegt, dass du Venetia gevögelt hast?« durch den Raum dröhnten. Dann zog sein Onkel sich die Jacke aus und ließ sich auf seinen Stuhl fallen; seine Arbeit war getan.

Nachdem wir uns nun über den Weg gelaufen waren, wollte ich ihm dazu gratulieren, dass er die Neuigkeit, die bald die Runde durch das ganze Büro gemacht hatte, so herrlich verbreitet hatte. Wenigstens klang das einen Hauch besser als das, was ich mal auf einer Party gehört hatte: »Ist das die Alte, der Giles am Hintern gehangen hat?«

Wir unterhielten uns kurz, und er erzählte, dass Dory letztes Jahr gefeuert worden war und der Pate sich vor vier Monaten zur Ruhe gesetzt hatte. Ich war richtig getroffen, aber die einzigen Menschen, die das hätten nachvollziehen können, waren nicht da. Die letzten Überreste des Desks, das ich gekannt hatte, waren verschwunden. Ich überlegte, was wohl aus den Riesengläsern eingelegter Zwiebeln und Essiggurken geworden war, und aus dem Schrank, in dem Dory die verlorenen Schätze des Desks aus der Zeit aufbewahrte, als das Team noch so zusammengehalten hatte, dass man aus dem Urlaub hässliche Andenken und Kinkerlitzchen für eine gemeinsame Sammlung mitbrachte. Ich stellte mir vor, wie Dory seinen Schreibtisch aufräumte, seine Schubladen und den geheimen Schrank leerte und überlegte, ob er die Zwiebeln und Gurken, das Kamel mit dem Sombrero, den Eiffelturm, die Pyramiden und die Schneekugeln mitschleppen oder für die Putzleute stehenlassen sollte.

Man würde Dory und den Paten vermissen. Sie waren die geistigen Väter des Broking, sie hatten an den Beruf und an die Märkte noch geglaubt, als viele um sie herum schon den Glauben verloren hatten, weil sie nicht nur von Gier angetrieben wurden. Beide waren über fünfzig, als ich sie kennenlernte, und hätten nicht mehr arbeiten müssen, aber sie machten weiter, weil sie an die Firma glaubten, an ihre Kollegen und daran, der jüngeren Generation den Weg zu zeigen.

Sie verfielen nicht in Panik, als die Kreditklemme einsetzte; das kannten sie alles schon, und sie wussten, dass sich der Markt irgendwann wieder stabilisieren würde. Aber sie waren im Stillen auch enttäuscht darüber, dass das goldene Zeitalter von Maßlosigkeit und Leichtsinn endgültig vorbei war und nicht zurückkehren würde.

Sie hatten das Beste schon erlebt und konnten jetzt nur noch zusehen, wie die Türme der City um sie herum bröckelten.

Die beiden würde ich am meisten vermissen. Ich hatte schon mehrere Karten gekauft und oft angefangen zu schreiben, um ihnen zu erklären, was passiert war, aber ich brachte es nie zu Ende. Als ich im Januar zu meiner alten Wohnung in Chelsea fuhr und eine Weihnachtskarte von Dory und seiner Familie in einem Stapel Post fand, der nicht nachgesendet worden war, versuchte ich wieder zu schreiben. Das war eine von vielen Sachen, die mich nachts wach hielten, aber am Ende hatte ich nur eine Schublade voll halb geschriebener Grußkarten, mit denen ich nichts anfangen konnte. Ich dachte immer, eines Tages würde ich eine von ihnen beenden und die anderen schreddern, aber dazu ist es nie gekommen.

Dory gehörte zu den wenigen Menschen, die die Firma zu etwas Großem gemacht hatten; er hatte an sie geglaubt, als alle anderen aufgegeben hatten, und hatte so hart gearbeitet wie sonst niemand. Er hatte nie zu den Spitzenverdienern gehört oder so viel Gift und Galle provoziert wie der Amerikaner, aber er hatte der Firma ein festes Rückgrat verliehen und war bis zum Ende loyal geblieben. Dass man ihn gefeuert hatte, bestätigte nur, was ich schon über die Firma wusste: Sie war durch und durch schlecht und machte sich jetzt selbst kaputt.

Ohne Männer wie Dory wird die City nicht mehr funktionieren. Er war der beste moralische Kompass, den die Firma besessen hatte. Er wusste, dass Broking manchmal schrecklich sein konnte, aber dass es auch ein Geschenk war, ein Privileg, das man schützen musste und nicht missbrauchen durfte. Das Geld, das man verdienen konnte, war wie das Meer: im Grunde gehörte es uns nicht und konnte jederzeit in jede Richtung fließen. Und jetzt war nichts mehr übrig.

Nach dem Amerikaner fragte ich gar nicht; ich wusste, dass man ihn nie feuern oder freistellen würde und dass er immer noch arbeiten würde wie früher. Er war unzerstörbar und wurde mit dem Alter nur noch zäher. Ich habe gehört, dass er als Ersatz für mich ein Mädchen eingestellt hat – auch blond, aber offenbar nicht mit so guten Brüsten. Eine zweite Airbags gibt es nun mal nicht.

Aber wir hatten uns alle weiterentwickelt.

Ein paar Monate später bekam ich ein Päckchen aus Amerika. Der Hauptsitz der Firma hatte mir Informationen über die Anteile geschickt, die mir offenbar noch gehörten. Ich war mir relativ sicher gewesen, dass man mit einer Kündigung wegen groben Fehlverhaltens auch alle Anteile verlieren würde, aber für einen letzten Schriftwechsel erschien mir das ganz passend, und wenigstens war das Päckchen nicht per Kurier gekommen. Vielleicht war ich ja tatsächlich immer noch Aktionärin.

Das letzte Jahr hat bewiesen, dass Gier zu nichts führt. Sie ist eine Sackgasse. Die City wimmelt von Menschen, die nur dem Geld hinterherlaufen, die für den Adrenalinstoß leben, der immer schwerer zu erleben sein wird, bis schließlich nichts mehr bleibt und alles zusammenbricht.

Irgendwann erreicht man einen Punkt, an dem sich der Job nicht mehr um Geld dreht; der Verdienst bei jedem Trade ist nur ein Nebenprodukt. Wichtig ist der Trade an sich, das kurze, heftige Gefühl von Macht, das er auslöst, und genau wie Spielern am Black-Jack-Tisch fällt es Brokern oft zu schwer, aufzustehen und zu gehen. Selbst ein Zwerg kann sich im Handelsraum wie ein Big Swinging Dick fühlen.

Ich habe das letzte maßlose Jahr in der City miterlebt. Die Square Mile und Canary Wharf haben sich unwiderruflich verändert; Banken, von denen ich gedacht hatte, es würde sie ewig geben, sind verschwunden, und diejenigen, die noch existieren, sind kaum wiederzuerkennen. Big Bad Bank und Aggro-Bank haben sich geschickt umdefiniert: Sie sind jetzt keine Investmentbanken mehr, sondern »Bankholdings« und werden viel stärker reguliert. Das hat weniger Prunk, ist aber im momentanen Klima deutlich sicherer.

Früher konnte man auf die City stolz sein: Großbritannien besaß eines der besten Finanzzentren der Welt. Jetzt löste sie nur noch Kontroversen aus; das prominenteste Beispiel war der Angriff auf die Square Mile, bei dem Demonstranten im April 2009 die Fenster der Royal Bank of Scotland einschlugen, plünderten und jeden angriffen, der den Fehler gemacht hatte, zur Arbeit einen Anzug zu tragen.

Viele der Trader, die ich kannte, sind entlassen worden, einige haben zu Fonds und Private-Equity-Läden gewechselt, und die anderen gewöhnen sich daran, im öffentlichen Sektor zu arbeiten, auf dem die Mehrheitseigner ihrer Banken die britischen Steuerzahler sind. In den Kantinen gibt es keine pochierten Eier mehr, Post-its kommen aus der Mode, Stifte werden rationiert und Büromaterialschränke abgeschlossen. Die wenigen Glücklichen, die vor dem ganzen Mist garantierte Boni vereinbart haben, stehen gut da und bekommen auch weiterhin sechsstellige Summen ausgezahlt – wenn sie nicht vorher von jemandem gelyncht werden.

Und die Bookies der City bieten die gleichen Vergnügungen wie immer; die Skiausflüge haben in diesem Jahr wie geplant stattgefunden – das »Chalet der Hölle« lebt weiter. Solange es Trader gibt, die man umwerben kann, werden Broker sie ausführen, aber ich schätze, jetzt hat alles einen Beigeschmack.

Den Wixxer gibt es immer noch, allerdings stand beim letzten Mal, als jemand nachgesehen hat, sein Status bei Bloomberg schon seit einer Weile auf Rot, also wurde er entweder gefeuert, oder irgendein Bookie hat ihn endlich kaltgemacht. Oder vielleicht laufe ich ihm irgendwann über den Weg.

Das komplette Desk von Emma und Brian hat sich aufgelöst. Brian hat sich zur Ruhe gesetzt, und Emma ist in wärmere Gefilde gezogen.

Der Ferg liegt immer noch in Spanien am Pool und lebt den Traum aus *Sexy Beast*.

Lena wurde zu ihrer großen Erleichterung entlassen und lebt jetzt in New York. Wir sprechen immer noch jeden Tag miteinander.

Am Markt ging das Gerücht um, Leicester sei abgemahnt worden, nachdem eine andere Firma im Stillen an ihn herangetreten war.

Giles hat eine Frau kennengelernt und ist immer noch Bookie.

Brad brüllt wie gehabt sein Sales-Team an.

Von dem Sizilianer habe ich bis auf einen verpassten Anruf ein Jahr nach meiner Kündigung nie wieder etwas gehört. Er hat nicht auf die Mailbox gesprochen. Nachdem ich rausgeschmissen wurde, hieß es offenbar, wir hätten gevögelt. Das haben wir nie.

Toby ist immer noch Single und gibt bei der Aggro-Bank den starken Mann. Wenn er ein paar Dates mit einer Brokerin überlebt hat, dann schafft das jeder.

Der Perverse ist wie früher der Biggest Swinging Dick

am Markt und zündet die Arschbombe, wann immer er Lust hat. Vor kurzem hat er eine Espressomaschine an seinem Desk aufstellen lassen, aber er bezweifelte, dass sie bei dem neuen puritanischen Regime lange überleben würde.

Zippys Mails kursieren immer noch. Er spendet große Summen und soll mit diesen schlimmen Boni, die er früher bekommen hat, ein Waisenhaus eröffnet haben.

Auch den Amerikaner gibt es noch – er ist so unbeliebt, missverstanden und unzerstörbar wie eh und je.

Mo hat zu einem Fonds gewechselt, nachdem er angeblich bei einem unglücklichen Zwischenfall morgens mit dem Gesicht in einer Schachtel Koks gefunden wurde. Er kokst immer noch zu viel und wirft reichlich verschreibungspflichtige Medikamente ein, und ab und zu gönnen wir uns einen gemeinsamen Lapdance nach einem Abendessen im Nobu, das er immer bezahlt, und er bestellt jedes Mal ungefragt eine Chocolate Bento Box für mich, und ich fühlte mich nie erniedrigt.

Das Herz der City schlägt weiter.

Glossar

Angebot – das Gegenteil von einem Gebot. Zu diesem Preis würde der Verkäufer verkaufen. Die Höhe des Angebots verändert sich ständig.

Anleihen – Schuldverschreibungen, die von Unternehmen oder Regierungen ausgegeben werden. Der Besitzer erhält bis zum Fälligkeitstag einen »Coupon« – eine Dividende, die festgelegt oder an einen Index geknüpft sein kann.

Bloomberg – ein Unternehmen, das Finanzsoftware, Daten und Nachrichten liefert. Bei den meisten Tradern und Brokern in der City läuft Bloomberg auf einem ihrer vielen Computermonitore. Dort informieren sie sich über Preise zu Anleihen und Aktien, verschicken Mails oder Sofortnachrichten an andere Trader und Broker, hören Nachrichten aus der Finanzbranche und darüber hinaus, berechnen Zinsen und überprüfen Wechselkurse. Für alles gibt es Bloomberg-Programme, sogar für Restaurantempfehlungen und Geschenketipps.

Broker (Inter-Dealer Broker) – auch Bookie genannt. Ein Mittelsmann, der auf dem Sekundärmarkt Gebote und Angebote von Tradern annimmt und die Preise so lange annähert, bis Trades zustande kommen. Für jeden Trade erhält er eine Provision.

CDO (Collateralized Debt Obligation) – meint Wertpapiere (meist im Investment Grade), die durch ein Portefeuille zugrundeliegender Wertpapiere besichert sind. Ein CDO kann unterschiedliche Schuldtitel umfassen – meist sind dies Anleihen und Kredite (CBO und CLO), aber auch Hypotheken sind möglich (CMO). Die zugrundeliegenden Wertpapiere bergen jeweils unterschiedlich hohe Sicherheitsrisiken, was bedeuten kann, dass ein Wertpapier oberflächlich betrachtet hochwertig erscheint, in Wahrheit aber hochriskant ist.

CDS (Credit Default Swap) – ein Vertrag zwischen zwei Parteien, der wie eine Versicherungspolice für Anleihen oder Kredite funktioniert; sie bietet Schutz, falls ein »Kreditereignis« eintritt, wenn etwa ein Unternehmen mit der Zahlung in Verzug gerät. CDS sind die am häufigsten gehandelten Derivate und können auch dann getradet werden, wenn man den eigentlichen Wert nicht besitzt. Deshalb ist es möglich und weit verbreitet, Wertänderungen von Anleihen abzusichern oder auf sie zu spekulieren, ohne das zugrundeliegende Produkt zu besitzen.

Chinese Wall – im Deutschen auch Schutzwall genannt. Eine Informationsbarriere innerhalb eines Unternehmens, das jeden Besitzer von Insiderinformationen von denen trennt, die diese Informationen zu ihrem eigenen Vorteil nutzen könnten, d. h., sie trennt Investmentbanker (die vielleicht an bestimmten Geschäften mitgewirkt oder Entscheidungen dazu gefällt haben) von den Tradern.

Crossover – der Index für High Yield und Subinvestment Grade, der 50 Unternehmen listet und oft die Stimmung des gesamten Markts widerspiegelt.

Fill or Kill – in etwa: »Nimm es so, oder lass es bleiben«; ein Ultimatum vom Trader an den Broker; damit sagt er:

»Mehr geht nicht, bring den Trade zustande oder lösch meinen Preis sofort.«

Gebot – der Preis, den ein Trader bereit ist, für ein Finanzinstrument zu zahlen. Er verändert sich ständig.

Glattgestellt – weder long noch short; im Gleichgewicht. Broker sollten immer glattstellen, also Positionen weder auf der einen noch auf der anderen Seite offenhaben, weil sie nur Vermittler sind. Trader sind meist long oder short, sie stellen selten glatt, es sei denn, es wird auf dem Markt brenzlig und sie müssen alles Überschüssige und Riskante verkaufen. Nicht nur ganze Bücher, auch einzelne Produkte können glattgestellt werden. Ein Trader kann also die Anleihen einer medizintechnischen Firma glattgestellt haben, aber bei einer anderen Position short sein.

High Yield Bond – auf Deutsch auch Hochzinsanleihe; eine Anleihe mit einer schlechteren Kreditqualität als Investment Grade. Sie birgt ein höheres Ausfallrisiko, bringt aber gleichzeitig mehr Rendite.

Hit – auf Deutsch auch »an dich«; mit einem Hit zu einem Gebot sagt der Verkäufer, dass er den Preis des Käufers akzeptiert; damit übernimmt er auch die Provision des Brokers. Ein Hit ist nur bei einem Gebot möglich, nicht bei einem Angebot.

Kredit – oft als Leveraged Loan, ein Schuldtitel. Kredite werden wie Anleihen gehandelt, sind aber »Name Give-up«-Produkte, d.h., wenn ein Trade abgewickelt wurde, nennt der Broker dem Käufer und dem Verkäufer ihr jeweiliges Pendant, damit beide Parteien den Kredit direkt untereinander abschließen. Kredite sind im Gegensatz zu Anleihen nichtöffentlich, was bedeutet, dass nur Kreditinhaber Informationen über das Unternehmen erhalten.

Lift – auf Deutsch auch »von dir«; mit einem Lift zu einem Angebot willigt der Käufer in den Preis ein, den der Verkäufer zurzeit verlangt. Damit übernimmt er bei Anleihen gleichzeitig die Zahlung der Brokerprovision. Ein Lift ist nur bei einem Angebot möglich, nicht bei einem Gebot.

Long – das Gegenteil von »short«. Ist man »long«, hat man zu viel von einem Produkt, oft aus der Erwartung heraus, sein Preis würde steigen und man könnte das Finanzinstrument für mehr verkaufen, als man bezahlt hat. Wenn allerdings das Gegenteil passiert und der Preis sinkt und man nachher auf Millionen von wertlosem Ramsch sitzt, ist man »long und wrong«. Dieser Ausdruck kann auch bei Frauen verwendet werden: »Ich bin eine Freundin long«, oder manchmal, wenn ein Broker zu viel Essen bestellt hat: »long bei Sushi.«

Parkett – meint den Sekundärmarkt, an dem Investoren über Broker bereits emittierte Wertpapiere kaufen und verkaufen; der Kauf direkt vom Emittenten findet auf dem Primärmarkt statt.

Short – »short« zu gehen oder zu sein bezeichnet das Gegenteil von einer »Long«-Position; dabei verkauft man Finanzinstrumente, ohne sie zu besitzen, in der Regel mit der Absicht, sie zu einem niedrigeren Preis zurückzukaufen und die Differenz einzustreichen. Weiter gefasst kann man diesen Ausdruck auch benutzen, wenn man etwas haben sollte, aber nicht hat: »Ich bin einen Drink short«, oder: »Ich bin eine Nutte short.« Mit einer Short-Position kann man leicht in die Falle gehen, wenn Preise nicht sinken, sondern steigen, und man plötzlich Geld verliert, statt es zu verdienen, weil man etwas zu einem geringeren Preis verkauft hat, als es jetzt am Markt gehandelt wird.

Trader – Trader kaufen und verkaufen für eine Bank oder einen Hedgefonds Finanzinstrumente und Derivate, um Profite zu erzielen. Alle Trader führen »Bücher«, denen meist eine Obergrenze gesetzt ist, d. h., sie dürfen ein bestimmtes Volumen nie überschreiten und Risiken nur bis zu einer gewissen Höhe eingehen.

Danksagung

Ich danke meinem Agenten Simon Trewin für seinen Rat und seine Unterstützung. Mein Dank gilt auch Sarah Ballard.

Zutiefst dankbar bin ich dem Team bei Simon and Schuster, besonders Kerri Sharp und Emma Harrow.

Ich bedanke mich bei David Bartlett, Daisy Aitkens, Gayle Mackay, Jaspal Juj, Maggie Hitchens, Rachel Aarons und Richard Valtr.

Ich möchte auch Mike Allen danken, einem wunderbaren Lehrer und Freund.

Danke an Matthew d'Ancona und alle beim *Spectator.*

Es gibt noch viele andere Menschen, bei denen ich mich gerne bedanken würde, aber weil sie noch in der Finanzbranche arbeiten, werde ich ihre Namen nicht nennen. Ihr wisst, wer gemeint ist: Danke für alles.

Und schließlich: Ich hätte dieses Buch nicht ohne die Unterstützung meiner Familie schreiben können – danke.

Judith O'Reilly
Stadt, Land – Schluss
Weit weg von zu Hause, drei kleine Kinder.
Und der Ehemann nie da.
Aus dem Englischen von
Cornelia Holfelder-von der Tann
Band 17877

Judith O'Reilly liebt ihr Leben in London über alles. Nur eines liegt ihr noch mehr am Herzen: das Glück ihrer Familie. Deshalb folgt sie dem Traum ihres Mannes und zieht, hochschwanger mit dem dritten Kind, in ein Cottage in Northumberland – und lernt High Heels und Karriere durch Schafescheren und Gummistiefel zu ersetzen.

»Mein Mann war derjenige, der unbedingt auf dem Land leben wollte. Als ich meinen jüngsten Sohn fragte, was er davon hält, sagte er mit großen ängstlichen Augen: ›Ein Bär könnte mich fressen!‹ ›Da gibt es keine Bären‹, beruhigte ich ihn, schaute aus dem Fenster in die Dunkelheit und hörte das Brummen …«

»Dieses Buch kann man an jeder beliebigen Stelle aufschlagen – und ist sofort mit der Welt versöhnt.«
Für Sie

Fischer Taschenbuch Verlag

fi 17877 / 1

Lorna Martin

Das Leben, die Liebe und ein Jahr auf der Couch

Der Roman meines Lebens

Band 17924

Kurz nach ihrem Fünfunddreißigsten kam Lorna Martin unübersehbar aus dem Tritt. Nach mehreren Gin Tonics zu viel und ein paar unglücklichen Geschichten mit Freunden und Familie war es an der Zeit, zu handeln.

Was nun folgt, ist ein oft zum Brüllen komischer Bericht über ein Jahr Psychotherapie. Lorna hat im Liebes-, Berufs- und Privatleben viel zu lernen, aber am allermeisten über sich selbst. Und während sie eine Schicht nach der anderen abträgt, unangenehmen Wahrheiten ins Auge blickt und einen Neuanfang wagen lernt, entfaltet sich eine ungemein spannende Beziehung zu ihrer Therapeutin Dr. J.

»Lorna Martin toppt Bridget Jones.«
Sun

Fischer Taschenbuch Verlag

fi 17924 / 1

Sigrid Neudecker

Wie war ich?

Der Mythos vom perfekten Sex

Band 18232

Was gehört heutzutage zu einem erfüllten Sexleben? Der flotte Dreier? Der XXL-Orgasmus? Ist es noch normal, wenn ich keine Peitsche unter dem Bett habe? Falle ich aus dem Rahmen, wenn ich am Wochenende nicht zur Gang-Bang-Party gehe? Wir wollen die besten Sexpraktiken, die wir kriegen können – das reden uns zumindest alle Frauenzeitschriften und Sexratgeber ein. Und wieso sind wir dann trotzdem immer unbefriedigter? Die ZEIT-Journalistin Sigrid Neudecker erklärt in ihrem pointierten Aufklärungsbuch, wie Mann und Frau wieder ihre natürlichen sexuellen Bedürfnisse erkennen und ausleben können.

Fischer Taschenbuch Verlag

fi 18232 / 1